El Fin de las Multinacionales

Daniel Campos

DANIEL CAMPOS

"A aquellos que por siglos lucharon, luchan y lucharán contra la opresión y la explotación.
A Mariana, mi amor, mi compañera"

DANIEL CAMPOS

El Fin de las Multinacionales

Una explicación desde la izquierda a la crisis mundial de la economía capitalista.

Contents

Dirección Nacional del Derecho de Autor (Argentina)- Hecho el depósito el 28/3/2011-
Expediente número 915814

DANIEL CAMPOS

Introducción

"Las posibilidades de acumulación del sistema han tocado techo. Podemos estar seguros de que en 30 años ya no viviremos bajo el sistema-mundo capitalista. Pero, ¿en qué sistema viviremos entonces? Podría ser un sistema mucho mejor o mucho peor. Todas las posibilidades están abiertas".
Immanuel Wallerstein 31/1/09

La crisis económica que atraviesa la economía mundial desde el año 2007 es la más importante de la historia del capitalismo. Su expresión más espectacular son los salvatajes, una operación masiva de inyección de fondos que supera los 60 billones U$S, y continúa en proceso de desarrollo. Esta operación llevada adelante por los gobiernos capitalistas para salvar de la quiebra a las corporaciones multinacionales es de una magnitud colosal, de una proporción tal que permitirían reconstruir 40 veces Haití, desterrar el hambre en el mundo, poner fin a la destrucción del medio ambiente u otorgarles viviendas a todos los habitantes del planeta.

La crisis está instalada en el centro, en la economía de los países del G7. Esto ocurre porque el infarto lo sufrió el corazón del sistema capitalista mundial, las corporaciones multinacionales, las grandes empresas y bancos de los EE.UU, de Europa y Japón. Desde hace décadas el corazón del sistema capitalista mundial, son las modernas multinacionales y las grandes empresas, los bancos y fondos de inversión, cuyos intereses están cada vez más profunda e íntimamente entrelazados. Del colapso de la actual crisis, sólo pudieron reanimarse con la intervención masiva de los estados del G7 y los países atrasados.

Esta crisis es el producto de un largo proceso de decadencia del capitalismo, comenzado a principio del siglo XX, que tras la 2da guerra mundial estableció en la economía mundial la supremacía de EE.UU y el surgimiento y desarrollo de las multinacionales. Desde ahí a hoy, la economía capitalista mundial atravesó dos fases o regímenes de acumulación desigual y combinadamente desarrollados con el objetivo de contrarrestar su decadencia y crisis histórica. El primero que comenzó en los 40s, siguió en los '50s, '60s y se agotó en los '70s, fue el conocido como modelo Keynesiano o "estado del bienestar".

El segundo régimen fue el llamado globalización, neoliberalismo o "Nueva Economía" comenzó en los '80s, los '90s, y comienza a agotarse en esta primera década del siglo XXI. Ambos regímenes de acumulación contribuyeron a agudizar, de distintas maneras, las contradicciones históricas del capitalismo y se agotaron. La actual crisis, comenzada en el 2007, muestra el agotamiento del régimen de la globalización y de las corporaciones multinacionales las cuales, de no haber sido por la intervención masiva de los bancos centrales y el respaldo de los estados del G7, habrían desaparecido.

Las corporaciones multinacionales son más alta expresión de la valorización del capital y la propiedad privada que concentran altos porcentajes del PBI y el comercio mundial. Su quiebra masiva puso de manifiesto lo que en apariencia ocultan, que son una traba al desarrollo de las fuerzas productivas, una excrecencia parasitaria de alto poder destructivo, cuya defensa de ganancias y beneficios constituyen un grave peligro para el hombre, la naturaleza y arrastra a la barbarie a la humanidad.

Las multinacionales seguirán existiendo, a pesar de haber colapsado, porque surgieron con el apoyo del más formidable estado imperialista de la historia de la humanidad, los EE.UU. Los países del G7 seguirán apoyándolas con masivos fondos, con su aplastante dominio tecnológico y el poderío militar de sus ejércitos. Solo desaparecerán si desaparecen los estados que las sostienen. Y si bien nunca como en esta crisis se ha mostrado el carácter vulnerable de las transnacionales como entidad económica, ésta misma es un reflejo de la cada vez más vulnerable situación política en la que se encuentran los gobiernos y estados que las respaldan, fundamentalmente el de EE.UU.

La crisis actual muestra que las multinacionales son inviables y necesitan ser expropiadas y nacionalizadas lo cual permitiría un colosal desarrollo de las fuerzas productivas. La situación objetiva del sistema capitalista requiere de estas medidas de un modo tal, que en el pico de la crisis, General Motors, el emblema del dominio de las multinacionales y de la hegemonía de EE.UU, debió ser rescatada con fondos estatales, para que pueda seguir existiendo.

Pero expropiar las multinacionales es una medida que debería ser parte de un programa que sólo pueden ser llevadas a cabo gobiernos con intereses de clase diametralmente opuestos a los actuales gobiernos capitalistas tanto en el G7, como en los países atrasados que actúan en defensa de los intereses de los grandes empresarios y directorios de las multinacionales. Nunca la economía y la política estuvieron tan íntimamente entrelazadas. Por eso, precisamente, la explicación a la crisis no puede reducirse meramente a la esfera económica.

Dejemos esas explicaciones a periodistas, economistas y al marxismo vulgar, que intentan explicar el desarrollo y las crisis económicas separadamente y en forma aislada de la lucha de clases y los procesos políticos, como si los procesos económicos se desarrollaran en un laboratorio, o como si fueran un proceso en frío, aislados de los fenómenos políticos y sociales.

En este libro vamos a internarnos y analizar la larga decadencia que el capitalismo viene desarrollando, sin lo cual no puede comprenderse la crisis actual. Tampoco ésta puede comprenderse sin vincularla con los procesos revolucionarios que desde el siglo pasado cuestionan al capitalismo y conmueven al mundo. El concepto de Marx de economía política es, precisamente, el de la economía profundamente entrelazada con los hechos políticos y de la lucha de clases. Si con el nacimiento del marxismo, los hechos políticos, sociales y culturales comienzan a explicarse a partir de la economía, con la decadencia del capitalismo, esta relación se invierte, y la política pasa a explicar la economía.

Así lo planteó Nahuel Moreno con la Ley de Inversión de la Causalidad: *"...En relación con las grandes épocas históricas y el desarrollo normal de las sociedades, el marxismo ha sostenido que el hilo rojo que explica todos los fenómenos son los procesos económicos. Pero en una época revolucionaria y de crisis, esta ley general tiene una refracción particular que invierte las relaciones causales, transformando el más subjetivo de los factores, la dirección revolucionaria, en la causa fundamental de todos los otros fenómenos, incluso los económicos...Resumiendo, los dos elementos determinantes de todos los fenómenos contemporáneos, las causas última y primera, las que determinan con sus distintas combinaciones todos los fenómenos, son el ascenso revolucionario de las luchas de la clase obrera y de los pueblos atrasados por un lado, y la crisis de dirección revolucionaria por el otro ".* **(1)**

Precisamente, se trata de entender la crisis actual en el marco de la época de la decadencia económica del capitalismo que atravesó distintas fases, etapas, momentos e incluso renacimiento como el "boom" de posguerra. Superadas las dos guerras, el capitalismo senil adquirió la fisonomía que hoy le conocemos.

A su vez es necesario analizar la concatenación y ligazón íntima de cada uno de estos momentos o fases con los respectivos acontecimientos políticos. La caída del Muro de Berlín y la crisis actual del capitalismo, en la que se produce el infarto de miocardio en el corazón del sistema capitalista mundial, son los acontecimientos más importantes de esta nueva etapa mundial. Y preparatorios, del advenimiento de los acontecimientos políticos y sociales más importantes de la historia.

(1) Nahuel Moreno. Actualización del Programa de Transición. (1980)

El Fin de las Multinacionales

Una explicación marxista a la crisis mundial de la economía capitalista

CAPITULO I: Salvatajes

CAPITULO I   Salvatajes

"Hace un momento, el ciudadano, llevado de su quimera racionalista y de su embriaguez de prosperidad, proclamaba el dinero como una vacua ilusión. No había más dinero que la mercancía. El grito que ahora resuena de una punta a otra del mercado mundial es ¡No hay más mercancía que el dinero! Y como el ciervo por agua fresca, su alma brama ahora por dinero, la única riqueza"

Karl Marx El Capital, Vol I

La crisis estalló el 9 de agosto de 2007 **(1)** cuando el banco francés BNP Paribas anunció que sus fondos se quedaron sin dinero. El anuncio estuvo precedido por hechos graves como el retiro de la hipotecaria New Century de la bolsa por insolvencia y presunto delito contable, la quiebra de los hedge funds de Bear Stearns, la quiebra de Blackstone, del banco alemán IKB y del National City Home Equity. Ese día la quiebra generalizada se disparó en todo el sistema capitalista y comenzó un proceso en cadena de bancarrotas de las multinacionales y los bancos de inversión.

Si bien muchos alertaron sobre los desequilibrios existentes en la economía, ningún economista, ni gobernante, ni funcionario, escribió, ni previó, acerca del rumbo y la magnitud de la crisis que se disparó a partir de ese momento. La crisis era producto de la caída de los préstamos sub-prime, incobrables, que comenzaron a golpear sin piedad a los bancos y fondos de inversión. Pero se contagió a todos los papeles, deudas, activos y derivados del mundo. Todo el sistema financiero mundial, con distintos ritmos y desigualdades fue a la quiebra.

Esto obligó a intervenir conjuntamente a los bancos centrales, la Reserva Federal (Fed) el Banco Central Europeo (BCE), el Banco de Japón y el Banco de Inglaterra que, como si siguieran los consejos de Walter Baguehot **(2)** comenzaron los salvatajes. A partir del estallido de la crisis, la intervención de los Bancos Centrales se volvió crónica, y los salvatajes una maniobra permanente. Inmediatamente se quebró el crédito interbancario, una de las instituciones más importantes del capitalismo.

El presidente de EE.UU George W. Bush declaró: *"los cimientos de la economía estadounidense permanecen sólidos",* pero los bancos no le hicieron caso, no se prestaron más dinero; o lo hicieron con reticencia, a tasas muy altas, por la mutua desconfianza. El Banco de Inglaterra salvó al Northern Rock cuyos clientes retiraron 3.000 millones de euros en un fin de semana, el banco suizo UBS anunció pérdidas por 3.400 millones U$S, Merrill Lynch por 7.900 millones U$S. El banco británico Barclays perdió activos por 1.818 millones de euros, el Citigroup por 3.100 millones U$S.

La aseguradora suiza Swiss Re anunció pérdidas de 733 millones de euros, el banco británico Royal Bank of Scotland (RBS) anunció incobrables por 1.737 millones de euros. En España colapsó su propia burbuja inmobiliaria, los bancos de Islandia e Irlanda se hundieron. El segundo Banco de Inversión en EE.UU Morgan Stanley, informó pérdidas de 9.000 millones U$S y la venta de 10% de sus acciones al gobierno chino. La tasa de interés, expresión de la tasa de ganancia, se derrumbó desde el comienzo de la crisis y permanece casi en cero hasta hoy.

La quiebra del crédito interbancario, del crédito en general, y el derrumbe de las tasas de interés afectó el proceso de circulación de capitales, vital para el funcionamiento del capitalismo, similar al proceso de circulación sanguínea en el organismo humano. Los bancos centrales intentaron mediante los salvatajes reanimar el proceso de circulación de capitales, pero los daños eran inmensos, requerían de operaciones de enorme magnitud para detenerlos.

El año 2007 cerró con una grave perturbación del proceso de reproducción ampliada y de circulación de capitales, el cual preparó las condiciones para los infartos que se produjeron en el sistema capitalista en el año 2008, año en el que colapsó el corazón del capitalismo porque comenzaron a quebrar los Bancos de Inversión entre marzo y setiembre del 2008.

En marzo colapsó el Banco de Inversión Bear Stearns que había sobrevivido al crack de Wall Street de 1929, era el "más admirado" en los rankings de Fortune, pero tenía deudas en billones y una tasa de apalancamiento de 35,5 a 1. Varios gerentes enfrentaron cargos penales y la Fed le dió un préstamo a JP Morgan para que compre a Bear.

La crisis de los papeles sub prime no dejaba de profundizarse. La Asociación de Bancos Hipotecarios de EE.UU reveló que el número de impagos era de 6 millones de contratos por 600.000 millones U$S.

Los precios de las viviendas cayeron un 8,9% la mayor caída en 20 años. La Mortgage Bankers Association planteó la gravedad social de magnitud inédita en la historia de EE.UU: las ejecuciones y expulsiones de familias que perdieron sus casas alcanzó el nivel récord en la historia.

Tras la quiebra de Bear se produjo el salvataje más grande en la historia de EE.UU, con fondos estatales se rescató a los gigantescos conglomerados hipotecarios Fannie Mae y Freddie Mac. Fannie Mae es el nombre popular de la Asociación Nacional Federal Hipotecaria, creada en 1938 bajo el gobierno de Roosevelt. Freddie Mac es la Corporación Federal de Préstamos Residenciales Hipotecarios creada en 1970. Ambas manejaban un volumen de 5 billones US$, equivalente al PBI de A. Latina, con más del 50% de las hipotecas en el país.

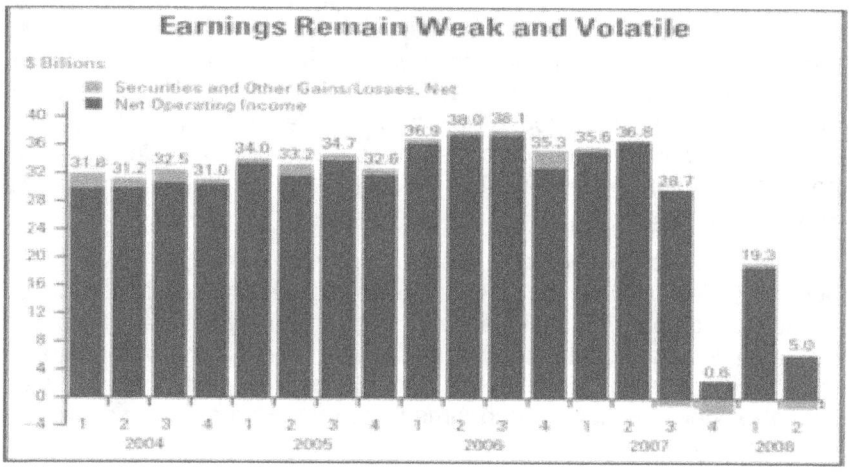

Cálculo de las ganancias y pérdidas del sector bancario realizado por el FDIC hasta la mitad del año 2008. La caída en picada en el 4to cuatrimestre del 2007 indica el comienzo de la crisis mundial. Fuente: FDIC

La quiebra de los dos gigantes del crédito hipotecario amenazaba al Sovereign Bank, a Pimco al mayor gestor de fondos de renta fija del mundo, al Estado de China, a numerosos Bancos Centrales y Fondos Soberanos de Inversión vinculados a los colosos hipotecarios por poseer acreencias en papeles de deuda externa de EE UU, constituidos por Bonos del Tesoro, y bonos de Fannie y Freddie. Yu Yongding, consejero del Banco del Pueblo de China, banco central chino, advirtió: *"si el gobierno permite la quiebra de Fannie y Freddie y los inversionistas internacionales no son compensados adecuadamente las consecuencias serían catastróficas"*. (The Privateer, 8/08). (3)

EL FIN DE LAS MULTINACIONALES

Bush invirtió miles de millones de dólares en la compra de acciones de Fannie y Freddie, defendiendo los intereses de los empresarios de EEUU y del mundo. El multimillonario plan de salvataje fue diseñado por el presidente de la Reserva federal, Ben Bernanke, el responsable del Federal Housing Finance Agency (FHFA) James Lockhart, los consejeros delegados de ambas hipotecarias y el secretario de Tesoro, Henry Paulson. La tranquilidad que produjo la intervención en Freddie Mac y Fannie Mae, duró una semana.

El 15 de septiembre se produjo todo un terremoto económico: quebró el banco de inversión Lehman Brothers. La empresa había superado la guerra civil y la gran Depresión pero estaba llena de deudas y perdió el 73% de su valor. Su caída fue de tal importancia que muchos analistas consideran ese día como el comienzo de la crisis. La caída de Lehman fue un golpe al comercio mundial porque emitía cientos de miles de millones de dólares en deuda a corto plazo, un piñón fundamental en el comercio que son los créditos a corto, 30 días, 60 y 90 días.

Los papeles de Lehman actuaban como lubricante y combustible del comercio, pero sin Lehman, cayeron en picada. El comercio mundial se paró en seco, y aún le cuesta recuperarse. Como informó la Organización Mundial del Comercio (OMC) en su informe del 2008: *"los meses que han seguido al último septiembre han visto precipitarse la producción y comercio mundiales, primero en las economías desarrolladas y más tarde también en las de países en vías de desarrollo".* A finales de 2008, el comercio mundial se contrajo un 40 %.

Tras el colapso de Lehman, se produjo la quiebra de American International Group (AIG), la mayor aseguradora del mundo tras el colapso de su mercado de CDS (credit default swaps) derivados de riego crediticio. AIG ofrecía asesoramiento en técnicas sofisticadas de evasión fiscal porque el conglomerado está íntimamente vinculado a los centros financieros offshore, o "paraísos fiscales". (4) EE.UU tomó el control de casi el 80 % de la acciones de AIG y Nouriel Roubini, ironizó: *"...con la nacionalización de AIG...Estados Unidos es ahora la mayor compañía mundial de seguros...socialismo para los ricos...Wall Street, el lugar donde los beneficios son privatizados y las pérdidas socializadas".*

Tras la quiebra de AIG se produjo la protagonizada por Washington Mutual. Hasta el año 2008, el mayor derrumbe de un banco en la historia norteamericana había sido la caída del Continental Illinois National Bank and Trust en 1984. Pero empalideció frente a la protagonizada por Washington Mutual, conocido como WaMu, la asociación de caja de ahorros más grande de EE.UU, con 119 años se convirtió en la mayor quiebra bancaria de la historia. Si Lehman impactó sobre el comercio, Fannie y Freddie sobre los créditos y AIG sobre los seguros, Washington Mutual, lo hizo sobre la banca comercial.

WaMu vendió depósitos y filiales a JP Morgan Chase, operación que desató toda clase de suspicacias porque por segunda vez en 6 meses, JP Morgan Chase se hizo cargo de depósitos y activos de una institución financiera, lo que lo convirtió en el mayor banco de EEUU por depósitos.

El primer salvataje global de Bush y el G7

Hasta ese momento, la política de las potencias y sus Bancos Centrales era la de acudir en socorro de las multinacionales y corporaciones en la medida que requerían auxilio financiero y se encaminaban o directamente declaraban la quiebra. Esta política de "salvatajes aleatorios", apagando los incendios que se presentaban en Europa, EE.UU y Japón en la medida en que se iban produciendo, comenzó a mostrase insuficiente. Para enfrentar una crisis de esa magnitud, eran necesarias operaciones de mayor envergadura.

Entre los meses de setiembre y octubre del 2008 se produjo el primer proceso de salvataje coordinado y global. Con esta política terminó la etapa de salvataje "aleatorios" y se entró en esta nueva etapa merced a la ley de Estabilización Económica de Emergencia ("The Emergency Economic Stabilization Act 110- 343") el 3/10/08, impulsada por Bush por un monto aproximado de 7 billones U$S. Este primer salvataje fue preparado por el Secretario del Tesoro Henry Paulson quien fuera miembro del directorio del Banco de Inversión Goldman Sachs, junto al presidente de la Fed Ben Bernanke y acordado con los 9 bancos más grandes de EE.UU. **(5)**

El salvataje incluyó el Programa de Alivio de Activos en Problemas, (en inglés, Troubled Asset Relief Program, TARP), dirigido a la compra de papeles en problemas con el objetivo de fortalecer los Bancos, recuperar el crédito y revivir el flujo de capitales. Para supervisar el salvataje, se creó la Oficina de Estabilidad Financiera y Paulson designó a otro hombre de Goldman Sachs, Neel Kashkari como titular interino de la nueva Oficina. Con Paulson y Kashkari en el más alto nivel de decisión, los bancos de inversión tomaron el control de toda la operatoria del salvataje.

Europa, Japón, China y los BRIC'S siguieron los pasos de EE.UU, la Reserva Federal (FED) y Wall Street fijaron la orientación que adoptaron todos los países. La UE y el BCE tuvieron que apagar los incendios que amenazaban al conjunto de los Bancos de Inversión y multinacionales europeas más importantes. La 1ª Cumbre de la UE de septiembre del 2008, lanzó un salvataje de casi 4 billones U$S para socorrer y frenar la amenaza de bancarrota financiera en varios países de Europa del Este como Polonia, Hungría, Ucrania, Letonia y Lituania.

Estas medidas fueron riesgosas, pero motivadas por riesgos aún mayores: si algunos de estos países declaraba la quiebra, podían provocar el colapso de las bancas acreedoras como el UBS de Suiza, el banco austríaco Raiffeisen, el Commerzbank AG, el Deutsche Bank de Alemania o el BNP Paribas de Francia. También estaba el caso de países que buscaron convertirse en paraísos financieros y sufrieron un shock de fugas de divisas como Irlanda. O Islandia cuya bolsa se hundió el 76 % después de haber sido cerrada algunos días.

El golpe de la crisis en China obligó al primer ministro Wen Jiabao a impulsar un salvataje que alcanzó la cifra de 5 billones U$S, con el objetivo central desarrollar obra pública y créditos para reactivar la economía. El sacudón sufrido por China por la baja de sus exportaciones se tradujo en el cierre de fábricas en el sur del país y en la destrucción de miles de empleos. El crecimiento pasó del 11,4% en el 2007 al 9% en el 2008. Como veremos más adelante, el salvataje Chino se transformó, entre otras cosas, en una potente burbuja inmobiliaria.

La crisis permitió corroborar el papel central que mantiene Estados Unidos cómo protector mundial del capitalismo. El dólar y los Bonos del Tesoro se convirtieron en los principales refugios frente al desmoronamiento mundial. A pesar de que la crisis estalló en el corazón de la economía de los EE.UU, paradójicamente la reacción de los inversores y países fue resguardar sus activos y reservas en dólares. El dólar se fortaleció porque empezó a ser demandado por los bancos de todo el mundo, luego de las sucesivas parálisis sufridas por los préstamos interbancarios.

El Banco Internacional de Pagos (en inglés, BIS) banco central de los bancos centrales, evaluó que el dólar pasó a representar un 55% de los activos y pasivos, más del 70% de las reservas, el 80% de las transacciones, el 70% de las importaciones y la casi totalidad del comercio petrolero en el mundo. A la vez que Rusia, Brasil, India, Corea del Sur y Taiwán pasaron a liderar la acumulación mundial de reservas en dólares, ésta moneda se convirtió según la definición del BIS en la "moneda favorita de los bancos centrales".

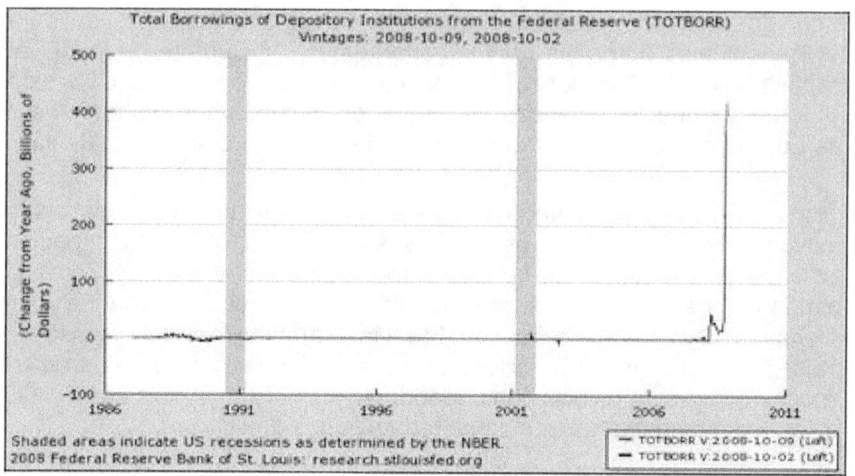

Evolución de préstamos a instituciones financieras de la Reserva Federal de EEUU (08/01/1986 – 09/10/2008). Obsérvese el salto en el desarrollo de los mismos a partir del 2007 – Fuente: Federal Reserve Bank of St. Louis.

En el pico más agudo y dramático de la crisis, nada refutó más rápidamente a los grupos de intelectuales y analistas que comenzaban plantear la tesis de la "pérdida de la hegemonía de EEUU". El dato excluyente de la realidad es que en medio de la crisis más grande de la historia del capitalismo y de la economía de EE.UU, lo único que se fortaleció fue el dólar. Todos los países del G7, y la mayoría de los países atrasados corrieron a refugiarse y proteger sus reservas en dólares y activos del Tesoro estadounidense.

La demanda del dólar en plena crisis es la más clara señal de que las grandes empresas, países y potencias capitalistas consideran a EE.UU con sus 7 flotas, su dominio militar y poderío armamentista como el mayor garante de última instancia del capitalismo, frente a cualquier eventualidad que lo cuestione.

El 14 y 15 de noviembre se reunió el G20 en Washington, organismo que si bien existía desde 1999, pasó a ser un instrumento importante del accionar de los gobiernos capitalistas junto al G7. En el G20 de Washington, EE.UU impuso la línea mundial del salvataje, de dar dinero a las multinacionales y Bancos de Inversión, agregando palabras de compromiso en el documento final, tales como *"establecer normas de regulación financiera"*, es decir fijar controles a la especulación desenfrenada, cuestión que finalmente, nunca sucedió.

EL FIN DE LAS MULTINACIONALES

El G20 consolidó el dominio de EE.UU. Consolidó a los salvatajes como política para salvar a las multinacionales y corporaciones a cualquier precio. El G20 de Washington incluyó la incorporación a la toma de decisiones de países capitalistas menores como China, Brasil, India, Rusia, Australia o Sudáfrica lo cual es una expresión distorsionada del golpe que sufrieron los países imperialistas y del grado histórico de la magnitud de la crisis del capitalismo, que obligó a los gobiernos del G7 a apelar al apoyo de países atrasados para salir adelante con sus planes.

El gobierno Obama y el segundo salvataje global del 2009

Obama continuó la política económica de Bush, rumbo que quedó claro cuando designó a Timothy Geithner, como secretario del Tesoro número 75, en reemplazo de Paulson. Geithner, proveniente de Kissinger Associates, consultora de Henry Kissinger y Brent Scowcroft, (6) se desempeñaba al momento de ser designado como Presidente de la Fed de Nueva York, donde fuera nombrado por Bush. Desde ese puesto Geithner impulsó activamente los salvatajes a las corporaciones, lo que le valió recibir denuncias por desvío de fondos hacia distintos bancos de inversión.

Obama designó como principal asesor económico a Lawrence Summers, quien fuera asesor de Reagan, economista Jefe en el Banco Mundial y Secretario del Tesoro de Clinton. Junto a él designó una Junta de Asesores compuesta por lo más granado de la oligarquía financiera. En la presidencia de la Junta convocó a Paul Volcker, vinculado al Rockefeller Group, economista estadounidense que se desempeñó como director de la Fed durante las presidencias de Carter y Reagan.

También designó en la Junta a Robert Rubin vinculado a Citigroup, a William Daley de JP Morgan Chase, a Roger Ferguson de TIAA-CREF, Anne Mulcahy de Xerox, Richard Parsons de Time Warner y Eric Schmidt de Google, entre otros. Obama decidió remplazar al director de la oficina de supervisión del salvataje que había nombrado la administración Bush Neel Kashkari, por Herbert Allison hombre proveniente de las corporaciones multinacionales Fannie Mae y TIAA-CREF.

El salvataje de Bush había impedido la bancarrota de las corporaciones multinacionales, pero la crisis continuó agravándose y a afectar poco a poco al conjunto del sistema económico y político mundial en sus diferentes dimensiones, arrastrando nuevas partes del sistema capitalista a la crisis. Se sucedían el derrumbe generalizado, la creciente pérdida de valor de los activos, la desconfianza en los indicadores y en los instrumentos de medición, en las agencias de calificación, en los gobiernos, la sospecha, desilusión y la confusión reinante en muchos sectores.

La caída en todos los indicadores, la baja en las ventas minoristas en EE.UU y las perspectivas de quiebra de grandes empresas obligó a Obama a lanzar un nuevo salvataje de 8 billones U$S mediante la Ley de La Recuperación de EE.UU y la Ley de Reinversión. En marzo Geithner presentó un "programa de inversión público-privada" para comprar activos y préstamos, papeles "tóxicos" e incobrables, lo que provocó gran euforia en la bolsa. Tras la promulgación de la ley, EE.UU llevó adelante la compra de acciones de la empresa General Motors GM, que formalizó su presentación de pedido de quiebra en junio del 2009.

Ante el temor a la caída de la industria automotriz con eje en Detroit, Obama rescató a GM, que durante 77 años fue el automotriz número 1 del mundo y emblema del capitalismo. EE.UU pasó a controlar el 60% de la compañía, Canadá y la provincia de Ontario se quedaron con el 12% de las acciones. El salvataje implicó un violento ataque a los trabajadores, reducción de su red de concesionarios, cierre de plantas, y supresión de miles de puestos de trabajo. También en Europa los gobiernos salieron a socorrer a sus automotrices.

Las calificadoras de riesgo crediticio Standard & Poors, Moody's y Fitch comenzaron a tener un gran protagonismo dado que sus calificaciones deciden que deudas y papeles tienen valor y cuáles no, lo que en una época de grandes deudas como la que se abrió con los salvatajes, resulta vital para para el destino de las empresas y estados capitalistas. En abril se desarrolló la nueva cumbre del G20 en Londres, que decidió dotarle medio billón de dólares adicional al FMI para reforzar su papel como prestamista internacional.

Dada la contracción del comercio mundial provocada por el crack de Lehman Brothers, el G-20 decidió inyectar 250.000 millones U$S destinados a reactivar el comercio global y 100.000 millones U$S para los bancos internacionales de desarrollo, con el objetivo de recomponerlo. En el G20 de Londres no llegó a ningún acuerdo acerca de la reforma del sistema financiero, y los paraísos fiscales. En el tercer y cuarto trimestres de 2009, los enormes salvatajes provocaron un leve repunte en la economía global, pero los desequilibrios globales continuaron. En noviembre, fue a la quiebra Dubai World, la empresa oficial del Emirato de Dubái, uno de los siete emiratos que integran desde 1971 los Emiratos Árabes Unidos, provocada por una burbuja especulativa que fue salvada por el banco de Abu Dhabi.

EL FIN DE LAS MULTINACIONALES

El movimiento mundial de circulación de capitales continuó en descenso. Si hacia 2007 el flujo se estimaba en 1,2 billones U$S, se redujo a en 2008 a 707.000 millones U$S. Las proyecciones del Banco Mundial, en su informe "La crisis económica mundial afecta gravemente los flujos de capital a los países en desarrollo" de junio del 2009 ubicaban los flujos internacionales de capital en descenso hasta llegar a los 363.000 millones U$S en 2009, lo cual volvía a poner en el tapete los peligros que afectaban al capitalismo.

Para evitar el brutal descenso en el flujo de capitales, cuya caída continuaba en franco descenso, la perspectiva más probable era otro salvataje mundial y coordinado entre los distintos gobiernos de las potencias capitalistas y los bancos centrales.

El tercer salvataje global del 2010

Los salvatajes efectuados entre octubre del 2008 y abril del 2009, fueron denominados en la jerga económica QE1 (en inglés, Quantitative Easing, QE, en español, Flexibilización Cuantitativa) o sea, emisión monetaria sin respaldo oro. Esa fabulosa inyección de dinero reactivó débilmente la economía mundial, y muchos economistas hablaron de recuperación, apoyándose en la tendencia que se plasmó en los dibujos de la famosa "V" que indicaba que los índices iban hacia arriba otra vez, luego del espectacular descenso de los años 2007/08.

Pero junto a los débiles índices de crecimiento que se desarrollaron a los largo del 2009 y 2010, estallaron otros índices que apuntaron a la profundización de la crisis. Por un lado, se disparó una ola mundial de desempleo, de inflación en los países atrasados y el aumento de los precios de los alimentos en todo el mundo, lo que agravó la crisis alimentaria en todo el mundo. La crisis fue descendiendo desde los Bancos de Inversión, multinacionales y Bancos Centrales a empresas, inmobiliarias, regiones, ciudades y municipios.

Al interior de EE.UU comenzó la crisis de los estados y municipios locales. Los bonos municipales estadounidenses, conocidos como "Munis" que sirven para financiar las infraestructuras municipales de transporte, salud, educación y saneamiento, comenzaron a desplomarse debido a la creciente incapacidad de los municipios y estados para pagar sus deudas, lo que afectó también a las entidades financieras que tenían "Munis" en sus arcas. Y todo este deterioro de las condiciones se produjo sobre la base de que el QE1 llegaba a su fin y ni la economía de EE.UU, ni la del mundo se habían reactivado.

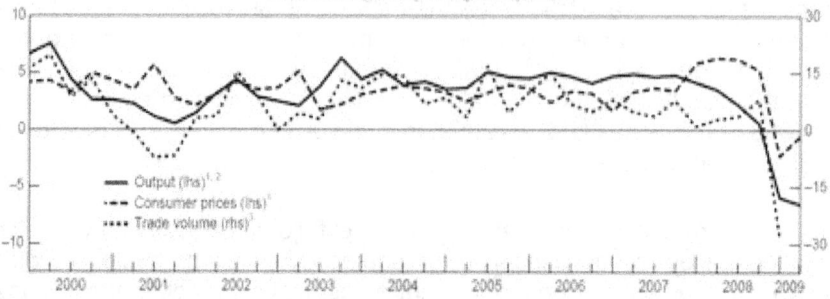

Global output, trade and consumer prices
Annualised quarterly changes, in per cent

[1] Weighted average using 2005 GDP and PPP weights of: the euro area, Japan and the United States; Australia, Canada, Denmark, New Zealand, Norway, Sweden, Switzerland and the United Kingdom; China, Chinese Taipei, Hong Kong SAR, India, Indonesia, Korea, Malaysia, the Philippines, Singapore and Thailand; Argentina, Brazil, Chile, Colombia, Mexico, Peru and Venezuela; the Czech Republic, Hungary and Poland; Russia, Saudi Arabia, South Africa and Turkey. [2] First quarter of 2009 partly estimated using forecasts from JPMorgan Chase. [3] Sum of world exports and imports of goods in US dollars divided by unit values.

Sources: IMF; Bloomberg; Datastream; JPMorgan Chase; national data.

Evolución mundial de la producción, el comercio y los pecios al consumidor entre los años 2000/2009 en EE.UU. Obsérvese la profunda caída a partir de finales del 2007. Fuente: BIS

Tampoco se habían reactivado el consumo, la producción, ni el comercio. La débil recuperación que produjo el QE1 se había terminado con el salvataje mismo. Frente a este panorama crítico fracasó la Cumbre de ministros de Finanzas y gobernadores de los bancos centrales del Grupo de los Veinte (G20) reunida en Busan (Corea del Sur) en mayo, y también fracasó la Cumbre del G-20 de Toronto, Canadá en junio. El fracaso de estas cumbres, no tuvo que ver con la magnitud de la crisis solamente, sino con el desarrollo de la crisis en Europa que planteó un problema histórico no resuelto del capitalismo Europeo.

A diferencia de EE.UU, que es un solo estado que domina la economía mundial y puede emitir moneda con su Banco Central para implementar salvatajes, Europa no es un solo país, sino la suma de países con economías muy desiguales. En la UE conviven potencias como Alemania y Francia, potencias en decadencia, como Italia, Portugal o España o países atrasados como los del Este. Y si bien existe un Banco Central, el BCE, no había cláusulas en el tratado de la Unión que permitiera a sus países rescatar financieramente a otro **(7)**

La magnitud de la crisis obligó a los países imperialistas dominantes Alemania y Francia a enfrentar las contradicciones históricas y problemas no resueltos del capitalismo europeo y establecer medidas que permitan superarlas aún en forma precaria. La crisis de los denominados PIGS (Portugal, Italia, Grecia y España) provocó la implementación de salvatajes para evitar un colapso de la moneda común, el euro. Tras una larga ronda de negociaciones, forcejeos idas y vueltas, se instrumentó en mayo un salvataje de 1, 1 billón de euros para ayudar a Grecia y se acordó crear el Fondo Europeo de Estabilidad Financiera (FEEF) mediante una combinación de aportes de los diferentes gobiernos y el FMI compuesto por un fondo de hasta 7,5 billones U$S.

La creación del FEEF fue un cambio político para la estructura institucional europea, ya que significó la constitución de una entidad supranacional que comenzó a tomar decisiones que involucran a los más de 500 millones de habitantes de la UE. La FEEF significó un salto antidemocrático, en desmedro de los intereses de la población y a favor de los intereses de los banqueros. En los días del anuncio de la creación del FEEF las bolsas se dispararon y el Euro logró su mayor ganancia en 18 meses.

El BCE también cambió su política en cuanto a calificación crediticia y anunció que aceptaría como colateral toda la deuda viva, independientemente del rating crediticio. Pero aun así, los roces entre los países europeos, Gran Bretaña y EE.UU, reflejaban no sólo la desigualdad en la marcha de la crisis, sino también el comienzo de una crisis política global en los gobiernos del G7. Comenzó a actuar como factor la presión creciente del descontento de las masas y el cuestionamiento a los salvatajes a las multinacionales y corporaciones.

El descontento comenzó a expresarse en movilizaciones, huelgas generales y protestas de todo tipo, en EE.UU y Europa. De París a Berlín, de Lisboa a Dublín, de EE.UU a Bucarest, de Londres a Roma empezaron las luchas obreras populares, contra los planes de ajuste y los recortes presupuestarios que afectaban a jubilados, trabajadores del estado, estudiantes y desempleados. Estas primeras señales de resistencia, mostraron el descontento de los pueblos y fueron el preludio de una gran oleada de movilizaciones y protesta que empezó a recorrer el mundo.

Más allá de roces ocasionales y coyunturales, los gobiernos capitalistas lanzaron paquetes de ajuste que afectaron los presupuestos de salud, educación, jubilaciones, obra pública, en la consideración común de que la crisis debían pagarla los trabajadores y pueblos del mundo. Tras los salvatajes, a partir de mayo del 2010 Portugal, Italia, Grecia y España anunciaron severos recortes en el gasto público y aumentos de impuestos. También Gran Bretaña, Francia y Alemania, llevaron a cabo sus propios ajustes.

El crecimiento de la pobreza, desocupación y el deterioro de las condiciones de vida de millones, despertaron la indignación mundial por los salvatajes a las corporaciones. Esta oleada de desaprobación a las políticas instrumentadas por los gobiernos del G7, fue el detonante de las crisis políticas que comenzaron a desarrollarse en EE.UU y motivaron los primeros desgastes, descontento y desilusión de la población en el gobierno Obama. Esto motivó renuncias en el gabinete de Herbert Allison, Larry Summers, Christina Romer y Peter Orzsag. Allison fue reemplazado por Tim Massad hombre de la firma Cravath, Swaine & Moore LLP de Nueva York.

El mismo desgaste y crisis política se desarrolló en la UE, y provocó una ronda de caída de los gobiernos de Reino Unido, Irlanda, Holanda, en Finlandia dos veces, en Dinamarca, Portugal, Hungría, República Checa, en Eslovaquia dos veces, también en Bélgica, España, Grecia e Italia, desde el comienzo de la crisis. En Rumania, que recibió entre 2009 y 2012 salvatajes por 25.000 millones de euros, cayó el primer ministro a comienzos del 2012.

En noviembre del 2010, cuando todos los índices económicos mostraban que la economía mundial volvía a aproximarse a un derrumbe, comenzó una nueva ronda de salvatajes o QE2. El gobierno Obama inyectó 6 billones US$ en la economía, la Fed actuó auto-comprándose masivamente Bonos del Tesoro estadounidense (T-Bonds). Con esta maniobra, las arcas de la FED agravaron el carácter de su balance que en el Q1 se cargó de activos tóxicos comprados a los bancos de inversión y ahora incorporó la auto- compra de T-Bonds con dinero emitido por ella misma, es decir agregó montañas de capital ficticio a la montaña de capital ficticio ya existente.

El Banco de Inglaterra adquirió casi 1,5 billones US$, también la Eurozona comenzó una ronda de salvatajes. Irlanda que había sufrido la quiebra de los seis principales bancos para financiar una burbuja inmobiliaria con pérdidas por 1 billón de euros, recibió un salvataje de parte del FMI, Gran Bretaña, Dinamarca y Suecia de 67.500 millones de euros. Portugal en grave situación también recibió un salvataje de 78.000 millones de euros. El Consejo Europeo en diciembre acordó modificar el artículo 136 del Tratado de Funcionamiento de la UE firmado en 1992 en Maastrich para permitir los salvatajes de países cuya moneda es el euro.

El cuarto salvataje global del 2011

Para el comienzo del año 2011 la ronda de QE1 y QE2 llevada a cabo por EE.UU, la UE, Japón y China se acercaba a la escalofriante suma de casi 40 billones U$S, lo cual constituyó ya en ese momento una de los más enormes y colosales operativos de inyección de masas enormes de capital ficticio de la historia del capitalismo. Tras estas rondas de salvatajes del 2010, los comentarios de analistas, periodistas y economistas planteaban nuevamente que la crisis de la economía mundial comenzaba a superarse.

Pero en realidad, la ronda de QE2 no sólo no había solucionado los problemas de capitalismo, sino que agravó todas sus contradicciones. El QEI se había iniciado en Noviembre 2008 y culminó en Marzo 2010, mientras que el QEII que comenzó en Noviembre 2010 finalizaba en Junio del 2011, tras lo cual, entre los meses de agosto y setiembre del 2011, la economía mundial se encaminó hacia un nuevo pico de crisis.

Este pico de crisis fue ya de mayor complejidad que los anteriores, porque en él se combinaron 1) la crisis en EE.UU 2) la crisis de Europa 3) el terremoto y quiebra de Japón y 4) la escalada de inflación mundial en los países atrasados. Este pico de crisis volvió a impactar sobre China y los BRICS, con lo que la crisis se trasladó a todos los rincones y economías del mundo.

Sobre fin de año, esta conjunción de problemas agravó la crisis de crédito en la UE y obligó a un nuevo salvataje coordinado y global. Veamos esta complejidad de cuestiones que se desarrollaron en el 2011.

1) La crisis en EE.UU: La economía de EE.UU sufrió una desaceleración tras crecer con índices modestos. Los pedidos de grandes maquinarias, conocidos como bienes de capital, cayeron 2,6% en abril, los salarios en el país siguieron anémicos, la desocupación alta y las tendencias recesivas de la economía se acentuaron producto de los planes de ajuste como los de Winsconsin y California que aumentaron el sesgo recesivo en la economía porque derrumbaron el consumo. Estos ajustes son de tal magnitud que comparados con ellos, los planes de ajuste a Grecia y España, si bien son importantes, parecen una broma.

A su vez y con una deuda de 14,3 billones de dólares (casi el 100% del PBI), Estados Unidos llegó al tope de deuda permitido históricamente por el Congreso, lo que precipitó arduas negociaciones entre demócratas y republicanos en el parlamento mayoritariamente opositor a Obama para elevar el techo del déficit fiscal y evitar la declaración de default. Por primera vez en la historia las calificadoras de riesgo Standar & Poor's y Moody's rebajaron la nota de la deuda pública de EE.UU y de sus tres mayores bancos Citigroup, Wells Fargo y Bank of America.

En Winsconsin se produjo la ocupación del Parlamento e importantes movilizaciones contra los planes de ajuste del gobernador. En la medida en que la crisis se profundizó, comenzaron a desarrollarse nuevos fenómenos y movimientos políticos. En la Puerta del Sol de Madrid surgió un movimiento análogo al movimiento de Plaza Tahir de Egipto, el movimiento de los indignados análogo al surgido en Portugal llamado la Generación Postergada.

En EE.UU surgió el movimiento Occupy Wall Street, al igual que los demás movimientos surgidos, con un gran componente de los jóvenes y sectores sociales afectados por la crisis. Para el 15 de Octubre surgió por primera vez un movimiento de alcance global contra el capitalismo.

Si bien fue un movimiento pequeño dio como resultado el 15-O, una primera movilización mundial contra las medidas de ajuste de los gobiernos capitalistas que abarcó a casi todas las capitales y ciudades más importantes del mundo, cuyo denominador común fue señalar a las corporaciones como las culpables de la crisis. Desde hacía décadas que no había movilizaciones mundiales coordinadas contra el capitalismo, más exactamente desde las crisis de los '30 cuando fueron convocadas por la Internacional Socialista.

2) La crisis en Europa: El 5 de enero de 2011, la Unión Europea creó el Mecanismo Europeo de Estabilidad Financiera (MEEF), un programa para emitir bonos y papeles con el apoyo de la Oficina Alemana de Gestión de Deuda, con el objetivo de recaudar fondos para dar préstamos a los países de la zona euro en problemas.

Esos bonos que cuentan con calificación crediticia AAA otorgada por Fitch, Moody's y Standard & Poor's, fueron colocados en los mercados de capitales en una emisión de 5.000 millones de euros. El Consejo Europeo contempló el remplazo de los programas MEEF y FEEF, por un programa de financiación de rescate permanente en julio de 2012, denominado Mecanismo Europeo de Estabilidad (MEDE) (en inglés European Stability Mechanism, ESM), un plan que implicó la cesión completa de la soberanía de la UE respecto de EE.UU.

El MEDE no sólo constituye un proceso de colonización de la UE respecto de EE.UU, sino que a la vez constituyó la colonización de los países más débiles europeos respecto del eje Alemania- Francia. La política de salvatajes no sólo se impuso completamente en la UE, sino que con los programas MEEF y FEEF se institucionalizó en forma permanente un mecanismo y nuevas instituciones destinadas a socorrer a los estados capitalistas, multinacionales, corporaciones y Bancos de Inversión europeos.

A fines del 2011 Mario Draghi fue designado para ocupar la presidencia del Banco Central Europeo en reemplazo de Jean-Claude Trichet. Draghi, hombre de Goldman Sachs fue entre 1985 y 1990 director ejecutivo del Banco Mundial, entre 2002 y 2005, vicepresidente de Goldman Sachs y gobernador del Banco de Italia en 2006. El banco de inversión Goldman Sachs había actuado en la crisis de Grecia asesorando al presidente Kostas Karamanlis, sobre como ocultar la verdadera magnitud del déficit griego, un fraude que fue parte del desencadenamiento de la crisis financiera en Grecia entre los años 2010-2011.

En Italia, el 13 de noviembre el Presidente de la República, Giorgio Napolitano, encomendó a Mario Monti la formación de un gobierno tras la dimisión de Silvio Berlusconi. Monti hombre de la Comisión Trilateral un lobby fundado en 1973 por David Rockefeller, fue también asesor de The Coca-Cola Company y de Goldman Sachs. En Grecia, Lucas Papademos, quien fuera economista jefe del Banco de Grecia desde 1985 hasta 1993 y vicepresidente del BCE, bajo el mandato de Jean-Claude Trichet, entre 2002 y 2008 fue designado primer ministro de Grecia, al mando de un gobierno transitorio de coalición nacional para aplicar un brutal ajuste contra el pueblo.

En combinación con la profundización de la crisis en la UE, estallaron procesos revolucionarios en el Norte de África y los países Árabes. Comenzaron en Túnez y se extendieron como reguero de pólvora por la región del Magreb en Argelia, Marruecos y Egipto y luego se expandió a la Península Arábica a Bahrein, Arabia Saudita y Yemen. El proceso revolucionario impactó sobre toda la región de Medio Oriente, considerada el "patio trasero" de Europa, incluyendo a Irán, Líbano, Jordania, aunque estos últimos en menor grado.

Todo este proceso destronó a dictaduras que tenían 60 años de antigüedad y tuvo su epicentro en la revolución que destronó en Egipto a la dictadura de Hosni Mubarack con miles de manifestantes que se congregaron en Plaza Tahir. La caída de Mubarack estimuló el desarrollo de la "primavera Árabe" y se extendió a Libia, donde culminó finalmente con una guerra civil que terminó con el dictador Khadafi, a la vez que también desarrolló un proceso de guerra civil en Siria contra la dictadura de Assad.

3) La crisis en Japón: El año 2011 fue el año en que también Japón, la tercera economía del mundo, resultó brutalmente golpeada por un terremoto y un tsunami el 11 de marzo que dejó 12.157 muertos, 15.496 desaparecidos y 161.000 refugiados. Ante la tragedia, los fondos de inversión y especuladores apostaron al "negocio de la reconstrucción" en torno a 15 billones de yenes, especulando que las aseguradoras japonesas repatriaran fondos para pagar indemnizaciones y realizar obra pública por lo que comenzó a provocar la subida del yen.

El costo de la reconstrucción impactó sobre la inmensa deuda pública de Japón, de más del 200% del PIB, la más grande del mundo, y disparó el riesgo de una suspensión de pagos del estado. Tras el tsunami hubo dos grandes "salvatajes" uno de 5 billones y otro de 8,9 billones de yenes por parte del Banco de Japón, para evitar la quiebra de las aseguradoras y bancos. El desastre japonés afectó a EE.UU. y China porque Japón es comprador del 10% de las exportaciones de ambos países.

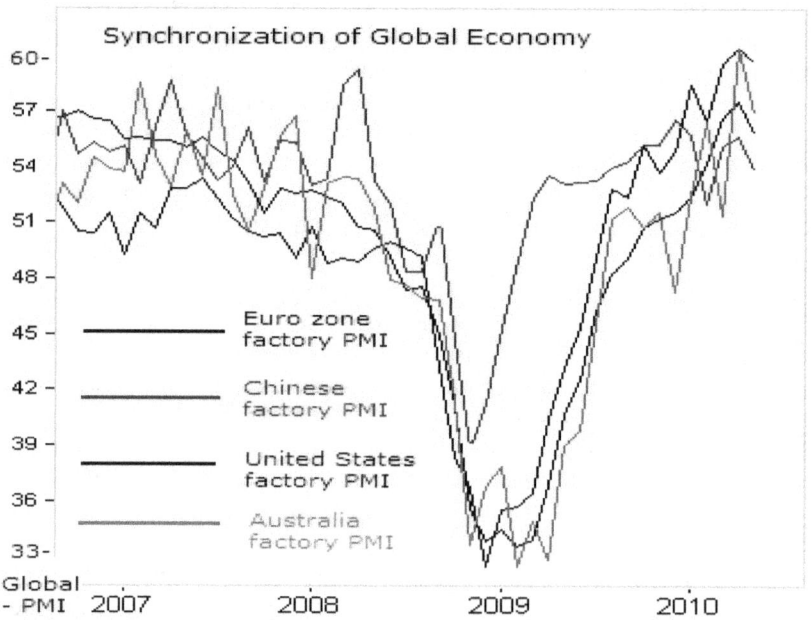

La suba de la producción industrial mundial en el 2009, tras lo salvatajes. Obsérvese la forma de "V". En el 2010, los índices comenzaron un nuevo declive (PMI index) (en negro Eurozona / en rojo, China / en azul USA / en verde, Australia) Fuente: SirCharlot, 05/2010

4) La escalada de inflación en los países atrasados: Los salvatajes dispararon la inflación mundial y los precios de los productos alimenticios, que fueron empujados al alza por los altos precios del petróleo y commodities, lo que agravó la catástrofe alimenticia mundial. Este impulso al alza de los precios, expandió sin cesar el hambre y la miseria en todos los rincones, regiones y países del mundo, sobre todo en los países más pobres. Es decir, una de las características de los salvatajes es el de ser son brutalmente inflacionarios.

Los salvatajes tuvieron el efecto inflacionario porque proveyeron enormes masas de capitales a los Bancos y Fondos de Inversión que iniciaron una ronda de especulación financiera descontrolada. La compra y recompra de empresas y papeles vinculados a los alimentos y commodities, empujó hacia arriba el precio de los alimentos sin que esto refleje la realidad de la producción y distorsionando los precios.

Las monstruosas emisiones de capital, sin respaldo oro que representaron el QE1 y el QE2, fueron también inflacionarias porque aumentaron las proporciones de capital ficticio, capital sobreacumulado y papel que carece de valor. Veamos por ejemplo los efectos que los salvatajes provocaron en los BRIC'S.

Desde que comenzaron los salvatajes, la inflación no hizo más que dispararse en los países atrasados, en China y la India, amenazando la precaria estabilidad de las naciones en las que se apoyan el débil crecimiento de la economía mundial conocidos como los BRICS, Brasil, China, India, Rusia y Sudáfrica. En el caso de India, por ejemplo, obligó al Banco Central a aumentar la tasa de interés para frenar el alza de precios, lo que lo llevó a aumentar el costo de préstamos y el crédito, aún a costa de que reduzca el PIB y el crecimiento de la economía que venía siendo sostenido.

Este mismo proceso vive, aún más agudo, la República Popular de China. Su crecimiento comenzó a bajar del 11,5 en 2007, al 9,5 en el 2010 y al 8,5 en los años 2011/12. Pero lo salvatajes del 2008, de 5 billones U$S provocaron una burbuja alimentada por el crédito inmobiliario aún de mayor magnitud de la que explotó en EE.UU en el 2007. Los departamentos vacíos, de familias que no pueden pagarlos comenzaron a crecer día a día en las provincias tras la baja del auge de compras de viviendas, que dejó al estado y las provincias llenos de incobrables por los créditos masivos otorgados a los estratos más bajos en nivel de ingresos.

El precio de la vivienda china es 27 veces superior al de los ingresos medios y la inflación también golpeó los bajos salarios lo que ha provocado ya grandes demostraciones violentas de descontento, como la ocurrida en la provincia de Guandong, el corazón industrial de China. La dictadura del PC, temerosa de la ira popular, se vio obligada a introducir medidas que bajen la inflación y desacelerar un poco la economía subiendo la tasa de interés levemente, encareciendo el yuan, el costo del dinero y los créditos, y de ese modo, bajar el consumo de la población que empuja hacia arriba los precios.

Esto puede hacer explotar la burbuja inmobiliaria, porque provocaría el mismo efecto que hizo explotar la burbuja de Bush en el 2007. Un encarecimiento del yuan, encarecería los créditos, y si los salarios no suben, la población no podría pagarlos. Tal como ocurrió con la burbuja inmobiliaria en EE.UU, cuando empiecen los impagos esto podría desatar una quiebra generalizada.

La inflación y los altos incrementos de los alimentos y el pan estuvieron también en la base de las revoluciones que estallaron a comienzos del 2011 en Medio Oriente y produjeron el alza de los pueblos desde el Magreb hasta el Extremo Oriente.

Esta conjunción de graves problemas acumulados en EE.UU, la UE, Japón y China llevó en una precipitada toma de decisiones entre los meses de octubre, noviembre y diciembre del 2011, a una nueva ronda de salvatajes. El 26 de octubre de 2011, la UE acordó en Bruselas una quita del 50% de la deuda de Grecia, un incremento de hasta cerca de 1 billón de euros en fondos de rescate del FEEF, un incremento del nivel de capitalización de los bancos y otras medidas que José Manuel Barroso presidente de la Comisión Europea calificó como de *"medidas excepcionales para tiempos excepcionales"*.

El paquete fue puesto en duda cuando el Presidente de Grecia, George Papandreou, anunció un referéndum para que el pueblo pudiera tener la última palabra, pero el 3 de noviembre Papandreou dio marcha atrás y retiró el referéndum. El 30 de noviembre de 2011, el Banco Central Europeo, la Reserva Federal de Estados Unidos, los bancos centrales de Canadá, Japón, Reino Unido y el Banco Nacional Suizo, iniciaron un nuevo proceso de salvataje coordinado y mundial, esta vez, vinculado a resolver la crisis del crédito en Europa, golpeado por la interrupción del proceso de circulación de capitales.

La crisis de deuda llegó al punto donde los bancos de la región comenzaron a tener cada vez mayores dificultades para tomar prestados dólares en el mercado, dado que los costos se dispararon, lo que desató temores de que se cortara el crédito y el flujo de capitales nuevamente. Esta crisis de circulación de capitales, tuvo como epicentro a la UE, a diferencia de la ocurrida en el 2008 que tuvo como epicentro a EE.UU. La Fed casi redujo a la mitad la tasa de los bancos centrales extranjeros para tomar prestados dólares y coordinó la medida con el BCE, los bancos centrales de Inglaterra, Japón, Suiza y Canadá, lo que llevó a contraer un nivel de deuda del BCE de U$S 2 billones con la Fed.

La operación constituyó la profundización del proceso de colonización de la UE por parte de EE.UU y merced a la ayuda de la Fed, el 21 de diciembre de 2011, el BCE comenzó la mayor infusión de crédito en el sistema bancario europeo de los 13 años de historia de la moneda única. Prestó 489.000 millones de euros a 523 bancos para un período extraordinariamente largo de tres años a un tipo de solo un 1%. De esta manera el BCE trató de asegurarse que los bancos tuvieran suficiente efectivo para cumplir con los 200.000 millones de euros de vencimientos para los primeros tres meses de 2012, y al mismo tiempo mantener operando y prestando a los negocios y particulares para evitar el quiebre total del crédito que está muy golpeado.

En febrero hubo otra ronda de salvatajes, toda la operación se denominó Long Term Refinancing Operation, y estas medidas fueron descriptas por el presidente del BCE Mario Draghi como "poderosa medicina". Draghi explicó los salvatajes al diario alemán Bild de esta manera:"... la situación era realmente crítica. Podría haber llegado a una peligrosa contracción del crédito para los bancos. Muchas empresas habrían quebrado porque habrían quedado girando en el vacío. Teníamos que impedirlo."

La "marea de salvatajes" del 2012

De esta manera cerró el año 2011 y comenzó el 2012. Los salvatajes del 2011 cumplieron el mismo efecto que en el 2008, solución de corto plazo y agravamiento de todas las contradicciones en el largo plazo, cuyo agravamiento se desarrolló en el 2012, abriendo la perspectiva de recesión mundial de la economía. El informe "Situación y Perspectivas de la Economía Mundial", elaborado por la Conferencia de Naciones Unidas para la Comercio y el Desarrollo (UNCTAD) planteó "La economía mundial está tambaleándose y al borde de una nueva recesión. Se espera un crecimiento anémico durante el 2012 y 2013"

En enero del 2012 Standard and Poor´s degradó la calificación crediticia de Francia y Austria que perdieron su calificación triple AAA siguiendo el camino de España, Italia y Portugal. Frente a esta situación la Reserva Federal de EE.UU, lanzó otra forma de salvataje con el plan denominado "Operación Twist", que debe su nombre al que era el baile de moda en su primera aplicación en los 60's, durante la presidencia de

J.F Kennedy. El plan se basó en cambiar los títulos de deuda inferior a 3 años por activos a 6 y 30 años, una decisión que la Reserva Federal no tomaba desde hace más de medio siglo.

La cantidad canjeada fue de unos 400.000 millones U$S, hasta junio del 2012. Pero el fracaso de la operación en medio de un año electoral donde Obama se juega la relección obligó al presidente de la Fed, Ben Bernake, a prolongar el programa a todo el 2012. El objetivo del plan fue 'apartar' a los inversores de la deuda estadounidense como valor refugio, y estimular el flujo de inversiones Y logró bajar el precio de los bonos estadounidenses que se redujo a mínimos históricos, pero no produjo el efecto de estimular la inversión.

En Europa, tras la ronda de salvatajes conocidas como LTRO1 en diciembre del 2011 y el LTRO2 en febrero del 2012, respectivamente destinaron millones U$S sin que resolvieran la crisis de fondo de la UE. En China la caída del crecimiento económico obligó en junio al Banco Central de China a implementar un salvataje basado en reducir los requerimientos de reservas en poder de los bancos chinos, implicando mayor inyección de efectivo en la economía.

El capítulo más dramático en la UE en el 2012 ha sido España, tras la quiebra del pool de bancos conformados tras el comienzo de la crisis mundial, denominados Bankia que requirió 122.000 millones U$S de salvataje para evitar un colapso que arrastraría a la banca europea. Según el Bank for International Settlements, a fines de 2011 los bancos alemanes tenían una exposición de alrededor de US$150.000 millones en la economía española: unos US$53.000 millones en sus bancos.

Es decir, entre las medidas tomadas por las administraciones de EE.EE, la UE, y China estamos asistiendo en el 2012 a una verdadera "marea de salvatajes", acicateados por la posibilidad de que la economía mundial se hunda en la depresión. Y esta marea tiene a profundizarse si, como lo sugirió Bernanke, la Reserva Federal de los EE.UU inicia la implementación de una 3er ronda de Flexibilización Cuantitativa o QEIII que en definitiva implicaría una nueva emisión gigantesca capital ficticio.

Los banqueros y "el trabajo de Dios"

En el 2009, Goldman Sachs le pagó 13.000 millones U$S a sus gerentes en calidad de bonus, a modo de festejo por que había vuelto a tener ganancias tras la crisis que sufrió en el 2008. Para explicar por qué pagó esos bonus, Lloyd Blankfein, jefe de Goldman, declaró *"Somos muy importantes. Ayudamos a las empresas a crecer porque les ayudamos a conseguir capital. Las empresas que crecen crean riqueza, lo cual permite a su vez que la gente tenga trabajo, lo cual genera más crecimiento y más riqueza. Nosotros cumplimos una misión social, un trabajo de Dios".*

En Citigroup, sus gerentes se cobraron bonus y primas multimillonarios. Lo mismo en Merrill Lynch, Bank of America, JP Morgan Chase y los demás bancos de Inversión. En medio del desarrollo de la crisis y las graves consecuencias de miseria y pobreza que se extiende por el mundo y abarca a cada vez más países, regiones, ramas de la producción, comercio y finanzas, los banqueros se regalan millonarios premios.

Es decir, tras realizar el "trabajo de Dios", los banqueros recibieron "salarios divinos". Pero mientras tanto la crisis continuó su desarrollo, y nada, ni siquiera la grave profundización de la misma impidió que los grandes capitalistas que controlan la economía mundial dejaran de percibir sus jugosas primas y beneficios.

Mientras los banqueros practican la danza frenética de otorgarse premios millonarios, un debate mundial se ha desatado acerca de la naturaleza y la perspectiva de la crisis. Las preguntas se suceden en búsqueda de respuestas: ¿Hacia dónde va esta crisis? ¿Por qué se produjo?, ¿Podrá el capitalismo superarla?

Iremos respondiendo a estas preguntas sucesivamente. El panorama futuro de la crisis del capitalismo, más allá de sus movimientos coyunturales, los procesos profundos que se desenvuelven y sus tendencias fundamentales son motivos de análisis en el capítulo siguiente.

Notas

(1) Como señala George Soros: *"El estallido de la crisis económica de 2008 puede fijarse oficialmente en agosto de 2007 cuando los Bancos centrales tuvieron que intervenir para proporcionar liquidez al sistema bancario".* George Soros."El nuevo paradigma de los mercados financieros" Taurus 2008

(2) Walter Bagehot, 1826-1877 Periodista económico inglés, fue uno de los primeros editores de "The Economist". En su libro *Lombart Street*, Bagehot defendía que la misión fundamental del Banco de Inglaterra era utilizar todas sus reservas de oro para, en momentos de crisis de liquidez, adquirir todos los activos que pudiera de los bancos comerciales y así devolver la credibilidad al sistema bancario. Fuente: http://www.juandemariana.org/estudio/

(3) Hay diversas versiones de porque el gobierno no rescató a Lehman y si lo hizo con Merryl Lynch, Bear Stearns, Fannie y Freddie. El comportamiento de la Fed y JP Morgan tras la bancarrota de Lehman abrió suspicacias entre los analistas. Cualquiera sea la razón quien se benefició con la operación fue JP Morgan, que tenía una exposición de casi 90 billones U$S de derivados, estaba técnicamente en quiebra y de hecho sufrió un proceso de recapitalización encubierta.

(4) También The Wall Street Journal indicó que los verdaderos beneficiados de los sucesivos rescates de AIG fueron dos docenas de grandes entidades financieras, que recibieron pagos por valor de 50.000 millones U$S desde que empezaron, en septiembre, los rescates de la aseguradora. La lista la encabezan Deutsche Bank y Goldman Sachs, pero aparecen también Merrill Lynch, SG, Royal Bank of Scotland, Morgan Stanley o HSBC, etc. El legislador Christopher Dodd, demócrata de Connecticut, protestó: "No está claro a quién estamos rescatando". Fuente: http://edicion4.com.ar

(5) Los Bancos de Inversión JP Morgan Chase, Bank of New York / Mellon, Merrill Lynch, State Street, Morgan Stanley, Goldman Sachs, Bank of America, Citigroup y Wells Fargo, fueron parte del acuerdo.

(6) Henry Kissinger fue Secretario de Estado en las administraciones de los presidentes Richard Nixon y Gerald Ford . Tuvo un papel dominante en la política exterior de Estados Unidos en la guerra de Vietnam, el bombardeo de Camboya y las relaciones con China. Brent Scowcroft fue Consejero de Seguridad Nacional bajo los presidentes Gerald Ford y George Bush. También se desempeñó como asistente militar del presidente Richard Nixon y como Adjunto al Presidente para Asuntos de Seguridad Nacional en las administraciones Nixon y Ford y asistió al presidente Barack Obama en la elección de su equipo de seguridad nacional.

(7) El BCE se constituyó el 1 de junio de 1998 por Bélgica, Alemania, Francia, Irlanda, Italia, España, Luxemburgo, los Países Bajos, Austria, Portugal y Finlandia. A partir del 1 de enero de 1999 las economía de los Estados miembros adoptaron la moneda única, el euro.

El Fin de las Multinacionales

Una explicación marxista a la crisis mundial de la
economía capitalista

CAPITULO II: Tendencias

CAPITULO II   Tendencias

"Las conexiones internas reales del proceso capitalista de producción es una cuestión sumamente intrincada...va de suyo que en las mentes de los agentes de la producción y de la circulación capitalistas deben formarse ideas acerca de las leyes de la producción que diverjan por completo de esas leyes... Las ideas de un comerciante, de un especulador bursátil, de un banquero son, necesariamente, erróneas por completo"

Carlos Marx: El Capital, libro tercero, cap. XVI, Libro III

Tras los salvatajes, el mundo cambió, literalmente. Cambió no sólo en el terreno económico, los salvatajes impactaron sobre las relaciones sociales, las de producción, las tendencias políticas y económicas, la ubicación y acuerdos de las clases sociales y sectores de clase, los países y sus relaciones en el mundo entero. Todo ha cambiado, definitivamente.

Pero mientras en la esencia todo ha cambiado, en apariencia todo sigue igual. El capitalismo sigue funcionando, las multinacionales se mueven, la población consume, el comercio continúa su marcha, aparentemente, todo continúa, salvo algunos anuncios de quiebras y empresas desaparecidas. Incluso en determinados momentos hay crecimiento económico. Esta apariencia de la crisis es uno de los elementos que mayor confusión provocan, entre los analistas y economistas del mundo.

La mayoría de ellos están desorientados. Permanentemente muestran perplejidad ante una realidad que desconocen, sin duda se mueven en terreno desconocido. Buscan parámetros para encontrar respuestas, comparan a la crisis con otras, "es igual a la del Nasdaq de 2000" dicen algunos. "es igual a la de la crisis del petróleo en los '70" afirman otros. Todo el tiempo las estadísticas los confunden, "Estamos saliendo de la crisis" afirman, pero luego los datos los desmienten. "Es parte del fin de un ciclo largo de crecimiento" dicen unos.

Otros los refutan: "Es parte de un ciclo largo de estancamiento". Las estadísticas dan datos para aseverar tanto una cosa como la otra. Son las mismas estadísticas las que llevan a los analistas y economistas, incluso algunos denominados "marxistas", a semejante estado de confusión. Es importante comparar esta crisis con otras que se han producido en el capitalismo, pero no puede buscarse las respuestas solamente en la comparaciones, porque la crisis actual tiene elementos de todas las anteriores. Los datos estadísticos no pueden explicar las leyes profundas de la economía, son muy importantes, pero sólo sirven como soporte.

El panorama es desalentador en las tierras del marxismo, donde la mayoría de los economistas encallan en el terreno de explicar la crisis afirmando que es de superproducción. Cometen el mismo error que los analistas capitalistas, se remiten a describir las estadísticas del mercado. Es cierto que hay millones de mercaderías en el mercado que no se consumen, pero eso no explica la crisis, ni los salvatajes, porque la superproducción es la expresión exterior de los fenómenos profundos del capitalismo.

Quienes califican a la crisis de superproducción confunden apariencia con esencia. En verdad, la crisis es muy compleja, la interacción de elementos coyunturales, estructurales, e históricos del capitalismo, han encontrado una intersección, no casualmente, en esta primera década del siglo XXI. Es el único atenuante que podemos darle a nuestros analistas que justifique su confusión. Y en el caso de aquellos que defienden el capitalismo, incurren además en el recurrente error de confundir la realidad, con sus deseos e intereses.

Pero ante ellos, se presentan los cambios que se están produciendo firmes, inconmovibles, llegaron para quedarse, y han modificado drásticamente la realidad y las perspectivas económicas del capitalismo. A partir de los salvatajes, de la inyección de fabulosas masas de capitales en el conjunto de la economía, nada volverá a ser igual.

Incluso se han registrado datos de la crisis en los primeros años de su desarrollo de una gravedad tal, que hay que retroceder muchos años para encontrar antecedentes de similar magnitud en el capitalismo, que no se registraban en décadas o incluso en siglos.

El principal indicador ECRI producido por el Instituto de Investigación del Ciclo Económico (en inglés ECRI), ha llegado a mostrar caídas en la economía de EE.UU que rondan el -6,9, apuntando a una contracción y una velocidad de caída que la economía capitalista más importante no conoce desde la posguerra. En el 2009, todas las economías del G-7 registraron crecimiento negativo al unísono, cosa que no ocurría desde hacía 100 años.

También en el 2009 más de 100 naciones registraron crecimiento cero o negativo, ¡por primera vez en la historia de capitalismo! El indicador Baltic Dry Index, que refleja la evolución del comercio mundial, rozaba los 12.000 puntos en mayo del 2008, pero a fines de ese año sufrió una caída histórica y colapsó derrumbándose a 660 puntos, para ir remontando progresivamente hasta llegar a los 4.500 puntos a finales de 2009. A partir de entonces, el descenso ha sido continuado, y a principios de octubre llegó a 2.478 puntos, en una clara señal de que aún la economía mundial, se mueve lejos de los índices previos a la crisis, ya que en relación al período 2006- 2007 el volumen del comercio global cayó 25%. Esta caída es la peor desde... 1945!.

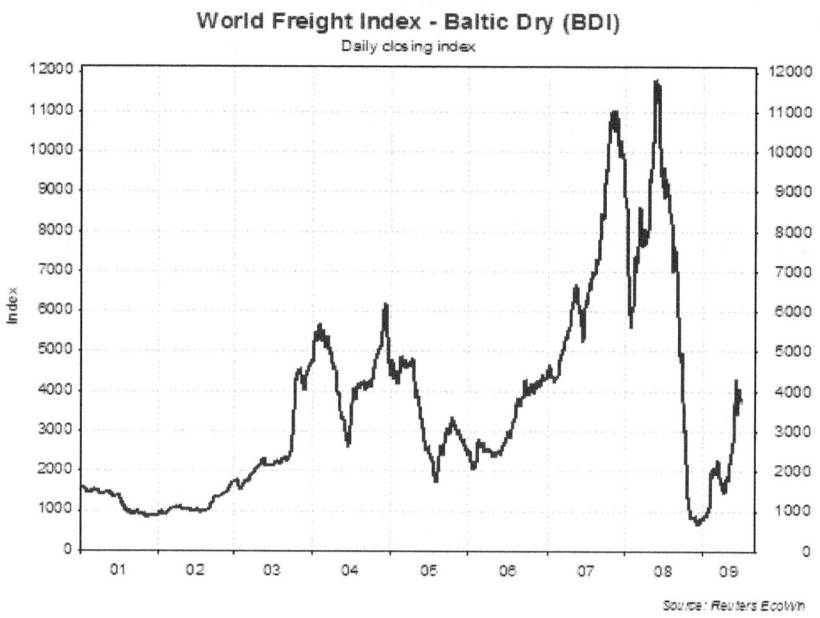

El Baltic Dry Index muestra la espectacular caída del comercio tras la quiebra de Lehamn Brothers. Tras los salvatajes el comercio mundial se recupera débilmente. Fuente: Baltic Dry Index

EL FIN DE LAS MULTINACIONALES

La caída de los precios del petróleo y otros commodities fue la más rápida y profunda desde que comenzó el registro en 1956. Si en la Gran Depresión de 1929, en EE.UU el porcentaje de deuda sobre PIB era del 186%, en la actual crisis, el porcentaje deuda/PIB se calcula... 379%!, Más del doble que en la Gran Depresión! Y si se añaden las deudas por jubilaciones futuras en porcentaje se eleva al 800%! El PBI de Japón en el 2009 registra índices que van desde un -6% a un -10%. Estos datos son los peores desde 1945.

Las tasas de interés están prácticamente a cero en los EE.UU y casi todas las economías más importantes, desde el estallido mismo de la crisis están en el nivel más bajo en... 100 años! Las que batieron todos los récords históricos son las tasas de interés británicas que han tocado su punto más bajo desde... más de tres siglos!, Exactamente desde cuando se fundó el Banco de Inglaterra, en 1693! En 2008 la Caisse des Dépôts, el brazo financiero del Estado francés desde 1816 y bajo todos los regímenes (monarquía, imperio, república,...), experimentó su primera pérdida anual...en 193 años!

Podemos sintetizar las tendencias fundamentales que se han operado en el sistema capitalista a partir de los salvatajes, agrupándolos en 4 ítems que incorporan una serie de cuestiones a su vez entre sí, vinculadas:

1) Salto en los índices de pobreza y desigualdad en el G7 y el mundo

2) Desvalorización y descomposición de la economía mundial

3) Crisis del crédito, del dinero y quiebras generalizadas de empresas y estados

4) Permanencias e institucionalización de los salvatajes

1) Salto en los índices de pobreza y desigualdad en el G7 y el mundo: Los índices de pobreza y desigualdad mundial, que ya de por sí eran graves, tras los salvatajes se están disparando con índices también históricos. Al 2012, sobre un total de 6.700 millones de habitantes en la población mundial, 1000 millones "sobreviven" con un promedio de 2 dólares por día, de los cuales el 70% son mujeres. Tres mil millones no alcanzan a cubrir las necesidades básicas en alimentación, vivienda y salud. Más de 24.000 personas mueren al día por hambre, 840 millones de personas están mal nutridas, de los cuales 200 millones son niños menores de cinco años.

Más de 1.800 millones de seres humanos no tienen acceso a agua potable. Más de 1.000 millones carecen de vivienda estimable, 2.000 millones de personas padecen anemia por falta de hierro, 880 millones de personas no tienen acceso a servicios básicos de salud y 2.000 millones de personas carecen de acceso a medicamentos esenciales. En el otro extremo, quienes embolsaron el dinero de los salvatajes, los primeros veinte súper millonarios de la lista Forbes concentran juntos una cifra calculada en 109,5 billones U$S (1), lo que equivale a más de lo necesario para el fin del hambre y la pobreza en el mundo.

El selecto club de súper millonarios del ranking Forbes pasó de 1.125 miembros en 2008 a 793 en 2009. Esos 109,5 billones U$S de riqueza acumulada en manos de los "millonarios" supera el PBI mundial, o sea, la riqueza anual producida por todos los países, que ronda en los US$ 100 billones. Estos datos demuestran que los salvatajes agudizaron las desigualdades sociales, cuyos datos se agravan día a día. Tras los "salvatajes" los índices de desigualdad social, destrucción humana y de la naturaleza, se dispararon, lo cual preanuncia el peligro al que nos está conduciendo esta fase del sistema capitalista.

Los demoledores datos de la economía mundial son tan graves, que podemos afirmar sin duda que no ha existido hasta ahora ninguna fase, ni etapa, ni período del capitalismo que signifique una caída tan grave en las condiciones de vida de miles de millones de habitantes del planeta simultáneamente, como los que vivimos actualmente con la situación abierta tras los salvatajes. Con los escalofriantes índices en mano y comparándolos con lo de hace 25 años, podríamos tranquilamente declarar a Ronald Reagan y a Margaret Thatcher como "benefactores de la humanidad".

Así lo reconocen funcionarios defensores del capitalismo como el entonces director gerente del FMI en 2009, Dominique Strauss-Kahn.:*"Desde que arrancó, en 2007, la crisis en EE.UU. se perdieron 30 millones de empleos en el mundo...realmente afrontamos el riesgo de perder una generación"*. En la Conferencia de Jackson Hole del 2010, el análisis de los economistas Carmen y Vincent Reinhart ante los bancos centrales del mundo fue: *"Podrían pasar 10 años antes de que el crecimiento económico en EE.UU y otros países vuelva a los niveles previos a la recesión"*.

Con los salvatajes se desataron fuerzas, económicas, políticas y sociales, que están modificando las relaciones sociales entre las clases y sectores de las mismas, pero que impactan y modifican también, las relaciones entre los países, naciones y estados. Antes de los salvatajes siempre estuvo en consideración la existencia de un "Primer Mundo" integrado por una elite de 7 países EE.UU, Inglaterra, Francia, Canadá, Alemania, Italia y Japón, y un "Tercer Mundo" integrado por los 192 países restantes que más allá de desigualdades, siempre tuvieron los índices de pobreza más importantes a escala mundial.

Para aquellos habitantes y ciudadanos de los países del denominado "Primer Mundo" siempre estuvieron planteadas condiciones de vida superiores a los del resto del planeta, incluso para las clases sociales y sectores sociales de menor poder adquisitivo. Tras los salvatajes esto está cambiando, definitivamente. Hoy en los países antes denominados del "Primer Mundo" la pobreza y la desocupación avanzan a pasos agigantados, motorizados por los planes de ajuste y austeridad implementados por sus gobiernos.

Las tasas de pobreza y desocupación, si bien no son aún las mismas que en los países del Tercer Mundo, tienden a igualarse y acercarse velozmente. Por eso y tomando como definición de país a la formación social compuesta por las clases sociales y los sectores de clase en un momento del proceso histórico, podemos a afirmar que tras los "salvatajes", en los países o formaciones sociales de EE.UU, Francia, Inglaterra, Canadá, Japón e Italia tienden a crecer los índices de pobreza y desocupación propios de las formaciones sociales de los países del "Tercer Mundo".

Distinta es la situación en relación a los estados. Tras los salvatajes la existencia de algunos pocos estados, cualitativamente mas ricos y poderosos militar y económicamente, que los 192 estados restantes se refuerza y profundiza. Esos estados imperialistas son los más ricos del orbe, no sólo por la acumulación de riqueza que llevaron adelante históricamente, producto de la expoliación de los países, colonias y posesiones más atrasadas, sino por el control del comercio, la industria, la distribución, de las finanzas, las comunicaciones, combinados con su poderío militar y tecnológico.

Relación entre estados y multinacionales

La inmensa maquinaria burocrática y militar de estos estados conoce ahora una imbricación mayor con las multinacionales. Los salvatajes han implicado la inyección de masas gigantes de capitales en ellas, lo que ha unido más profunda e íntimamente los elementos constituyentes de los estados y las multinacionales. A partir de los salvatajes, la situación de los estados imperialistas y las multinacionales quedó aún más profundamente interrelacionada, del futuro de las multinacionales depende el futuro de los estados y viceversa.

Es una tendencia permanente del capitalismo senil la de unir los estados con sus multinacionales, como lo expresaron los estados fascistas de Hitler y Mussolini, en los cuales alcanzaron una unidad profunda las grandes empresas y monopolios nacionales, con los estados. Si bien las multinacionales no eran predominantes en ese entonces, la tendencia es la misma y puede establecerse perfectamente la analogía, aunque en contextos sociales y políticos completamente diferentes.

Para Trotsky: *"El Estado corporativo...no es más que el agente del capital monopolista... Mussolini hace que el Estado corra con todos los riesgos de las empresas y deja a los capitalistas todos los beneficios de la explotación".* (2) Lo que analizamos es una tendencia de la cual los "salvatajes" son su expresión. De esta relación resulta que así como el colapso generalizado de las mega-corporaciones afecta a los estados imperialistas, la profunda imbricación de éstos con las corporaciones supone que el destino de los estados, es también el destino de las corporaciones.

Ésta unidad entre estados imperialistas y corporaciones multinacionales, da origen a cambios en las relaciones entre estados, economías y naciones. Un estudio realizado por Sarah Anderson y John Cavanagh, del Instituto para Estudios Políticos, encuentra que de las 100 más grandes economías del mundo, 51 son corporaciones y 49 son países. Una comparación de las ventas corporativas y los PIB de los países revela que General Motors es más grande que, por ejemplo, que Dinamarca o que Wal-Mart es más grande que países como Noruega y General Electric, también asociada a JP Morgan es, por ejemplo, mayor que Portugal.

Esta tendencia de los estados del G7, su rol como estados imperialistas, su profunda imbricación con las corporaciones multinacionales, su entrelazamiento con los ejércitos que de ellos dependen, su renovado desarrollo armamentístico y la existencia de un sector de clase burgués y casta burocrática componentes de la maquinaria estatal imperialista, desarrolla otra tendencia. Estos estados tenderán a disociarse de la formación social que dominan, y buscarán modificar las relaciones de producción y la estructura de dicha formación social para estabilizarse, imponer nuevas relaciones de fuerza entre las clases.

Por eso necesariamente el desarrollo de los ricos estados imperialistas va acompañado de formaciones sociales de creciente pobreza, los contrastes que antes caracterizaban al "Primer Mundo", del "Tercer Mundo", y ahora serán los contrastes entre los países los estados del G7 y la estructura social que dominan. La población de los países del G7, y fundamentalmente la clase obrera y los sectores populares, tras los "salvatajes" comienzan a vivir fenómenos y situaciones desconocidas para los habitantes del norte europeo, el norte de América y Japón, aunque harto habituales para cualquier ciudadano del "Tercer Mundo".

A su vez, y tal como vimos en el capítulo 1, con los salvatajes las relaciones entre los estados imperialistas está cambiando drásticamente, desarrollándose un acelerado proceso de colonización de la UE y Japón por parte de EE.UU. Las colosales infusiones de capital de la Fed, actúan reforzando la hegemonía de EE.UU, que impone su política a la UE, Japón y los BRIC'S.

Crecimiento de la pobreza y cambios en las estructuras sociales en el G7

La pobreza en EEUU creció a ritmo récord bajo el gobierno de Obama, producto de la recesión que ha determinado un importante aumento de la pobreza, equivalente al 14,3% de la población, la mayor cifra en 51 años, según el informe de la Oficina del Censo. La cantidad de pobres en Estados Unidos aumentó en el 2009 a 43,7 millones de personas viviendo en la pobreza, uno de cada siete estadounidenses lo que implicó un aumento de casi 4 millones de personas respecto de 2008.

La cifra de estadounidenses sin seguro médico aumentó a 51 millones en 2009, la pérdida de puestos de trabajo condujo a que muchas personas perdieran el seguro de salud. Entre las minorías las tasas aumentan en forma alarmante, entre los hispanos, la proporción de pobres subió, entre los afroamericanos e inmigrantes, los jóvenes menores de 18 años, las mujeres, los niños hispanos, inmigrantes pobres, ancianos y la pobreza en EEUU va en camino de marcar un aumento récord con cifras de gente sin recursos en edad laboral acercándose a niveles de la época de la Gran Depresión.

Los índices de pobreza son los más importantes desde que el gobierno comenzó a contabilizarla en 1959, superando a las anteriores estadísticas más altas registradas en 1965 y 1980. Más de 2,8 millones de personas perdieron sus hogares en 2009 con la ejecución hipotecaria o embargos bancarios. Esto significa un promedio de cerca de 8.000 por día, los números más altos de los últimos dos años cuando la crisis sub-prime comenzó a provocar que millones de otras personas perdieran sus hogares.

En Gran Bretaña, más de 17 millones de personas están sin empleo actualmente y millones más están trabajando a tiempo parcial. Un estudio divulgado por el periódico británico *The Independent* plantea que el nivel de pobreza en Inglaterra estaría en niveles similares a los de la era Victoriana de los años 1837 a 1901, cerca de una quinta parte de niños blancos está clasificada como pobre; un cuarto entre caribeños e indios y a más de la mitad entre paquistaníes y bangladíes. Los blancos ganan más, las tasas de empleo son más altas y se benefician de la discriminación.

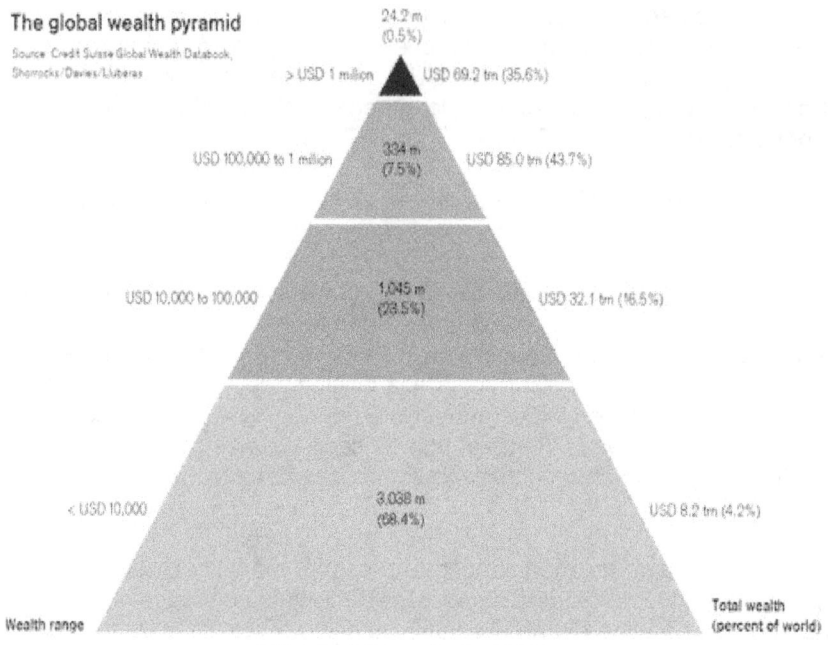

The global wealth pyramid

Source: Credit Suisse Global Wealth Databook, Shorrocks/Davies/Lluberas

24.2 m (0.5%)

> USD 1 million — USD 69.2 trn (35.6%)

USD 100,000 to 1 million — 334 m (7.5%) — USD 85.0 trn (43.7%)

USD 10,000 to 100,000 — 1,045 m (23.5%) — USD 32.1 trn (16.5%)

< USD 10,000 — 3,038 m (68.4%) — USD 8.2 trn (4.2%)

Wealth range

Total wealth (percent of world)

Number of adults (percent of world population)

Pirámide de la riqueza mundial según datos del Credit Suisse 8/10/10. El 0.5% de la población concentra casi el 40% de la riqueza mundial. Entre el 0,5 y el segmento del 8,2% siguiente o sea, el 10% de la población mundial detentan el 82% de la riqueza mundial. Fuente: Credit Suisse

Uno de los más graves problemas de los trabajadores y el pueblo en Gran Bretaña es la vivienda, que se ha agravado producto de las medidas de los gobiernos que llevaron a que las casas pasaran de más de un tercio en manos del Estado en 1982, a sólo el 14%, 20 años después. En Alemania el número de desempleados alcanzó una cifra de 3.41 millones de ciudadanos en el 2010, como lo comunicó la Oficina Federal de Empleo en Nuremberg y 1 de cada 4 inmigrantes residentes en Alemania vive amenazado por la pobreza, o bien, en la pobreza real, jóvenes y niños los más afectados.

El Instituto Alemán de Investigaciones Económicas (DWI) estimó que 1 de cada 7 alemanes vive en condiciones que rozan la pobreza, índices similares a los de EE.UU. Casi 1 de cada 4 alemanes entre los 19 y los 25 años de edad vive amenazado por la pobreza. La situación no es mucho mejor para las familias, y de hecho, el riesgo de caer en la pobreza es mayor conforme aumenta el número de hijos: 22 % de los hogares con tres hijos se encuentra al borde de la pobreza y el porcentaje aumenta a 36% para familias con cuatro o más hijos.

El 40% de las madres o padres solteros vive en situación de pobreza. Casi 1 de cada 4 alemanes entre los 19 y los 25 años de edad vive amenazado por la pobreza. La situación no es mucho mejor para las familias, y de hecho, el riesgo de caer en la pobreza es mayor conforme aumenta el número de hijos: 22 % de los hogares con tres hijos se encuentra al borde de la pobreza y el porcentaje aumenta a 36% para familias con cuatro o más hijos. El 40% de las madres o padres solteros vive en situación de pobreza.

En Japón, el fin del empleo de por vida y el deterioro del sistema de seguridad social, son los principales factores que están empobreciendo a importantes sectores sociales de un país que se consideraba inmune a la pobreza. Tras años de estancamiento económico y crecientes disparidades en los ingresos, según datos del Ministerio del Trabajo, hay 20 millones de personas pobres, considerando las autoridades el límite de pobreza en unos 22.000 U$S anuales para una familia de cuatro integrantes, lo cual representa la mitad de los ingresos de una casa promedio en Japón.

Más de 80% de quienes viven en la pobreza en Japón son trabajadores pobres y temporales, sin seguridad y pocas prestaciones. También hay un marcado avance en la precarización laboral, lo que ha abierto una enorme grieta a través de la cual millones de japoneses han caído y ubican, según datos oficiales, a Japón en la cuarta tasa más alta de pobreza entre los países desarrollados.

En Francia, la pobreza avanza de la mano del desempleo, la fragilidad del trabajo y precarización que aquejan a más de 4 millones de personas, en 2010, hay ya 8 millones de franceses, casi el 13,4% de la población, que viven bajo el umbral de pobreza, y una vez que pagaron alquiler, gas, electricidad, transporte y seguros, sólo les quedan 2,70 dólares por día y por persona para alimentarse y vestirse. Sobre una población de 65 millones de habitantes, el desempleo en Francia afecta a 2,7 millones de personas, equivalente al 10% de la mano de obra activa. El porcentaje de pobreza es particularmente alto en los hogares de inmigrantes alcanzando el 36%.

En Canadá también crece la desigualdad y la pobreza sobre todo entre los miles de inmigrantes calculados en más de 10,000 hispanos que emigran al Canadá anualmente y la demanda por visas de residencia continúa creciendo. Una persona en Toronto o Vancouver que viva sola y solamente gane unos $30,000 al año puede vivir solo modestamente. En Vancouver, Toronto, Montreal y Ottawa, avanza el sector de los llamados "working poor", gente que trabaja pero no genera el suficiente ingreso para poder estar arriba del nivel de pobreza.

Según estudios de la United Way el 30% de las familias en la municipalidad de Toronto son pobres, tomando como parámetro aquellos hogares cuyo ingreso es 50% abajo de la media de ingreso en su comunidad, y utilizando el denominado LIM - Low Income Measure. Por ejemplo, para una familia con madre y padre y dos hijos con un ingreso anual de 27,500 U$S o menos se considera pobre, en el caso de una familia con un solo jefe de familia y dos niños menores de 17 años la cifra es de 23.375 U$S.

Para estas familias, dados los altos precios del costo de vida en Canadá, los ingresos son considerados precarios y apenas con muchos sacrificios pueden cubrir las necesidades estrictamente básicas y acceden cualquier tipo de asistencia social que les pueda ayudar, como los bancos de comida, conocidos como Food Banks y los subsidios para la vivienda o los servicios que existen pero no son suficientes. Dado los altos precios del costo de vida en Canadá, los ingresos son considerados precarios.

Apenas con muchos sacrificios pueden cubrir las necesidades estrictamente básicas y acceden cualquier tipo de asistencia social que les pueda ayudar, como los bancos de comida, conocidos como Food Banks y los subsidios para la vivienda o los servicios que existen pero no son suficientes. En Italia, casi tres millones de personas viven en la pobreza absoluta, un 4,9 % de la población según informes del Instituto de Estadística Italiano (ISTAT) y el 13,6% de la población, correspondiente a 8.078.000 ciudadanos, vive en condiciones de pobreza relativa.

La pobreza absoluta en el sur del país pasó de 5,8% al 7,9% y empeoró entre las familias de cuatro miembros, en particular las compuestas por parejas con dos hijos casi siempre menores de edad, y entre las familias encabezadas por una persona con escasa instrucción y de menos de 45 años, por un trabajador autónomo, o entre las familias en que al menos uno de sus miembros busca trabajo. De este modo, el fenómeno de la pobreza relativa en el sur, equivale a casi cinco veces la del resto del país.

El mapa de la pobreza en Italia, estimó el ISTAT, subraya la nunca superada división entre el norte del país, la zona más industrializada, y el sur subdesarrollado: en las regiones meridionales, en efecto, la pobreza alcanza 23,8% de la población, cinco veces más que en el resto del país. Esta situación se agrava en las familias residentes en Sicilia, Campania, Basilicata y, sobre todo, Calabria, todas ellas provincias del sur italiano. La pobreza "absoluta" tiene mayor incidencia en familias numerosas -con tres o más hijos- cuyo índice se sitúa en el 9,4% o en aquellas familias donde ninguno de sus miembros trabaja 33,8% y en las que están a cargo de una persona en busca de empleo que alcanzan el 26,7%.

Estas modificaciones se están produciendo rápidamente en las formaciones sociales de los países imperialistas, con elementos que son constantes en casi todos ellos, avanza la pobreza, caen los índices de salud, educación y vivienda, golpean en los sectores más débiles e indefensos de la población. Los inmigrantes, los sectores raciales más desplazados, como los afroamericanos, hispanos y musulmanes, las mujeres, los niños, los ancianos, que son afectados por los recortes presupuestarios de los sistemas sociales, los subsidios y los ataques que están desarrollando los gobiernos del G7 en el sentido de desmantelar los sistemas de educación, salud, los subsidios a la vivienda, que provocan la entrada de mayores contingentes a los altos niveles de pobreza y miseria.

Pero también estos ataques y creciente pobreza que generan es lo que dará origen a los procesos políticos y sociales más importantes del siglo XXI.

FMI: "Los ancianos viven demasiado"

La baja de condiciones de vida en todo el mundo en general y en particular, en los países del "Primer Mundo", son el resultado de la respuesta de los gobiernos capitalistas a la crisis, los planes económicos de sus gobiernos y de los organismos económicos internacionales. Pero a la vez que los gobiernos capitalistas logran estos objetivos, provocan una agudización de todas las contradicciones políticas y económicas, y las masas del mundo han comenzado a enfrentar esta ofensiva.

Los planes de los gobiernos del G7 es continuar los ajustes contra los pueblos por un largo período de años, como lo afirmó el primer ministro inglés David Cameron en entrevista al Daily Telegraph. Cameron afirmó que los recortes del presupuesto nacional se extenderían, del plan inicial de 5 años, hasta el 2020. El resto de los países de la UE afrontan similares perspectivas.

Sin dudas el ideal de modelo económico al que aspiran los gobiernos capitalistas, lo constituye un frente del que hacen parte tanto la multinacional Wal- Mart como el estado Chino, que van a la vanguardia en la superexplotación obrera, la precarización laboral, los bajos salarios y la eliminación de los derechos democráticos más elementales. Los organismos como el FMI expresan sus objetivos descaradamente. El 11/4/12 el FMI en su informe anual sobre la Estabilidad Financiera Mundial dice lo siguiente: *"Los ancianos viven demasiado y eso es un riesgo para la economía global...un riesgo financiero para la economía mundial el aumento de la longevidad en los países del globo, razón por la cual recomienda disminuir las pensiones y aumentar la edad de jubilación".*

Difícil es saber que formas tomaría la economía mundial en caso de que la ofensiva que los gobiernos capitalistas del mundo llevan contra las masas se impusiera definitivamente. Pero si podemos saber su contenido: Un agravamiento de las condiciones sociales y de vida de los pueblos en todo el mundo sin precedentes. El capitalismo busca resolver su crisis y salir de ella mediante una brutal ofensiva contra las masas en Europa, EE.UU y el mundo. ¿Podrá el capitalismo salir de la crisis e imponiendo un brutal ajuste a las condiciones de vida a las masas del mundo?

Esto es lo que está en juego en el proceso de huelgas y movilizaciones que están atravesando EE.UU y Europa en estos momentos y que incluso comienzan a despuntar en China cuestionando el modelo de súper- explotación y desmantelamiento de conquistas sociales que el estado Chino encarna. Si los gobiernos capitalistas derrotan las luchas de los trabajadores y pueblos de Europa y EE.UU, podría barajarse la hipótesis de que las potencias capitalistas podrían imponer el ajuste mundial y superar esta crisis. Estas son las tendencias que se desarrollan en el sentido de la salida de la crisis, objetivo que pueden conseguir de lograr triunfos en esta ofensiva.

Es decir, se están desarrollando dos conjuntos de tendencias y perspectivas posibles: Una es que aumentando la súper explotación de las masas, bajando el nivel de vida sobre todo en los países del G7, la montaña de papeles y sobre acumulación de capitales que significan los salvatajes se "valorice", lo cual permitiría una salida de la crisis y abrir una nuevo período de expansión, desarrollo económico y crecimiento.

La otra perspectiva es que no se logren las tasas de explotación, de creación de valor y plus valor necesarias, ni producción de riqueza real, lo cual abre la perspectiva del crecimiento de enormes masas de capital dedicadas a la especulación lo que puede originar la producción de una o más burbujas financieras, de dimensiones colosales y poderosamente destructivas, que pueden agravar la crisis del capitalismo. Ambas tendencias se están desarrollando en forma simultánea e interrelacionada.

2) Desvalorización y descomposición de la economía mundial: Los salvatajes provocan el nacimiento de los denominados "zombis" o "muertos vivos". ¿Qué son? Así los define el Global Europe Anticipation Bulletin: *"En las calles de las grandes ciudades norteamericanas y europeas ...se constata un significativo número de marcas que continúan reluciendo para atraer al comprador, pero que en los hechos no son más que apariencias engañosas de empresas quebradas, mantenidas artificialmente con vida a fuerza de dineros públicos o de reestructuraciones de un porvenir incierto, como CIT, GM, Chrysler, Saab, Opel, Karstad, Quelle, Iberia, Alitalia, etc...En apariencia, funciona como si todo fuera normal, pero, en hechos de salud económica, es una enfermedad que socava más y más profundamente todo el tejido de las empresas...verdaderos zombis. Todos 'muertos-vivos "económicos"* (Global Europe Anticipation Bulletin 39).

Varios economistas han bautizado como "zombis" o "muertos vivos", a estas empresas, entre ellas algunas de las más grandes mega-corporaciones multinacionales que dominan la economía mundial, que aún quebradas, siguen existiendo. Tras los salvatajes, los "zombis" se generalizan. Dado el tamaño de los rescates, la magnitud de estos cuerpos muertos que arrastra el capitalismo es también enorme y de gran peso e importancia en relación al PBI y el conjunto de la economía mundial.

Así analiza la situación de los Bancos de Inversión zombis David Troman, jefe de los servicios financieros en PA Consulting una consultoría de la industria informática: *"La existencia simultánea de los zombis es algo que no ha ocurrido antes en la vida laboral de cualquiera de los servicios financieros...La combinación de todos estos factores significa que los bancos, a pesar de las apariencias, sólo cojean en un estado de semi-vivo. Su capacidad de préstamo y para impulsar el crecimiento económico seguirá siendo baja durante varios años.... Todos vamos a aprender a vivir con* los bancos zombis" **(3)**

Los salvatajes abren una situación inédita en muchos sentidos, con la existencia de entidades, empresas, estados, bancos, etc, que de contenido están en quiebra, pero formalmente no la declaran y surge una nueva situación en la cual estas entidades cuyas operaciones económicas han fracasado y están destruidas, no desaparecen y en cierto modo siguen participando del proceso de reparto de ganancias y reclaman parte de los capitales y el plusvalor existente.

El efecto que la existencia de estos cuerpos muertos que arrastra el capitalismo es que mantienen alta la composición orgánica de capital, porque continúa subsistiendo una enorme masa de capital fijo, de maquinaria, talleres, infraestructura y capitales que no obtienen una tasa de ganancia y por lo tanto, actúan como un obstáculo para la producción de nuevo valor. La suba de la composición orgánica de capital que provocan los salvatajes, actúa como un obstáculo para la salida del capitalismo de la crisis.

Históricamente, cada crisis del capitalismo se soluciona con un proceso de quiebras, remates y embargos que significa que los capitalistas más fuertes sobreviven y las empresas y bancos que han operado sin éxito desaparezcan y las inversiones erróneas sean liquidados. Así planteó el fenómeno Carlos Marx: *"...el conflicto entre las fuerzas impulsoras antagónicas se desahoga periódicamente* **mediante crisis** *¿Cómo se habría de dirimir este conflicto, pues, y restablecer las condiciones correspondientes al movimiento "sano" de la producción capitalista? La misma incluye el poner en barbecho y hasta* **aniquilar una parte de capital**...*Pero bajo cualquier circunstancia* **el equilibrio se establecería por** *inactivación e incluso* **por aniquilación de capital en mayor o menor medida"**. **(4)**

Bank of England official interest rate 1694-2009

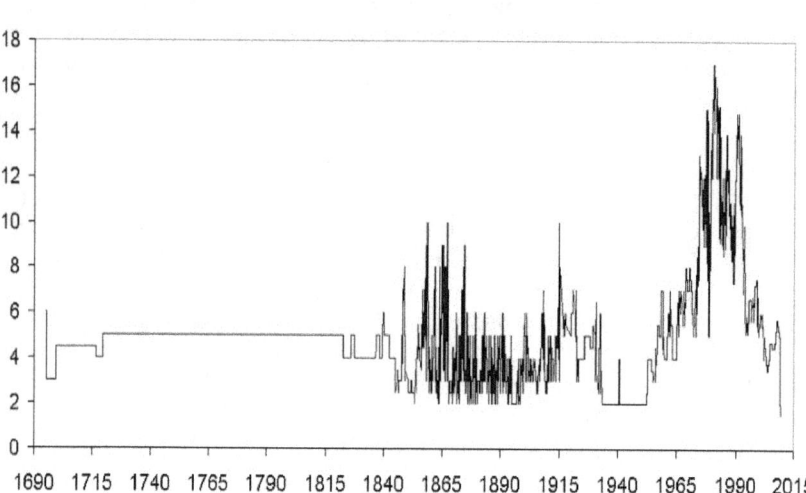

Evolución de las tasas de interés del Banco de Inglaterra. Tras el comienzo de la crisis, las tasas descienden a rangos de 1690. Fuente: www.geab.org

Marx plantea que la salida que encuentra el sistema capitalista para resolver la crisis y encontrar un nuevo equilibrio que permita el desarrollo de la economía es la destrucción lisa y llana de un sector de capitales. Este es el mecanismo histórico que el capitalismo utilizó para superar las crisis, para que un nuevo capital invierta y se restablezca cierto funcionamiento equilibrado del sistema capitalista. En la crisis que estalló el 2007, el proceso de aniquilación de capitales que planteó Marx se desarrolló parcialmente en la medida en que un sector muy importante de grandes capitales quebró, y desaparecieron.

"Too big to fail"

Pero sin duda, de no haber sido por los "salvatajes" la aniquilación de capitales que se desarrolló hubiera sido de una magnitud cualitativamente superior y hubiera alcanzando a las corporaciones multinacionales y un sector de la banca. Esta intervención masiva de los estados del G7, fundamentalmente de EE.UU, de hecho actuó perturbando y alterando el proceso de aniquilación y destrucción de capitales que hubiera permitido al capitalismo recuperar parte del equilibrio perdido.

Al no haber un proceso de "selección natural" de capitalistas y capitales, los salvatajes impiden la destrucción de los capitales sobrantes. Y al obstaculizar la quema de capitales obstaculiza la salida a la crisis y los salvatajes se convierten en otro factor estructural de la misma que dificulta la entrada de inversiones para relanzar la economía mundial. Desde el punto de vista del proceso de quema y aniquilación de capitales, que analizaba Marx, podemos responder a la pregunta:¿Porque se produjeron los salvatajes?

Y la respuesta sería: Se explican porque la magnitud de la crisis que estalló es tal, que pudo haber detonado un proceso de destrucción y aniquilación de capitales que ponía en peligro la existencia del sistema capitalista mismo. Por ejemplo, General Motors (GM) debió quebrar, pero si hubiera desaparecido GM, hubiera impactado sobre una producción de millones de autos y camiones en 34 países diferentes, de 463 subsidiarias y 234.500 trabajadores, 91.000 en EE.UU que provee cobertura de salud y jubilaciones a casi medio millón de trabajadores retirados.

Y junto a GM debieron quebrar corporaciones multinacionales cuya dimensión en relación al PBI y porciones en ramas y sectores de la economía mundial es de tal importancia que su desaparición afectaba las bases mismas de la economía mundial. De allí surgió la expresión "Too big to fail" (demasiado grande para caer) de economistas defensores del capitalismo. El problema es que muchas de las "Too big to fail" tras los salvatajes, son ahora "muertos- vivos", su necesidad de sobrevivencia requiere de masas enormes y crecientes de capital.

Y como si esto fuera poco, dado que en la quema de capitales el cuchillo no llegó al hueso para remedio de la crisis, la salida de la misma se hace más dificultosa, y los cuerpos muertos que los salvatajes produjeron, actúan obstaculizando la solución a la misma. La definición de zombis a su vez se extiende corporaciones a países, algunos de los cuales son para los organismos internaciones de crédito "inviables", incluso algunos otrora poderosos como España, Italia, Portugal hoy considerados naciones zombis.

Los salvatajes agravan la desvalorización de la economía mundial

Con los "salvatajes", se rescató a la gran banca mundial, pero para Marx, los capitales que contiene la industria bancaria y expresan valor creado, en la crisis se desvalorizan Es decir, si los bancos calcularon ganancias a futuro que no se produjeron, esto actúa desvalorizando sus activos en forma inmediata. Así lo explica Marx.: *"La parte del valor de capital que sólo se encuentra en la forma de asignaciones sobre futuras participaciones en el plus valor, en la ganancia de hecho como meros títulos de deuda sobre la producción bajo diversas formas, resulta desvalorizada de inmediato con la disminución de las entradas sobre las cuales está calculada"* (5)

Los salvatajes no se dirigieron solamente a los bancos, fueron también a industrias clave como automotores, acero, barcos, aviación, que también sufrieron destrucción parcial de sus valores en la medida en que las golpeó la crisis. En la industria naviera, por ejemplo, la contracción del comercio mundial provoca que pasen a tener capital fijo ocioso. Así lo analiza The Economist del 2009: *"453 buques conteiner, 11% de la capacidad global, están amarrados en los puertos de Hong Kong, Singapur y otros del sudeste asiático. Sólo cinco años atrás, la alta demanda desde China significaba que todos estos barcos, y más, eran desesperadamente requeridos. Entre fines de 2006 y julio de 2008, los fabricantes de barcos recibieron suficientes pedidos como para duplicar la flota mercante mundial. Ahora, se están botando estos nuevos barcos —más de 9.000 unidades— justo cuando la demanda está colapsando…Los pedidos de nuevos barcos, como era de esperar, han colapsado, y la preocupación ya no es qué debe comprarse, sino cómo cancelar pedidos".*

El colapso de la industria naviera golpeó al sudeste asiático y particularmente a Corea del Sur, que alberga a siete de los diez mayores astilleros del mundo y los analistas predicen que sufrirá una baja en los pedidos de barcos, muy por debajo del nivel de los años anteriores pasado y con malas perspectivas para el 2011 y 2012. Otro elemento que provocan los zombis, es que dificultan la restitución de la tasa de ganancia. Al sobrevivir capitales que deberían haber quebrado, se imposibilita la destrucción de capitales sobrantes, proceso que es fundamental para contrarrestar la caída de la tasa de ganancia.

La alta composición orgánica del capital provoca la baja de la tasa de ganancia, porque si el porcentaje de capital fijo se conserva alto en relación al variable y no se destruye, es un elemento que actúa derrumbándola. Para recuperar la tasa de ganancia, cumple un papel importante el proceso de quiebra de un sector de los capitalistas, que reduzca la competencia y permita optimizar las ganancias de los capitalistas sobrevivientes.

Los salvatajes agravan los peligros derivados de la sobre acumulación de capital

En la medida en que esa riqueza dada por adelantado que significan los salvatajes, no sea creada en el terreno de la producción y valorizada, sólo es una montaña de papeles, billetes, bonos que no poseen valor. La acumulación y sobre acumulación de capitales generada por los multimillonarios salvatajes, en la medida en que no se traduzcan en la creación de nueva riqueza, pueden generar una nueva burbuja especulativa, o varias simultáneamente. Y si no logran generar valor, provocan tendencias a la desvalorización general de la economía y los consecuentes síntomas de inflación, nueva ola de quiebras, cesación de pagos y crisis, en una economía mundial que ya está gravemente golpeada.

El conjunto de tendencias hacia la desvalorización, la descomposición, concentración y especulación financiera se puede constatar viendo como las enormes inyecciones de dinero de los salvatajes no sólo permitió sobrevivir a los Bancos de Inversión, sino que además generó otros "monstruos" de alto poder especulativo y destructivo de la economía. Por ejemplo, BlackRock (Roca Negra), una firma de inversiones con sede en Nueva York que maneja una cartera de 3,35 billones U$S equivalente al PIB nominal de Alemania, hoy el mayor manipulador de dinero del mundo.

BlackRock está aparentemente controlada por el BofA (Bank of América con un 34% de sus activos), por PNC Financial Services con un 24.6% de sus activos y por la británica Barclays PLC, con un 19.9 % de sus activos. La tendencia a la descomposición de la economía mundial se expresa en que bancos gigantescos globales, como el BofA y el Barclays triangulan operaciones mediante una entidad financiera como BlackRock, cuyo CEO es Lawrence Fink, creador de los MBS (en inglés, Mortgage-Backed-Security).

BlackRock ha inaugurado el término eufemístico de "opacidad" para entidades que no se sabe bien, ni se les puede observar en forma cristalina sus manejos de dinero. Así el otro término eufemístico de entidades "opacas" se suma a los de "contabilidad creativa" o "activos tóxicos", para no hablar lisa y llanamente de lavaderos de dinero, ladrones de guante blanco, estafadores profesionales o mercadería podrida, los términos que verdaderamente deberían utilizarse en relación a estas actividades.

Otras entidades que muestran la tendencia a la descomposición de la economía son los denominados "dark pools", especie de agujeros negros que aspiran operaciones a velocidad sideral y van recortándole espacios a la otrora hegemónica bolsa neoyorquina, convirtiéndose en su mayor amenaza desde que se fundó en 1792. Desde la burbuja de las "punto.com" del año 2000, Wall Street viene contrayéndose y al Dow Jones 30 industrial le costó mucho volver a superar los 10.000 puntos porcentuales.

Desde inicio de la crisis del 2007 las últimas marcas importantes de el Dow Jones fueron los 13.000 puntos de mayo del 2008 y pero está muy lejos de los 14.150 puntos de octubre de 2007. Lo llamativo es que los rivales que están desbancando a la bolsa de Nueva York, no son ni la bolsa de Londres, ni la de San Pablo o ni la de Beijing, ni la de Malasia. Son los Dark Pools dirigidas por una generación de competidores jóvenes, ágiles, nuevos "yuppies" que ofrecen a la gran banca y los fondos especulativos ventajas sobre los inversores institucionales comunes que fueron muy populares durante la globalización en los '80 y '90.

Ahora la moda son estos agujeros negros en gran parte porque son prácticamente invisibles para los reguladores, los que controlan estas actividades y ni hablar para aquellos que proponen poner una "tasa Tobin", un impuesto a las operaciones especulativas mundiales. Los Dark Pools tienen jugadores sigilosos y refinados que permiten la compraventa de títulos en grandes bloques y a velocidad casi lumínica y ya ha provocado controversias y polémicas en la SEC (en inglés, Securities & Exchange Commission) que es la comisión federal de valores, que regula las actividades financieras.

Esto está provocando cambios en las actividades especulativas, que muestran el grado de descomposición del capitalismo. Sólo 35% de transacciones cotidianas en Nueva York se efectúan realmente en la Bolsa tradicional, mientras que hace 5 años y previo a los "salvatajes" lo hacía el 75%. Actualmente la mayoría especula por dark pools electrónicos, aunque el NYSE, para defenderse de los agujeros negros, ha establecido alianzas con paneles europeos y establecido el panel NYSE/ Euronext.

También las tendencias a la descomposición del sistema capitalista pueden observarse viendo como hicieron un extraordinario negocio los fondos de cobertura y sus CEO's, una casta de multimillonarios parásitos que obtuvieron 25,3 mil millones U$S en el año 2009, estableciendo un nuevo récord para la industria.

Los fondos de cobertura actúan agudizando las desigualdades sociales, y requieren fondos de sus inversores por montos que van de 500.000 a 3 millones U$S. Tras los "salvatajes" continúan generando enormes apuestas especulativas, estafando a millones y buscando la manera de evadir impuestos legalmente.

Por eso, tras los salvatajes hay un agravamiento de los escándalos, estafas, usurpaciones y desfalcos que ponen a flote todas las miserias, excrecencias y el grado de profunda descomposición que atraviesa el sistema capitalista mundial. El 12/12/08 estalló el escándalo financiero perpetrado por el financista estadounidense Bernard Madoff, que fuera presidente del índice Nasdaq de Nueva York. En Estados Unidos, en 2008, se otorgaron US$ 18.000 millones en bonos. Si tomamos al conjunto de la economía mundial, los cálculos dan que los banqueros se adjudicaron a sí mismos para el 2010 son unos US$ 40.000 millones en bonos.

A las denuncias sobre Madoff, que fue sentenciado a 150 años de prisión, se suman a las existentes contra Geithner, por desvío de fondos del rescate de AIG al Banco francés Société Générale y a firmas de Wall Street como Goldman Sachs, Merryl Lynch, Barclays y Bank of América o el alemán Deutsche Bank. También hubo denuncias sobre JP Morgan Chase y UBS por fraudes en los "contratos de inversión garantizados" que estados, comunas y distritos escolares tomaron. Los multimillonarios Bancos de Inversión no trepidaron en estafar a estados, intendencias e instituciones educativas, pagando menos intereses a estas entidades.

Los escándalos de fraude financiero tipo piramidal crecieron casi cuatro veces en el 2009. La cantidad de estafa subió de 40 en el 2008 a 150 en el 2009. El análisis de los expedientes de los fiscales del distrito y del FBI, además de demandas civiles y penales a nivel estatal y federal arrojan como resultado que en el 2009 hubo estafas de todo tipo, desde la estafa al sistema bancario internacional de 7.000 millones U$S organizada por el ejecutivo Allen Stanford pasando por la estafa de 1.200 millones U$S que orquestó el abogado Scott Rothstein.

Son también parte del proceso de descomposición de la economía mundial la explosión de actividades ilícitas como el contrabando, la venta de droga, el tráfico de armas, etc, que actúan junto a los elementos de fraude que acompaña a los salvatajes. Tanto el conjunto de tendencias a la salida a la crisis, como a la superación de la misma se combinan y son influidas por muchos de los síntomas que expresan los problemas de la economía y actúan sobre ella, como la parálisis del crédito o las quiebras generalizadas de empresas y estados.

3) Crisis del dinero, del crédito y quiebra generalizada de empresas y estados: Con el estallido de la crisis en el 2007, como vimos en el capítulo I, el proceso de circulación, el dinero y el sistema de crédito fueron sufriendo sucesivos colapsos. Como lo planteó Marx:"*Ésta perturbación y estancamiento **paralizan la función del dinero** como medio de pago función dada simultáneamente con el desarrollo del capital y basada en aquellas relaciones presupuestas de precios **interrumpen en cien puntos la cadena de las obligaciones de pago** en determinados plazos...*" (6)

Pero el capitalismo depende desde los '80 cada vez más de la esfera financiera, del crédito y especialmente el crédito al consumo. La crisis del crédito es clave porque además de ser una de las instituciones fundamentales del capitalismo en esta era, también ha sido la herramienta privilegiada a la que ha apelado el capitalismo en las últimas décadas para lograr crecimiento del PIB. De los sucesivos colapsos, surge una situación en la cual el dinero resulta "paralizado en su función", al decir de Marx, cada vez más, se produce una ausencia de éste debido a las permanentes interrupciones en los flujos de capitales.

Lo que los salvatajes intentan es restituir el flujo de capitales pero como el proceso de inversiones no depende pura y exclusivamente de factores económicos, sino de factores políticos, lo que los "salvatajes" logran es una recuperación parcial, precaria, que prepara una nueva crisis. La interrupción de los flujos de capitales y del dinero está íntimamente relacionada a la crisis del crédito. La crisis del crédito es producto del tremendo impacto que produjo la desvalorización y envilecimiento sufrida por ésta actividad que tocó su cenit en la crisis de las hipotecas de "segunda categoría", pero que viene desarrollándose como principal herramienta para el desenvolvimiento de la economía desde hace ya 25 años.

Los bancos tienen cada vez más dificultades para hacerse de dinero, y los salvatajes son prácticamente su fuente fundamental de ingresos. Los intentos de sostener la reproducción ampliada con sucesivos salvatajes e inyecciones de dinero, llegado un momento frenan la expansión crediticia porque los bancos no tienen como eje centrarse en la concesión de créditos al dejar de ser rentable esa actividad en determinados segmentos. A la vez, el temor a la quiebra impide que los Bancos que dominan la economía mundial, se presten mutuamente y tan pronto como la rueda de crédito se frena, empiezan a aflorar todas aquellas inversiones erróneas o activos sobrevalorados.

Tan pronto como el crecimiento en la circulación de capitales ficticio se ralentiza, se para o empieza a decrecer, la pirámide de crédito también decrece, ante lo cual, los "salvatajes" y la compra directa de bonos y activos por parte de los Bancos Centrales sólo son un parche temporal para evitar el colapso y posterga el estallido pero no resuelve la crisis. El corte en la cadena de pagos producido al interior de EE.UU por la crisis sub- prime se generalizó al mundo entero. Y los impagos en los créditos, sumado a la caída de la recaudación de impuestos e incremento de los déficits de los gobiernos y salvatajes, llevan a la desvalorización de la moneda y las masas de capitales.

Llegados a este punto de emergencia económica, el capitalismo si no logra quebrar la resistencia de los trabajadores, y modificar cualitativamente la relación entre las clases, tiene que recurrir a parches, y seguir la huida hacia adelante emitiendo más dinero. Los bancos y fondos de inversión que colocaron los bonos sub-prime del "boom inmobiliario" en los mercados financieros globales, pertenecen a través de infinitos vasos comunicantes a los mismos grupos que controlan la Reserva Federal y el Tesoro de EEUU, además de estar asociados a las calificadoras de riesgo y a las Corporaciones Multinacionales que concentran la información financiera a escala mundial.

Con los salvatajes el Estado respaldó la especulación financiera permitiendo a la red y conjunto de bancos privados que conforman la Reserva Federal que actúen como una supra-entidad prestataria que maneja un fondo billonario orientado a hacer negocios tras el colapso financiero en EEUU, del 2007. Esta es la expresión monetaria, en el terreno bancario y de los flujos de capitales, de la creciente imbricación de las corporaciones multinacionales con los estados del G7. El mismo proceso se utiliza en los países atrasados donde los gobiernos capitalistas repiten el mismo esquema, utilizando dinero público para rescatar bancos y empresas privadas, lo cual suma a las economías de los países atrasados a la burbuja especulativa mundial.

Como lo señala el Wall Street Journal: *"Los gobiernos del mundo están inyectando dinero en sus economías a un ritmo vertiginoso. Debido a que las empresas no pueden colocar miles de millones de dólares en la economía en un lapso tan breve, los fondos han empezado a llegar a los mercados financieros. Algunos inversionistas ya han empezado a hablar de una "burbuja de rescate" en ciertos mercados".*

Por eso este proceso de crisis del dinero, crédito y préstamos, en la medida en que no se resuelva la crisis va a seguir perturbando el proceso de reproducción ampliada capitalista. Para Marx:*"...en determinados plazos, resultan **intensificados aun por el consiguiente colapso del sistema crediticio** desarrollado al mismo tiempo que el capital, y conducen de esta manera a violentas y agudas crisis, **súbitas desvalorizaciones forzadas** y un estancamiento y perturbación reales del **proceso de reproducción**, y con ello a una mengua efectiva de la reproducción." * (7)

Están tan distorsionados los indicadores financieros que de verdad las tasas de interés no deberían estar a 0%, sino -5% como lo revela informes de la Fed de San Francisco. El crédito al consumidor se reduce para los sectores de menores ingresos de la población mundial cuyas restricciones se incrementan, lo que se traduce en una baja del consumo en algunos segmentos de la población y perjudica las posibilidades de una recuperación económica sólida de la economía.

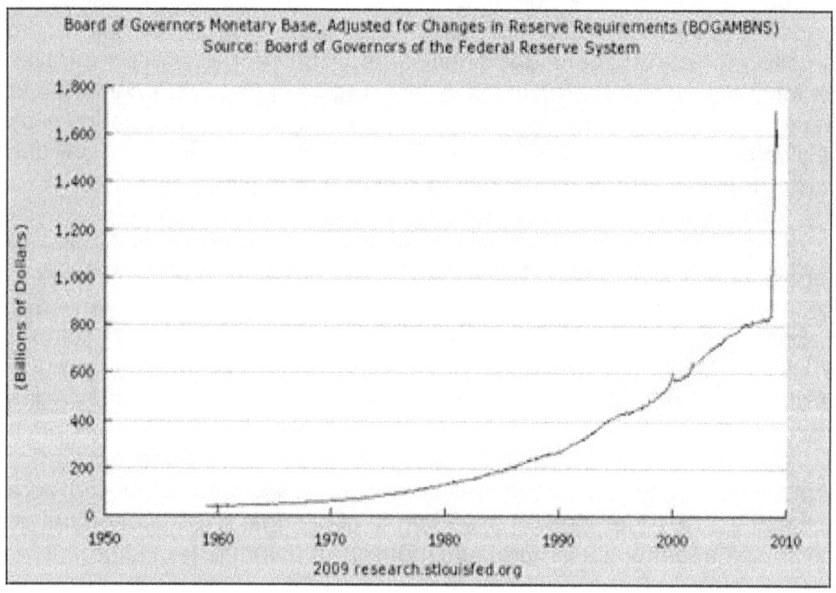

El gráfico muestra la evolución masa monetaria en los EEUU, que pega un salto gigantesco con los salvatajes. Fuente: Reserva Federal de EE.UU

EL FIN DE LAS MULTINACIONALES

En la crisis del crédito, tienen una gran responsabilidad las calificadoras de riesgo crediticio tanto S&P, Moody's Investors Service y Fitch Ratings que otorgaron calificaciones excelentes a valores que definieron seguros pero no lo eran, e igualmente a pesar de haber mentido al respecto, ganaron millones de dólares. Moody's, por ejemplo, obtuvo más de US$3.000 millones entre 2002 y 2006 por calificar valores basados en préstamos hipotecarios, los mismo las demás calificadores de riesgo obtuvieron cifras multimillonarias, mintiendo descaradamente acerca de la realidad de las empresas que calificaron.

La crisis del dinero expresa que las masas de billetes que circulan por el mundo están sufriendo una permanente devaluación producto de los salvatajes. Para EE.UU, la devaluación de su moneda es producto de la emisión de moneda sin respaldo oro, por eso los salvatajes son una brutal y persistente devaluación del dólar.

La UE en cambio tiene sus monedas atadas al Euro, y los países que están en la zona Euro, tienen que tener mucha plata en los bancos centrales para sostenerse dentro del euro. Para poder acumular reservas en sus bancos centrales, estos países tienen que recibir todo el tiempo préstamos y aplicar fuertes ajustes en los gastos.

La crisis del euro expresa las contradicciones del capitalismo europeo. Como vimos en el capítulo I, Europa es un complejo de países con economías muy desiguales, dominadas por Alemania y Francia, donde hay potencias en decadencia, como Grecia, Portugal o España y economías muy atrasadas como en el Este.

La crisis del dinero en la UE puede expresarse en que si fracasan los planes de ajuste en los países más atrasados o pobres, y no tienen plata para sostenerse, se rompe la convertibilidad con el Euro, y regresan a las viejas y devaluadas monedas locales.

Generalización de las quiebras

Junto a la crisis del dinero y el crédito ha detonado también un proceso de quiebras que comenzó en el 2007, pero se sigue desarrollando y abarca no solo a la banca sino también a empresas y estados. Con el desarrollo de las quiebras bancarias se desarrolla también el proceso de compra de acciones en la banca. En el 2010, la FDIC (Corporación Federal de Seguro de Depósitos) tomó el control de 118 bancos, y el ritmo de quiebras de entidades financieras en 2010 fue superando al del 2009.

DANIEL CAMPOS

Las quiebras del 2009 le costaron a la FDIC cerca de 30.000 millones U$S y se estima que tendrá que desembolsar unos 60.000 millones U$S más entre 2010 y 2015 en la intervención de entidades financieras, porque la lista de bancos en quiebra continúa en ascenso. Innumerables bancos fueron absorbidos por el FDIC, como por ejemplo el Butler Bank of Lowell de Massachusetts, el Lakeside Community Bank of Sterling Heights en Michigan, el Innovative Bank of Oakland en California, el City Bank of Lynnwood en Washington, el Tamalpais Bank of San Rafael, el First Federal Bank of North Florida, el American First Bank (90,5 millones) y el Riverside National Bank, por citar algunos.

También avanzan las quiebras de empresas, según The Economist del 6/9, en el primer cuatrimestre de ese año, cayeron en bancarrota 20.251 empresas, un crecimiento del 52% respecto de igual período del año anterior, con ejemplos resonantes como la del estudio de cine Metro-Goldwyn-Mayer (MGM), o la cadena Blockbuster.

También en el 2010 quebró el grupo financiero estadounidense CIT, especializado en préstamos para pequeñas empresas la que constituye en la 5ta quiebra más grande en la historia de EE.UU después de Lehman Brothers (2008), Washington Mutual (2008), WorldCom (2002) y General Motors (2008).

Junto con la quiebra de las empresas se comienza a dar también la quiebra de los estados, tanto de países, como provincias, municipios, condados y toda clase de gobiernos nacionales y locales. Algunos de los más destacados son la quiebra del Holding Dubai World, de la ciudad- estado de Dubai y encargado de ejecutar algunos de los faraónicos proyectos inmobiliarios que emprendió esta ciudad- estado.

Dubai declaró una mora en su deuda cercana a los 22.000 millones U$S, lo cual disparó los precios de los seguros de impagos de la deuda soberana de Dubai (CDS), Standard & Poor's y Moody's bajaron los ratings de 6 empresas estatales al nivel de bonos basura, y colocó la deuda total de la ciudad estado en los 80.000 millones U$S.

Dubai World es el principal centro financiero y comercial del cercano oriente y su crisis afectó a 4 bancos británicos: el Royal Bank of Scotland, HSBC, Standard Chartered y Lloyds, a Emirates NBD. También a First Gulf Bank de Dubai, a Barclays, BNP Paribas y varios bancos asiáticos. El Gobierno de Dubai dijo que no iba a garantizar las deudas del conglomerado, cuyos compromisos totales se calculan en 59.000 millones U$S y constituyen una parte importante de la deuda total del emirato que tiene vencimientos por 50.000 millones U$S entre el 2011 y 2013.

Las quiebras alcanzan ahora a los estados de Europa y desatan graves crisis en Grecia, Ucrania, Portugal. Según los datos del Departamento de Asuntos Fiscales del Fondo Monetario Internacional (FMI), sólo la deuda acumulada por los países desarrollados del G–20 alcanzará la media del 118% del PIB en 2014.

Si el objetivo fuera reducir la deuda a la mitad, al 60%, para el año 2030, el ajuste fiscal el próximo año debería ser de ocho puntos del PIB, son niveles de deuda pública no vistos en tiempos de paz y sólo superados por los que se registraron con posterioridad a la II Guerra Mundial.

Los salvatajes provocaron un salto en el endeudamiento de los estados y los déficits fiscales. La deuda pública de Estados Unidos, por ejemplo, pasó del 40 al 100% del PBI, la deuda pública de Japón es del 250% de su PBI. En lugar de 'limpiar' de sus balances los 'activos tóxicos', incobrables, los bancos incorporaron nuevos activos ahora en forma de títulos públicos. En Europa, los bancos con mayor proporción de créditos incobrables son los alemanes, franceses y españoles y los 'activos tóxicos' de los bancos alemanes alcanzan miles de millones de euros.

Ha crecido el volumen de 'activos tóxicos' en poder de los bancos y el financiamiento a mediano o largo plazo con deuda contraída a corto plazo, con lo cual la crisis se agravó trasladándose a los Bancos Centrales. La gigantesca inyección de fondos que significaron los salvatajes, son en realidad una tremenda inyección de crédito, que paradójicamente, liquidó el crédito globalmente. Ese nivel de deudas lleva a las nubes los precios de los papeles de seguro de deuda de un país contra impagos.

Por ejemplo, los credit default swaps (CDS) en la UE antes del estallido de la crisis tanto los de Alemania, España, Irlanda o Grecia oscilaban alrededor de los 15 puntos. Para el 2009 los CDS de Grecia cotizaban en 180 puntos; los de España, en 82; Irlanda en 150 puntos, y Alemania en 22. Cada punto de los que miden los CDS significa que asegurar 10 millones U$S y supone un costo de 1.000 U$S al año. En el caso de Alemania, eso supondría 22.000 U$S anuales, frente a los 180.000 de Grecia.

Contra lo que solía ser habitual en las crisis, se está invirtiendo el proceso de crisis de la deuda externa. En los '80, cuando éste proceso se inició golpeaba a los países del "Tercer Mundo", pero tras los "salvatajes", la tendencia es que la crisis de la deuda esté golpeando con mayor dureza y de forma más generalizada a los países desarrollados que a los atrasados. *"Europa del Este se ve en estos momentos como la Latinoamérica de los años 2000"* admite Eduardo Levy–Yeyati, de Barclays Capital.

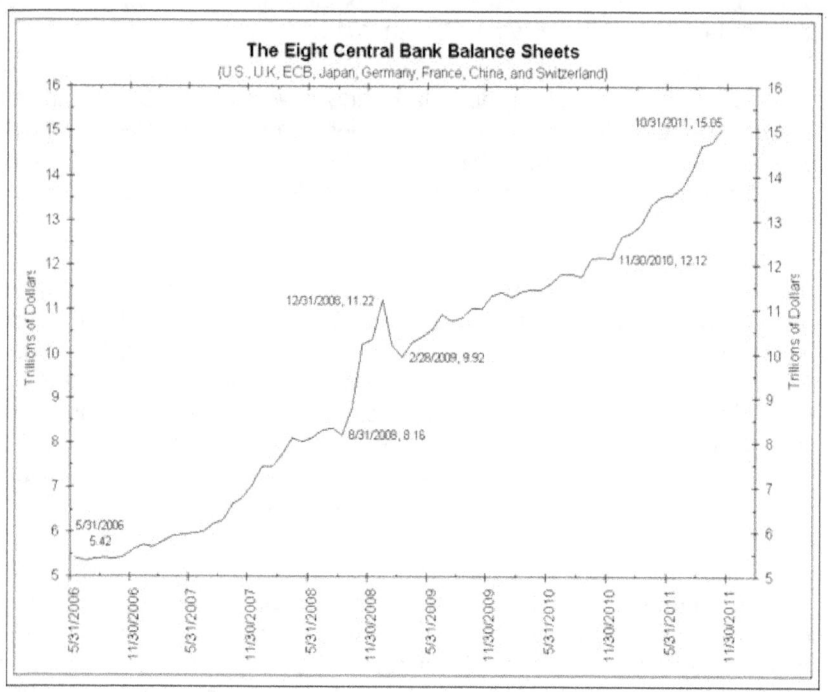

El gráfico muestra la evolución del balance de los 8 Bancos Centrales. Desde el 2007 con el comienzo de la crisis, el balance se triplicó a partir de los salvatajes. Fuente: ritholtz.com

Pero la banca mundial está comprando masas de papeles de deuda pública a lo largo del 2010 por 1,1 billones U$S, lo que provoca dos tendencias, una, a los ajustes cada vez más brutales contra los trabajadores y los pueblos para pagar las deudas emitidas por los estados en quiebra, otra, una oleada de quiebras de grandes bancos, en la medida que algunos de estas economías se declare en cesación de pagos.

Por eso se acentúan los recortes y ajustes que dejan sin ayuda social a millones de personas. California tiene que cortar $ 19 billones en el gastos, tanto como lo que deben hacer en conjunto Grecia, Portugal, Irlanda, Hungría, y Rumania. La crisis de Grecia, puede tomarse como ejemplo de este desarrollo de tendencias, por un lado el ajuste brutal y el desmantelamiento de conquistas de parte del gobierno griego, por el otro, el proceso de especulación que se desarrolla alrededor de los papeles de deuda griega y las correspondientes denuncias por corrupción en el manejo de esos papeles, sobre todo contra el banco de inversión Goldman Sachs. Detrás de estas nuevas maniobras especulativas con papeles de deudas de países en dificultades están por supuesto, los estados del G7.

En Europa, por ejemplo, el Banco Central Europeo (BCE) ha puesto a disposición de la banca fondos ilimitados a un tipo de interés del 1%, y también la Fed pone masas de capitales a un interés de 0%. El mismo problema se desarrolla con países como Irlanda, Portugal, España, en el Este de Europa como Hungría y Ucrania, y comienza a desarrollarse con algunos países del G7 como Italia e Inglaterra.

Los países imperialistas no escapan a estas tendencias, y si bien EE.UU está en quiebra, por ser el estado que domina la economía mundial, puede emitir indefinidamente billetes y no declarar la quiebra. En un discurso de Ben Bernanke, titulado "La deflación: Cómo asegurarse que no suceda aquí", el gerente del banco más importante del mundo lo planteó con sencillez: *"El gobierno de EE.UU. tiene una tecnología llamada imprenta que le permite producir tantos dólares americanos como le venga en ganas y en esencia, sin costo alguno."*

Aunque no declare una quiebra EE.UU como estado nacional, la quiebra se declara por sus estados constituyentes y se hace muy fuerte hacia abajo en la medida en que se analiza la situación de los municipios y condados, como vimos en el capítulo I.

El déficit de California ha crecido hasta los 40.000 millones U$S lo que ha llevado a la impresión de pagarés para satisfacer las deudas del Estado con contribuyentes, particulares y empresas. Si bien oficialmente no se declara, California está en bancarrota, al igual que New Jersey, uno de los estados más ricos de EE.UU, donde su gobernador declaró el estado de "emergencia fiscal".

4) Permanencia e institucionalización de los salvatajes: Los salvatajes son crédito. Los gobiernos del G7 aplican monstruosas inyecciones de crédito en la economía, lo cual es una tendencia latente y constante en la medida en que la economía mundial no logra superar su crisis. Y son hoy por hoy, la estrategia fundamental de EE.UU y los estados que dominan la economía mundial capitalista para paliar la crisis.

En mesa redonda de la revista Barron's del 2010 el CEO's Felix Zulauf de Zulauf Asset Management expresó: "Los gobiernos y los bancos centrales están inyectando dinero en la economía global. No sabemos cuál sería la situación real de la economía sin esta ayuda".

Entendemos por salvatajes a todas las variantes de crédito y creación de capital ficticio al servicio de sostener a empresas, estados y bancos en quiebra que dominan la economía mundial, en especial a las corporaciones multinacionales. Es decir, los salvatajes tienen varios mecanismos.

Podemos agrupar como salvatajes:

1) El QE, o las gigantescas emisiones de dinero de la Reserva Federal de EEUU, o los restantes Bancos Centrales u organismos internacionales de crédito. También los paquetes de rescate promulgados por ley o por decreto de los gobiernos.

2) Los variantes como los canjes de bonos vía los "primary dealers" de la Reserva Federal (8), u otras variantes de obtención de dinero por diferentes ventanillas informales, sin necesidad que sea por paquetes económicos votados en los Parlamentos.

3) Las enormes inyecciones de masas de dinero destinados al crédito, llamadas "estímulo". Son estas las operaciones con bajas tasas para préstamos de la Fed al BCE, u otros bancos centrales, el canje de bonos y variantes de crédito como la inyección de billones para el estímulo de la economía, como en el caso de la "Operación Twist" en EE.UU o los préstamos para la vivienda y la baja en los encajes bancarios como es el caso de China.

4) Las compras de paquetes accionarios de las corporaciones multinacionales y grandes empresas, o monopolios nacionales, por parte de los gobiernos capitalistas tanto del primer mundo como del tercer mundo. Son llamadas "estatizaciones", "nacionalizaciones" o "expropiaciones" por los agentes económicos y los gobiernos, pero son en realidad la acción coordinada de estados y bancos para defender la propiedad privada y los intereses de las multinacionales.

Tanto en América Latina como en el sudeste asiático, así como en los demás países atrasados no hay salvatajes, técnicamente hablando, porque no son la sede de las casas matrices de las multinacionales. Por lo tanto los estados de esos países no salen a socorrer directamente a las multinacionales, como lo hacen los estados del G7.

EL FIN DE LAS MULTINACIONALES

Pero si lo hacen indirectamente, ya que la compra de paquetes accionarios de empresas significa aporte estatal de los gobiernos de los países capitalistas atrasados, para facilitar la llegada de inversiones de las multinacionales.

El engañoso efecto de los salvatajes

Los salvatajes fueron unánimemente apoyados por la población al principio, que al observar la gravedad de la crisis, se volcó a apoyar acciones rápidas y contundentes de los gobiernos para enfrentarla.

Pero tras el entusiasmo inicial, la población de todos los países comenzó a desilusionarse y considerar con indignación los paquetes de rescate a las corporaciones en la medida en que sus problemas seguían agravándose, mientras que los banqueros y grandes empresarios veían sus ganancias crecer.

La política de salvatajes se ha consolidado y diversificado desde entonces. Desde que se inició la crisis de las subprime a mediados del 2007, el balance agregado de los 8 principales Bancos Centrales ha pasado de algo más de 5 billones de U$S a más de 15 billones de U$S.

El balance de los 8 principales Bancos Centrales representaba hace 4 años el 10% de todas las bolsas del mundo, pero tras los salvatajes representa ahora cerca de 1/3 del valor de todas las Bolsas del Mundo. Diversas teorías surgieron y se han tejido desde entonces, en relación al rol de los estados y la economía.

Tras décadas de rechazo de todos los analistas y gobiernos del mundo a la intervención de los estados en la economía, la intervención masiva con salvatajes se ha creado la imagen de que los gobiernos del G7 se han hechos "estatizadores" renunciando así a los valores "privatistas" propios de la globalización.

Distintas corrientes de opinión hablan de "vuelta al keynesianismo" o de un intervencionismo estatal que iría contra la globalización. En los países del G7, los gobiernos compran paquetes accionarios de grandes bancos y empresas en nombre de la "defensa de los puestos de trabajo", como en el caso de General Motors y llaman a esto nacionalizaciones y estatizaciones.

Los gobiernos de los países atrasados también llevan adelante compras de paquetes accionarios de empresas de gran importancia estratégica, de energía o alimentos y también a estas medidas "nacionalizaciones" o "estatizaciones". Estas compras de paquetes accionarios de empresas, sería para muchos analistas la demostración de la "Teoría del Desacople".

Para esta teoría el mundo se encamina hacia una especie de "desacople" de los países del dominio de EE.UU en la medida en que se encuentra en retroceso la "hegemonía de EE.UU" y serían los BRIC'S (Brasil, Rusia, China, India y Sudáfrica), o algunos de estos países los destinados a ocupar su lugar.

Esta teoría sostiene que los países atrasados se están desacoplando del dominio de EE.UU y el G7. Las "estatizaciones" o "nacionalizaciones" parciales serían la confirmación de esta tendencia. La Teoría del Desacople plantea el fin del dólar como moneda y el comienzo de una canasta de monedas que lo remplace, e incluso algunas variantes de esta teoría insisten en que China se convertirá en un nuevo "imperio" que dominará el mundo.

Todos estos planteos y teorías, se basan en hechos de la realidad, ya que todos los gobiernos capitalistas han realizado intervenciones estatales como pocas veces se han visto para enfrentar la crisis.

James Bianco, de la empresa analista de Inversiones Bianco Research LLC, escribió el 27 de enero del 2012: *"El grado en que los bancos centrales de todo el mundo están imprimiendo dinero no tiene precedentes...Los bancos centrales están gobernando mercados en una medida que esta generación no ha visto. Colectivamente, se imprime el dinero a un grado nunca visto en la historia humana."*

Pero no hay nada más lejos de la realidad, que lo salvatajes sean un "desacople". O que signifiquen el surgimiento de nuevos estados que dominen la economía mundial en remplazo de EE.UU. O que preanuncien tendencias de los gobiernos a tomar medidas contra las multinacionales, o una nueva ola de "estatizaciones" que preanuncien el retorno al régimen keynesiano. No hay ningún dato de la realidad que indique eso.

Lejos del engañoso efecto que muestran, los salvatajes aparecen como un espejismo, que los datos de la realidad rápidamente desmienten. Todos los datos de la economía, indican que la política de "salvatajes" ha reafirmado la hegemonía de EE.UU, ha alineado al conjunto de los gobiernos capitalistas con una política común bajo su dominio y ha provocado una oleada mundial histórica de privatizaciones de magnitud superior a la vivida en los '90.

EL FIN DE LAS MULTINACIONALES

La diferencia entre aquella oleada privatizadora y la actual, es que el epicentro de las privatizaciones no está ahora en los países atrasados, sino que por primera vez en la historia, esta oleada pasa a ser encabezada por los países del G7, sobre todo EE.UU, que ahora pasa a ser líder mundial en privatizaciones.

El año 2009 el importe total generado por las ventas de empresas de capital público marcó un nuevo récord con 265.170 millones U$S, lo que convirtió a Estados Unidos en el país más privatizador por primera vez en la historia. La clave es el TARP, ya que las masas de capitales ofrecidos a la banca inversora, favoreció la compra de activos de empresas públicas.

En segundo lugar en el ranking de privatizaciones está la UE, donde hay una ola privatizadora que atraviesa España, Portugal, Irlanda, Grecia, etc de magnitudes que hace mucho no se veían en Europa.

En los países del tercer mundo, vamos a nombrar sólo algunos ejemplos para no abrumar con datos. En los países atrasados, la tendencia es utilizar parte de los fondos estatales, que deberían utilizarse para salud, educación o jubilaciones y destinarlos a pago de acciones de empresas, comprando partes de los paquetes accionarios de las mismas.

Estas medidas les permite a las multinacionales ahorrase gastos en personal, deudas e inversiones, que ahora corren por cuenta de los estados de los países atrasados y de ese modo mejorar en alguna medida sus balances.

La conclusión es que las compras de acciones de los gobiernos de los países del Tercer Mundo, lejos de ser nacionalizaciones o estatizaciones son medidas complementarias de los salvatajes de los gobiernos capitalistas de los países del G7.

Y los datos del resultado de los salvatajes desmienten rotundamente que las medidas de los gobiernos capitalistas tanto de los países adelantados como del Tercer Mundo, vayan a significar un cambio en relación a la oleada privatizadora de los '90.

También desmienten que estas medidas signifiquen un desacople en relación a la hegemonía de EE.UU, o que las compras de acciones afecten profundamente los intereses de las multinacionales. Es exactamente lo contrario, los salvatajes desarrollan las tendencias más profundas a la privatización y concentración de ramas de la producción y comercio en manos de los mismos grupos económicos que generaron la crisis.

Figure 1. Worldwide Revenues from Privatizations 1988 - 2010

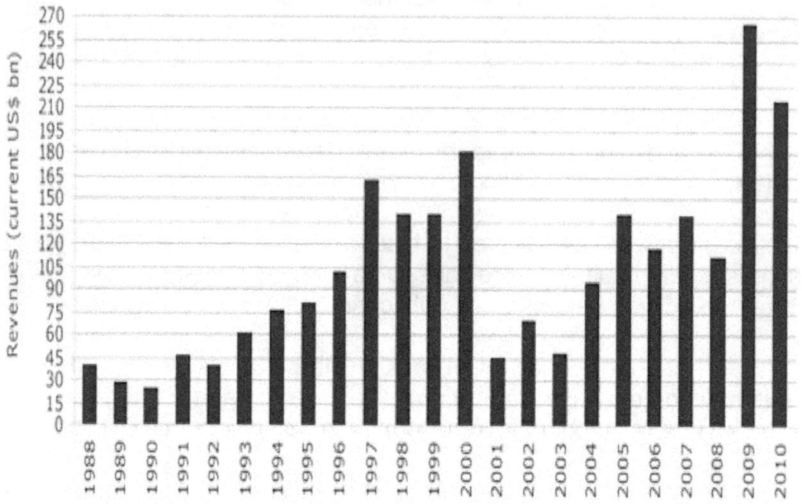

Source: *Privatization Barometer*

El gráfico muestra el salto impresionante en las privatizaciones en el mundo en el 2009 y 2010, producto de los salvatajes y las medidas de los gobiernos de los países atrasados. Las intervenciones estatales, lejos de ser "nacionalizaciones", han provocado la ola de privatizaciones que registra índices que duplican o triplican a los de la década del '90. Fuente: Privatization Barometer.

Los salvatajes no sólo prosiguen, sino que tienden a institucionalizarse como lo demuestra la creación del FEEF o el MEDE en la UE, o las oficinas de supervisión del TARP en EE.UU. El surgimiento de entidades supranacionales que deciden el destino de fondos billonarios, que deciden a su vez el destino de la vida de millones de personas en Europa, EE.UU, Japón o los países en desarrollo, son la expresión institucional de la estrategia política, por ahora privilegiada, que utilizan los gobiernos y estados del G7.

Los salvatajes impactan en la conciencia de millones

Por su magnitud de carácter histórico, los salvatajes han provocado un enorme impacto en la conciencia de millones de la misma importancia que todos los hechos más trascendentales de la historia, como la Gran Depresión, las guerras mundiales, la revolución Rusa, la caída del Muro de Berlín o la caída de las Torres Gemelas.

Los salvatajes ponen de manifiesto a los ojos de millones lo que estuvo oculto por décadas: que la contribución y apoyo de los estados imperialistas, han sido la base del desarrollo del capitalismo desde la segunda guerra mundial. Los salvatajes ponen en evidencia las mentiras acerca de la existencia de una "democracia" en EE.UU.

La misma oligarquía financiera que domina la economía mundial, está perfectamente representada por la aristocracia de los dirigentes del partido demócrata y el republicano, integradas por patricias familias, verdaderas dinastías de multimillonarios, que interpretan a la perfección las necesidades de la clase dominante mundial.

Las carreras de estos profesionales de la política son generosamente financiadas por las multinacionales para controlar el oligárquico sistema político bipartidista de los EE.UU. Ante millones de norteamericanos, europeos y habitantes de los países del Tercer Mundo aparecen claramente los gobiernos de los países más ricos, socorriendo al sistema capitalista.

Por eso los salvatajes son el fin del "sueño americano", el fin del sueño del ascenso social capitalista, mientras la pobreza y miseria avanzan implacablemente. El Estado capitalista que otrora actuaba velada y discretamente en defensa de los ricos y poderosos, ahora con los salvatajes hace su contribución en forma pública y descarada.

. Los salvatajes emparentan para las jóvenes generaciones a la palabra capitalismo con injusticia, desocupación, pobreza, pérdida de derechos y futuro. Representan el fin de la propaganda del "triunfo del capitalismo", y del "fracaso del socialismo". En Estados Unidos hoy el 43 % de los estadounidenses menores de 30 años casi 50 % tienen una percepción negativa del capitalismo, y las minorías como los negros y los latinos reaccionan positivamente al término socialismo en un margen aún mayor en todo el territorio de EE.UU.

Los salvatajes son una inmoralidad irracional, sólo explicable por la descomposición en la que se encuentra la oligarquía dominante de la economía capitalista mundial, teniendo en cuenta que el hambre en el mundo acabaría con destinar apenas un 1% de lo aportado por los gobiernos a rescatar a las corporaciones multinacionales.

Los salvatajes provocan indignación en millones porque suceden en el mismo momento en que los gobiernos recortan salarios y puestos de trabajo. Los salvatajes someten a las duras exigencias del capital a millones de hombres y mujeres humildes del mundo, a la vez que golpean sobre sus conciencias, mostrándole el más burdo espectáculo posible, el de los políticos, aún los considerados más "progresistas" y "liberales", trabajando desembozadamente para las corporaciones, desesperados por sostener el orden capitalista, sacudido por sus contradicciones.

Los marxistas sabemos que la solución definitiva a la crisis no vendrá de la mano de los salvatajes, éstos son la política que hoy los grandes estados que dominan la economía capitalista llevan adelante, producto de los márgenes que la situación política mundial les impone. Veremos si los estados imperialistas consiguen obtener otros márgenes para imponer una salida a la crisis. Mientras no los consigan, la estrategia central seguirá siendo la de los salvatajes.

Pero en cuanto encuentren posibilidades y puedan imponer otra relación de fuerzas a escala mundial, los gobiernos capitalistas apelarán a otras vías de salida a la crisis. ¿Existen otras vías para la salida de la crisis del capitalismo por fuera de los salvatajes? Efectivamente, estas existen. Y para conocerlas debemos comenzar a hundir nuestros análisis en las anteriores crisis de magnitud vividas por el capitalismo en la historia. Nuestro análisis comenzará por estudiar la crisis del '29, cuya naturaleza y desarrollo analizamos en el siguiente capítulo.

Notas

(1) Informe sobre riqueza mundial Boston Consulting Group (BCG) 2008,

(2) León Trotsky. La Revolución traicionada Capítulo IX. Qué es la URSS?

(3) PA Consulting Group La economía zombie: liderazgo en tiempos de incertidumbre

(4) Karl Marx: El Capital, libro tercero, cap. 15, Desarrollo de las contradicciones internas de la ley.

(5) Karl Marx: El Capital, libro tercero, cap. 15, Desarrollo de las contradicciones internas de la ley.

(6) Karl Marx: El Capital, libro tercero, cap. XV, Desarrollo de las contradicciones internas de la ley

(7) Karl Marx: El Capital, libro tercero, cap. XV, Desarrollo de las contradicciones internas de la ley

(8) Los "primary dealers" son los Bancos que comercian los bonos del Tesoro de EE.UU en el mundo. Estos son: Bank of Nova Scotia, New York Agency, BMO Capital Markets Corp, BNP Paribas Securities Corp, Barclays Capital Inc, Cantor Fitzgerald & Co, Citigroup Global Markets Inc, Credit Suisse Securities (USA) LLC, Daiwa Capital Markets America Inc, Deutsche Bank Securities Inc, Goldman Sachs & Co, HSBC Securities Inc, Jefferies & Company Inc, J.P. Morgan Securities LLC, Merrill Lynch, Pierce, Fenner & Smith Incorporated, Mizuho Securities USA Inc, Morgan Stanley & Co. LLC, Nomura Securities International, Inc, RBC Capital Markets LLC, RBS Securities Inc, SG Americas Securities LLC, UBS Securities LLC.

El Fin de las Multinacionales

Una explicación marxista a la crisis mundial de la
economía capitalista

CAPITULO III: 1929 y 2007

CAPITULO III   1929 y 2007

"Desde 1848 la producción capitalista arraigó cada vez en Alemania, y hoy ya ha transformado a este país de soñadores en una nación de estafadores"

Karl Marx, El Capital, Tomo I Prefacio a la primera edición alemana

Cualquier observador de la grave crisis que atraviesa la economía mundial puede preguntarse: ¿Porque se produjo?, ¿Qué la provocó?, ¿Es como la de 1929 o es superior?, ¿Podrá el capitalismo encontrar una salida? Es importante precisar similitudes y diferencias entre la crisis actual y la del '29 para ir contestando a estas preguntas simples, cuyas respuestas son complejas. La primera respuesta es que ambas crisis son producto de una larga etapa de decadencia del capitalismo que llamamos imperialista, comenzó en 1903, y lleva ya más de un siglo.

El capitalismo comenzó en el siglo XIV a partir del agotamiento del modo de producción feudal, hace 7 siglos. La etapa imperialista abarca el último siglo de su existencia y en ella las dos crisis más importantes que afrontó el capitalismo son la de 1929 y la actual. El debate sobre similitudes y diferencias entre ambas crisis, no es ocioso, busca comprender los cambios que se han producido en el sistema capitalista entre ambas crisis.

Veamos algunos datos comparativos, en el '29 la economía cayó un 33%, en la crisis actual la caída es similar, oscila alrededor también del 33%. En relación al comercio, en el '29 cayó 66%, en la crisis actual la caída es un poco mayor, promedia el 69%. En cuanto al volumen de activos financieros en relación al PBI, en el '29 los activos financieros duplicaban al PBI, mientras que en la crisis actual los activos financieros cuadruplican al PIB mundial.

Así describió el comienzo de la crisis del '29 John Kenneth Galbraith el economista y estudioso norteamericano de la crisis de 1929, en su libro de 1954 "El Gran Crack": *"A las once en punto de la mañana el mercado había degenerado en un desenfrenado y disparatado tumulto de vendedores. En el interior de las salas con indicadores instaladas por todo el país, el ticker informaba a los aterrorizados y apiñados espectadores de que se estaba produciendo un espantoso colapso..."*

Existe un mito respecto de que en la crisis del '29 la inmensa mayoría de la población estadounidense participaba en la bolsa, Galbraith refuta este hecho. Sitúa la cifra total de participantes en menos de un millón sobre un total de 120 millones de habitantes, lo que arroja que menos del 1 % de la población del país participaba del "festival" especulativo:" *El tópico de que en 1929 todo el mundo "jugaba a la Bolsa" no es ni mucho menos literalmente verdad...La compra de valores a plazo y con fianza era en todo caso un hecho tan alejado de la vida real de la masa de la población como el Casino de Monte Carlo"* (1)

Existen elementos que permite establecer analogías entre la crisis de 1929 y la actual, por ejemplo ambas crisis estuvieron precedidas de un espectacular desarrollo especulativo en el sector inmobiliario. En la crisis actual fue la burbuja sub- prime de créditos inmobiliarios que se desarrolló entre los años 2002- 2006, en la del '29 fue la burbuja inmobiliaria del estado de Florida que se desarrolló en el período 1925- 1929.

Galbraith menciona la participación de Carlo Ponzi, conocido creador del esquema que lleva su nombre, como un tipo de estafa económica piramidal en la compraventa de terrenos cerca de Jacksonville (Florida). Precisamente, otro elemento análogo son las estafas, en el '29 se reveló un elevado número de estafas, de la misma manera que la crisis del 2007 dio a luz a numerosos estafadores como el caso del escándalo financiero perpetrado por el financista estadounidense Bernard Madoff, ex presidente del índice Nasdaq de Nueva York, que también llevó adelante un clásico esquema Ponzi.

Otro elemento análogo entre ambas crisis es que tuvieron como epicentro la bolsa de Nueva York. En la del '29, hubo en Wall Street créditos baratos y a la vez altas ganancias en la bolsa, lo que hizo que muchos inversionistas de EE.UU y el mundo contrajeran créditos para especular en Wall Street. Hacia la bolsa de Nueva York partió un poderoso flujo de capitales desde Montreal, Londres, Shangai, Hong

Kong y otras capitales, y el promedio PER (Price to Earnings Ratio) el precio de las acciones por encima del valor de la empresa, fue de 32.6 puntos en septiembre de 1929, un rango similar en términos históricos al PER de agosto del 2007, que se ubicó en 28.5 puntos. Otro elemento de similitud entre ambas crisis es el completo estado de desorientación de economistas, funcionarios y gobernantes respecto al diagnóstico y rumbo de la crisis, también observado en el 2007.

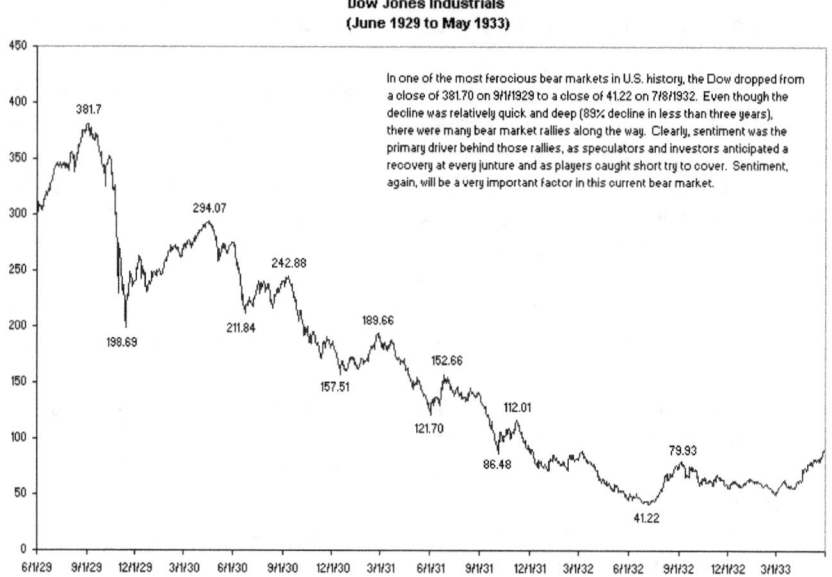

Dow Jones Industrials
(June 1929 to May 1933)

In one of the most ferocious bear markets in U.S. history, the Dow dropped from a close of 381.70 on 9/1/1929 to a close of 41.22 on 7/8/1932. Even though the decline was relatively quick and deep (89% decline in less than three years), there were many bear market rallies along the way. Clearly, sentiment was the primary driver behind those rallies, as speculators and investors anticipated a recovery at every juncture and as players caught short try to cover. Sentiment, again, will be a very important factor in this current bear market.

El gráfico muestra la caída del Dow Jones industrial a partir del estallido de la crisis del '29, hasta 1933. Fuente: MarketThougths LLC

En el '29, reputadas voces negaron que se fuera a producir una depresión de la economía, entre ellas el presidente de EE.UU Herbert Hoover y la Harvard Economic Society (HES), que agrupaba a algunos de los principales economistas de la Universidad de Harvard. La HES mantuvo hasta octubre de 1931, ya con la depresión muy avanzada, que la situación económica mejoraría rápidamente. Pero la Gran Depresión que se desató en 1931 hirió de muerte la reputación de infalibilidad de la HES que se disolvió.

Galbraith se propuso estudiar hasta qué punto el crack bursátil constituyó el origen de la Gran Depresión de los años 30. El autor sostuvo que la situación económica en 1929, en contra de la opinión general, era extraordinariamente débil, y que el crack de la bolsa no fue más que el detonante de la situación.

EL FIN DE LAS MULTINACIONALES

Las causas de la crisis del '29

¿Qué provocó la crisis del '29? Galbraith busca explicaciones, rechazando primero las que considera inútiles para comprender la crisis. La primera explicación que rechaza es que el crack fue por las facilidades para obtener crédito, según él, la especulación financiera es la expresión de los problemas, no la causa. También rechaza la Teoría de las Ondas Largas que explica la crisis por la inevitabilidad de los ciclos económicos, con periodos consecutivos de expansión y contracción.

Para Galbraith las causas de la crisis del '29 están en el agotamiento de los factores productivos de los años 20. El agotamiento de los factores productivos, desarrolló tendencias que provocaron graves cambios en la economía, en primer lugar, una grave desigualdad social e injusta distribución de la renta, que dio lugar a que un tercio de la renta de EE.UU estuviera en manos del 5% de la población más pudiente. En segundo lugar, la estructura de los monopolios que dominaban la economía en aquel momento.

Analizando los holdings y los trusts, Galbraith comprendió que estas empresas provocaban graves desajustes y perturbaciones en la economía y en lugar de servir como factores de estabilidad, favorecían la especulación y actuaban como obstáculo para el desarrollo de la producción: *"...La empresa norteamericana de los años veinte había abierto sus hospitalarios brazos a un número excepcionalmente alto de promotores, arribistas, sinvergüenzas, impostores y todas sus supercherías. Pocas veces, en la larga historia de estas actividades, se las ha visto operar como una marea de latrocinios corporativos de tan vastas proporciones."* (2)

En tercer lugar Galbraith encontró que la estructura bancaria, al servicio de los holdings y trusts y de la especulación financiera, favorecía el surgimiento de movidas especulativas peligrosas que provocaban quiebras en cadena de las entidades. En cuarto lugar Galbraith ubicó que el problema del crecimiento de las deudas de los estados, una mala situación de la balanza de pagos que en la medida que creció, llevó a los países deudores a encontrar más y más dificultades para hacer frente a los vencimientos, lo que se tradujo en deudas impagas y quiebras.

Por último Galbraith vio en las medidas de los gobiernos y las orientaciones políticas de los funcionarios y economistas otra de las causas que provocó el agravamiento de la crisis: *"Los economistas y todos aquellos que ofrecían consejo económico durante los últimos años veinte y primeros treinta eran fundamentalmente malos economistas y perversos consejeros. En los meses y años siguientes al crash del mercado de valores, los honorables consejos económicos de los profesionales cargaron su orientación hacia el tipo de medidas más apropiadas para empeorar las cosas."* **(3)**

Más allá de las diferencias políticas, ideológicas y metodológicas con Galbraith, incluso su visión de que la política de funcionarios gobernantes y economistas agravó la crisis por sus escasos conocimientos de economía, es de reconocer un aspecto correcto de su método. Galbraith buscó la explicación no en datos estadísticos o superficiales de la economía capitalista, como los movimientos financieros, o las búsqueda de "ciclos" en los índices de crecimiento, o la sobre producción de mercaderías en el comercio.

Galbraith buscó las respuestas en los motivos que provocaron la crisis del '29 en el estudio de la estructura de las formas de acumulación de producción y capital que en ese momento eran las predominantes, los trusts, holdings y bancos. Para Galbraith el nudo de la explicación de la crisis hunde sus raíces en el proceso de acumulación. Su análisis crítico de esas empresas que dominaron la economía mundial para ese entonces, y su definición de que tras una expansión, sufrieron un proceso de agotamiento, constituye una metodología correcta para encontrar una explicación de la crisis del '29 y su desarrollo posterior.

Las diferencias entre 1929 y 2007

Sin embargo así como hay analogías entre las crisis del '29 y del 2007 también hay enormes diferencias. Estas radican fundamentalmente, en primer lugar en cual era la estructura del capitalismo en 1929, y en el 2007. La otra diferencia radica en la política que tuvieron los gobiernos capitalistas que dominan la economía mundial en 1929 y en el 2007, que también son absolutamente diferentes.

La estructura del sistema capitalista mundial en 1929 era muy diferente a la que conocemos hoy. EE.UU era una de las economías más importantes del mundo, pero no dominaba la economía capitalista a escala mundial como ocurre ahora. Gran Bretaña había dominado el capitalismo por siglos, pero para entonces su decadencia era clara, y comenzó una batalla está entre las potencias capitalistas, para dirimir quién ocuparía el trono de Gran Bretaña, lo cual se definió en la segunda guerra mundial.

EL FIN DE LAS MULTINACIONALES

Es decir, en la crisis de 1929, la estructura de la economía capitalista mundial presentaba un panorama de varios imperialismos dominantes, Gran Bretaña, EE.UU, Alemania, Francia, que se disputaban el predominio. En cambio en la crisis actual, la estructura del capitalismo mundial es absolutamente diferente, está determinada por el indiscutido predominio y hegemonía del imperialismo de EE.UU.

La otra diferencia sustancial entre 1929 y 2007 es la estructura de los monopolios, las empresas que dominan y se ubican en el centro del capitalismo. ¿Qué son los monopolios? Un grupo de empresas que se unen para dominar una rama de la producción en un país y se ponen de acuerdo en precios, metas de producción, distribución, prestaciones, etc, para eliminar la competencia. Para Lenin: *"...se ponen de acuerdo entre sí respecto a las condiciones de venta, a los plazos de pago, etc. Se reparten los mercados de venta. Fijan la cantidad de productos a fabricar. Establecen los precios. Distribuyen las ganancias entre las distintas empresas, etc."* **(4)**

Con el surgimiento de los monopolios finalizó la etapa de "libre competencia" en el capitalismo. Mediante estos acuerdos, las empresas conformaron una especie de liga o sindicato que les permitió avanzar en el dominio de una rama de la producción en su país, a la vez que también trataron de extender ese dominio a nivel internacional. Esas ligas o sindicatos se desarrollaron a partir de 1860, sobre todo en EE.UU con el nombre de trusts y en Alemania con el nombre de cartels. En EE.UU tuvieron una dirección central de magnates como los Mellon, Morgan, Rockefeller, etc.

El surgimiento de los monopolios atravesó tres momentos según Lenin: *"1) 1860-1880, punto culminante de desarrollo de la libre competencia. Los monopolios no constituyen más que gérmenes apenas perceptibles. 2) Después de la crisis de 1873, largo período de desarrollo de los cartels, pero éstos constituyen todavía una excepción, no son aún sólidos, aun representan un fenómeno pasajero. 3) Auge de fines del siglo XIX y crisis de 1900-1903; los cartels se convierten en una de las bases de toda la vida económica. El capitalismo se ha transformado en imperialismo".* **(5)**

Los monopolios constituyeron una Forma de Acumulación diferente a las conocidas por el capitalismo hasta entonces. Definimos como Forma de Acumulación a las empresas que utiliza la clase capitalista para acumular capital en un período dado. Producto de que existen muchos sectores de la clase capitalista, éstos reflejan las distintas Formas de Acumulación que dominan, es decir, las distintas empresas comerciales, productivas y financieras que actúan. Pero siempre en todo período del desarrollo del capitalismo, existe una Forma de Acumulación predominante alrededor de la cual se estructura toda la economía.

En relación a los monopolios, como vimos, si bien surgen desde 1860, pasan a ser la Forma de Acumulación predominante recién a partir de principios del siglo XX. La estructura que presentaron resultó ser compleja, producto de que, si bien dominaban una rama de la producción, son empresas combinadas que concentraron en su interior varias ramas en base al dominio que adquirían sobre una de ellas. Así lo explica Lenin: *"una particularidad extremadamente importante del capitalismo, que ha alcanzado su más alto grado de desarrollo, es la llamada combinación, o sea la reunión, en una sola empresa, de distintas ramas de la industria que representan en sí o bien fases sucesivas de la elaboración de una materia prima...o bien distintas ramas que desempeñan unas con relación a otras un papel auxiliar..."* **(6)**

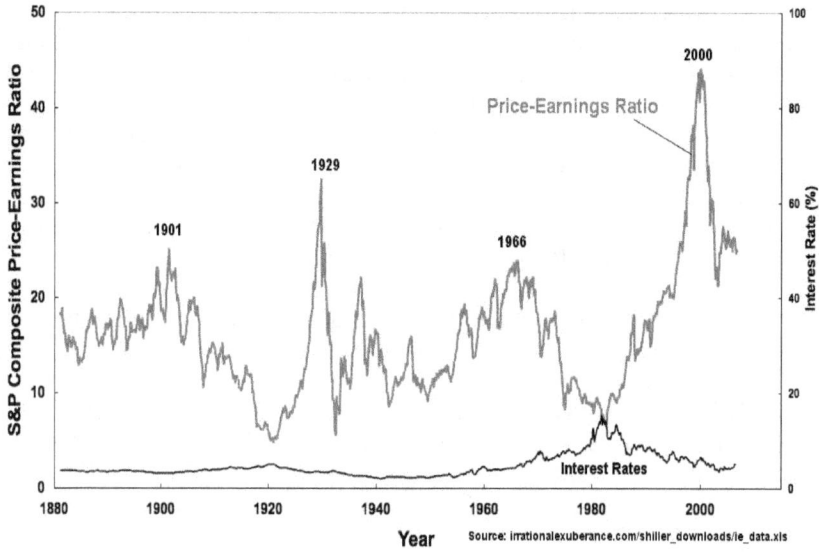

Ratio P/E en el índice S&P500 desde 1880. El promedio PER (Price to Earnings Ratio) de las acciones compuestas S&P fue de 32.6 puntos en septiembre de 1929, un promedio muy similar al PER de agosto del 2007, alrededor de los 28.5 puntos.

Pero si bien los monopolios son empresas combinadas, no debemos perder de vista que la combinación está al servicio del dominio **de una rama** de la producción. Por ejemplo tomando la rama metalúrgica, la cartelización de la misma está basada en que el grupo de empresas sindicalizado, acuerda la distribución y avanza en el control de empresas comerciales; acuerda metas de producción y avanza en el control de empresas que provean de materias primas, maquinaria e insumos; acuerda préstamos y créditos y avanza en el control de los bancos.

Es decir, el cártel incorpora a su estructura empresas de diversas ramas de la producción, **pero al servicio de controlar una rama.** Por eso definimos a los monopolios como **grupo de empresas que establecen acuerdos para dominar una rama de la producción en un país.** Al convertirse estas empresas en la Forma de Acumulación predominante a partir de 1903, el sistema capitalista entró, en términos históricos, en su etapa superior y final, de decadencia.

Desde el siglo XIV en el cual el capitalismo comenzó su ascenso y batalla por desplazar al feudalismo, había atravesado hasta 1903, 2 grandes etapas: 1) la acumulación originaria entre los siglos XIV y XVII. Y 2) la de auge o apogeo, alrededor de los siglos XVIII y XIX.

Lenin definió que a partir de 1903 se abrió una tercera etapa histórica, el imperialismo, la etapa de decadencia del capitalismo, con 5 características: *1) "Surgen los monopolios que se colocan en el centro de la economía y desempeñan un papel decisivo en la vida económica 2) Los monopolios son el producto de la fusión del capital bancario con el capital industrial lo que da origen a una oligarquía financiera 3) El proceso de exportación de capitales adquiere excepcional importancia 4) Los monopolios tienden a ser internacionales y repartirse el mundo 5) Culmina el reparto territorial del mundo entre las más grandes potencias imperialistas y se establece la dominación de los monopolios y el capital financiero..."* **(7)**

Los monopolios tendían a ser internacionales por la existencia del mercado mundial capitalista, pero el alcance de su dominio internacional de las ramas de la producción, comercio y finanzas a principio del siglo XX era aún muy limitado. Contaban algunos de ellos con sucursales en otros países, en la industria petrolera por ejemplo, e intentaron operaciones para su expansión mundial. Pero su dominio mundial no logró las dimensiones que sí lograron, como veremos, las multinacionales en la posguerra o las corporaciones multinacionales a partir de 1980 y 1990, que son formas monopólicas superiores.

Diferencias en la política de los gobiernos capitalistas en el '29 y en el 2007

La política del gobierno republicano de Hoover en EE.UU para el '29 fue diametralmente opuesta a la de Bush-Obama en los años 2007-2008. Hoover y los gobiernos de las potencias capitalistas no implementaron salvatajes, sino que su política fue que "actuaran las leyes de mercado" y dejar caer a las empresas que tuvieran que caer. No hubo en los primeros años tras la crisis del '29 la magnitud de los déficits fiscales creado para auxiliar a los bancos y monopolios de magnitud siquiera similar a las que se registran hoy.

El déficit fiscal en los años '29 rondaba en torno al 2,5% del PBI, mientras que en la actualidad no bajan del 20%. Hoover admitió los graves problemas de la economía estadounidense, pero consideró la crisis como pasajera y que la lucha contra el desempleo y la pobreza generalizada era una responsabilidad de los gobiernos locales o de las asociaciones de beneficencia. Los gobiernos capitalistas se negaron a intervenir en la economía para solucionar la crisis en el '29, temiendo que tal política sería contraproducente.

Incluso Hoover se atrevió a pronosticar a inicios del '30 que "*la recuperación estaba a la vuelta de la esquina*", defendiendo que la economía de EEUU habría de recuperarse por sus propios medios, lo que lo llevó a oponerse fuertemente a la intervención del estado, incluso criticó a los países europeos como Gran Bretaña y Francia, por adoptar medidas de protección a los desempleados. Su popularidad cayó en picada, Hoover comenzó a implementar reformas al final de su mandato, pero no podía aparecer en público porque era abucheado.

Roosvelt se impuso en las elecciones presidenciales de noviembre de 1932 con un triunfo amplísimo del Partido Demócrata y la política del gobierno de EE.UU cambió 180 grados, lanzó la política del New Deal (nuevo acuerdo) consistente en estimular el gasto público mediante inversión en infraestructura, ejecutó todo tipo de proyectos como hidroeléctricas, carreteras, escuelas y en general todo tipo de obras públicas. La política de Roosvelt no sacó a la economía de la crisis, pero fue vital para contener a la pobreza y la desocupación mediante subsidios y obra pública.

Sin duda, los dirigentes del capitalismo han aprendido de 1929. En el estallido de la crisis actual, la política como vimos en el capítulo I fue absolutamente diferente, los gobiernos de las potencias capitalistas impulsaron los salvatajes y actuaron en forma opuesta a Hoover, tratando de impedir que las grandes empresas quebraran y la economía llegara la depresión.

La salida a la crisis del '29: la enorme destrucción de fuerzas productivas en la 2da guerra mundial

El New Deal no sacó a la economía de EE.UU, ni la del mundo de la crisis. Por el contrario, entre 1937 y 1938, la economía sufrió una grave recaída: *"Contra todos los pronósticos y esfuerzos por reactivar la economía y controlar el mercado de valores, restringir grandes operaciones etc., la depresión no se había cerrado. Por el contrario, desde agosto de 1937 hasta marzo del 1938, hubo una caída del 50% en el mercado de valores y el desempleo superó la cifra de los 10 millones..."* **(8)**

La Gran Depresión no encontró salida en las medidas de los gobiernos capitalistas de su época, no fueron los planes de Franklin Delano Roosvelt, ni la de Edouard Daladier en Francia, ni Neville Chamberlain en Inglaterra, ni Hitler en Alemania, las que sacaron a la economía de la crisis. Para Galvao: *"Lo que puso fin a la Gran Depresión no fue el retorno a la producción para el consumo, sino el recurso a los medios de destrucción de capital liberados con la 2da Guerra Mundial. El desempleo dejó de ser un problema apenas cuando los millones de trabajadores fueron absorbidos por las fuerzas armadas y la producción bélica."* **(9)**

El estallido de la 2da guerra mundial en setiembre de 1939 fue lo que comenzó reactivar la economía de los principales países capitalistas que invirtieron sumas enormes en gastos militares. Se calcula que la inversión que hicieron los estados oscilaron entre 260.000 y 338.000 millones U$S de la época, casi de 4 a 5 billones U$S de hoy. Las millonarias inversiones de los gobiernos capitalistas, fueron un enorme cambio en los flujos de inversión de capitales a partir de la confección de los presupuestos de guerra que supusieron enormes sumas para la preparación del conflicto bélico.

Estos presupuestos supusieron planes de ajuste que provocaron penurias y sufrimientos a las masas, porque consistieron en recortes de gastos sociales y aumentos de impuestos. Aun así, todo eso fue insuficiente para los recursos de la época, la gran mayoría de los gobiernos tuvieron que endeudarse fuertemente, para afrontar los gastos de guerra. El endeudamiento llevó a los gobiernos a recurrir la emisión de dinero sin respaldo oro, lo que generó una fuerte inflación.

El comercio internacional había funcionado desde 1870 con patrón oro, es decir, el uso del oro para liquidar las transacciones y deudas internacionales, como "valor estándar", las naciones fijaban la paridad de su moneda con éste valor estándar. Pero los países beligerantes se quedaron prácticamente sin oro en sus arcas, comprometido en su casi totalidad en la compra de armamento, y emprendieron el remplazo de esas tasas fijas por tasas flotantes, es decir, el precio de las transacciones financieras y los tipos de cambio fueron fijados por los gobiernos unilateralmente

De lo que ocurría en las potencias que se aprestaban para la guerra, los países neutrales, exportadores netos de armamento o materias primas y alimentos se llenaron de oro en sus reservas, por ejemplo EE. UU pasó de tener el 26% de las reservas mundiales de oro en 1913, al 39% en el año 1918. Las potencias que se quedaban sin oro en las arcas empezaron a utilizar dinero fiduciario, impresión de papel sin respaldo oro, lo que provocó los grandes procesos hiperinflacionarios de los '20, por ejemplo, en Alemania y Austria.

La falta de un sistema estable de pagos provocó la caída del comercio mundial y la libra esterlina que habían sido hasta allí la moneda de referencia, comenzó a ser desplazada por el dólar. A su vez en el terreno de la producción industrial las necesidades de la guerra introdujeron definitivamente las técnicas de producción en serie en Europa, así como otras numerosas mejoras en las técnicas organizativas de la industria. También se produjo el desarrollo de la publicidad y la rápida expansión del cartel publicitario y propagandístico como medio de comunicación.

Se destinaron grandes cantidades de dinero a la investigación y desarrollo de todo tipo de armas y fruto de eso, avanzó notablemente la industria química. La necesidad de soldados, así como su muerte masiva ya durante el desarrollo de la guerra dejó sin mano de obra a una industria en plena expansión. Este hecho supuso la aparición de la mujer en la industria pesada, que llegó a ser más del 40% de la composición total de los trabajadores, y le dio un formidable impulso al movimiento por la reivindicación de igualdad de derechos de las mujeres.

El capitalismo inició así el camino de salida a la crisis iniciada en 1929, mediante un colosal desarrollo de la industria armamentista, es decir, un colosal desarrollo de las fuerzas destructivas de la humanidad. La segunda guerra mundial implicó más de 100 millones de soldados movilizados, equivalente a la casi totalidad do la población de EE.UU para la época, destrucción de ciudades, infraestructura, campos de concentración y el Holocausto, además del uso por primera vez de armas nucleares en un conflicto militar. El resultado final fue de entre 50 y 70 millones de víctimas entre muertos y heridos.

Tras seis años de guerra, buena parte de Europa quedó devastada porque los combates se habían producido prácticamente por toda su geografía, abarcando un área mucho más grande que la afectada en la Primera Guerra Mundial. A causa de los bombardeos aéreos, las ciudades estaban muy dañadas y las áreas industriales que habían sido los objetivos principales de dichos bombardeos también. Berlín y Varsovia fueron reducidas a montañas de escombros; Londres y

EL FIN DE LAS MULTINACIONALES

Rotterdam resultaron muy destruidas, la estructura económica del continente que fue durante siglos el centro del desarrollo del capitalismo, quedó reducida a ruinas, con millones de personas en la indigencia.

En 1944 estalló la hambruna, producto de la devastación general de la agricultura que provocó una oleada de hambre primero en Holanda y después en toda Europa, agravada por el duro invierno de 1946-1947 en el noreste. Tras la guerra la amenaza de muerte por hambre era una realidad para millones de personas, la escasez de comida era uno de los problemas más graves, y la situación llegó a ser especialmente preocupante en Alemania, porque entre los años 1946 y 1947 el consumo diario medio, era sólo de 1.800 calorías por persona, una cantidad insuficiente para mantener una buena salud a largo plazo.

También se agravó la falta de carbón cuyas reservas disminuyeron enormemente tras el invierno de 1946-47. En los hogares alemanes, sin calefacción de ningún tipo, murieron de frío centenares de personas. Fueron destruidas las vías férreas, los puentes y las carreteras, que habían sido objetivo principal de los bombardeos aéreos. Los barcos de carga habían sido hundidos, los municipios pequeños por la carencia de redes de transporte quedaron prácticamente aislados, física y económicamente.

Producto de la falta de crecimiento de las economías, las altas tasas de desocupación y la escasez de alimentos, se sucedieron huelgas y revueltas en todos los países, movimientos revolucionarios, que cuestionaban al capitalismo. Dos años después del fin de la guerra, las economías todavía no habían logrado los niveles de preguerra, la producción agrícola era un 83% de lo que había sido en 1938, la producción industrial llegaba al 88% y las exportaciones sólo al 59%.

El Plan Marshall, el régimen keynesiano y el "boom"

La segunda guerra mundial fue el final de un período económico del capitalismo signado por la crisis, el estancamiento, y la parálisis. Pero tras la guerra en 1945, el capitalismo reinició su marcha y entró en un período opuesto, el de un enorme crecimiento con altas tasas por casi 30 años, conocido como el "boom" de posguerra ¿Cómo hizo el capitalismo para salir de la crisis del '29 y pasar de allí al "boom"?. ¿Qué cambios se produjeron en la economía mundial que lo hicieron posible? Con el fin de la segunda guerra se consolidaron 3 cambios fundamentales que venían incubándose en la economía capitalista mundial y produjeron el "boom":

1) EE.UU impuso su hegemonía y pasó a dominar la economía mundial

2) **Emergió el régimen keynesiano de acumulación**

3) **Surgieron las multinacionales, una forma de acumulación capitalista superior a los monopolios, pero propia de la etapa monopolista del capitalismo**

1) **Hegemonía de EE.UU y domino de la economía mundial:** Tras la 2da guerra mundial, el imperialismo de EE.UU impuso su hegemonía mundial, así lo explicó Nahuel Moreno: *"...De la guerra salen completamente destrozados todos los viejos imperios coloniales existentes...A partir de la postguerra, todo el mundo capitalista incluidos los países imperialistas, tiene que aceptar el liderazgo y dominio norteamericano... Los lógicos roces antiimperialistas no pueden cambiar esta situación, se impone la hegemonía estadounidense sobre el mundo capitalista y su liderazgo".* (10)

El crecimiento de la hegemonía de EE.UU era una tendencia de la economía y de la situación política mundial del capitalismo que venía desarrollándose desde hacía varias décadas. Ya León Trotsky había anticipado en 1926 esta tendencia en la estructura del sistema capitalista mundial que se modificó completamente a partir de 1945: *"En estos últimos años, el eje económico del mundo se ha desplazado considerablemente. Las relaciones entre Estados Unidos y Europa se han modificado radicalmente..."*

"...esta evolución se preparaba desde antiguo; había síntomas que la señalaban, pero hace muy poco que ha llegado a ser un hecho consumado, y ahora tratamos de darnos cuenta de este cambio formidable efectuado en la economía humana y, por consiguiente, en la cultura humana...EE.UU son los dueños del mundo capitalista." **(11)**

En 1945 en medio de un mundo en ruinas tras la 2da guerra, la economía de EE.UU constituía un tercio de todas las operaciones de exportación que se daban en el mundo, tenía en su poder dos tercios de todas las reservas de oro existentes y era productora del 50% de todas las mercaderías en el mercado mundial de bienes manufacturados. La hegemonía y el colosal desarrollo de las fuerzas productivas de EE.UU fue el salvavidas que encontró la economía capitalista de posguerra y la palanca para reconstruir el capitalismo.

2) **Surgió el régimen keynesiano de acumulación:** Junto a la hegemonía de EE.UU, el otro cambio importante fue el surgimiento del

régimen keynesiano. Definimos como régimen de acumulación una forma de funcionamiento del capitalismo durante un período. A partir del Plan Marshall el capitalismo senil emergió de la 2da guerra mundial funcionando de una forma peculiar, una fase desigual y combinadamente desarrollada de la economía mundial, que denominamos régimen keynesiano de acumulación.

Este régimen fue una forma de funcionamiento del sistema capitalista o formación económica históricamente dada, también conocida como "estado del bienestar". Consistió en salarios altos, pleno empleo, concesiones económicas a las masas, conquistas sociales e incrementos del salario social, planes de obra pública y un gran proceso de industrialización imitando aspectos del modelo impuesto por Roosvelt en EE. UU como respuesta al crack del '29. El régimen keynesiano comenzó en los '40s, se desarrolló en los '50s, '60s y se agotó en los '70s.

Definimos como polo de acumulación a la empresa o rama de la producción alrededor de la cual se estructura todo el régimen económico. Desde ese punto de vista, el régimen keynesiano tuvo a la industria automotriz y de guerra como polo de acumulación. ¿Cómo y porqué surgió el régimen keynesiano? Para comprender las razones políticas que dieron origen al régimen keynesiano debemos retroceder unos años y analizar las respuestas que el capitalismo tuvo frente a la crisis del '29.

Desde el punto de vista político el capitalismo tuvo dos respuestas a la crisis del '29, en aquel entonces la más grave del sistema capitalista. En EE.UU la respuesta fue el New Deal, mientras que en Alemania fue el régimen nazi. Ambos regímenes políticos, aunque diametralmente opuestos, tuvieron como denominador común que buscaban responder a la crisis global. Mientras el New Deal buscaba una salida a la crisis mediante acuerdos y maniobras contra los trabajadores y sus organizaciones, el régimen nazi, en cambio, mediante el aplastamiento de los trabajadores y sus organizaciones, con campos de concentración donde se probaron los métodos de producción más aberrantes con el objetivo de optimizar las ganancias de los monopolios y las grandes empresas.

El régimen nazi obedeció a la derrota de la revolución obrera en Alemania, mientras que en EE.UU el New Deal era un régimen defensivo de la burguesía de EE.UU, producto de la resistencia de la clase obrera que las grandes empresas no habían podido quebrar. Así lo explicaba León Trotsky: *"Actualmente hay dos sistemas que rivalizan en el mundo para salvar al capital...: son el Fascismo y el New Deal (Nuevo Pacto). El fascismo basa su programa en la disolución de las organizaciones obreras, en la destrucción de las reformas sociales y en el aniquilamiento completo de los derechos democráticos...La política del New Deal, que trata de salvar a la democracia imperialista...sólo es accesible en su gran amplitud a las naciones verdaderamente ricas, y en tal sentido es una política norteamericana por excelencia".* **(12)**

Otro denominador común entre ambos regímenes políticos fue Wall Street. Las grandes corporaciones, monopolios y banqueros de EE.UU impulsaron la industria de guerra para relanzar la economía tanto en Alemania como en EE.UU y financiaron la llegada de Hitler al poder. Wall Street financió el desarrollo del monopolio industrial de armamentos I.G.Farben, que fue la base del poderío de la maquinaria bélica nazi. Así lo explica Antony C. Sutton *"Sin el apoyo del cartel industrial alemán I.G. Farben, Hitler habría seguido siendo un oscura nota histórica... Sin el capital suministrado por Wall Street, no habría habido ninguna I.G. Farben en primer lugar, y casi con toda seguridad ningún Adolf Hitler...El cartel industrial de Farben fue creado por tres corporaciones de Wall Street: Dillon, Read & Co., Harris, Forbes & Co, y National City. Los Dupont, la Standard Oil, la International Harvester, la General Motors y la Ford, que eran empresas controladas por JP Morgan, habían facilitado el rearme de Alemania...empresas como la International Telephone and Telegraph (ITT), General Electric, International Business Machines (IBM), Alcoa y Dow Chemical también estuvieron implicadas..."* **(13)**

Toby Rogers, periodista de The Guardian, publicó en septiembre de 2004 sobre la historia de la familia Bush: *"El abuelo del ex-presidente George W. Bush, el senador Prescott Bush, fue director y accionista de empresas que se beneficiaron de su relación comercial con los financiadores de la Alemania nazi...Durante las décadas de la vida pública de la familia Bush, la prensa norteamericana se ha esforzado con ahínco en pasar por alto un hecho histórico - que a través de la Union Banking Corporation (UBC), Prescott Bush, y su cuñado, George Herbert Walker, junto con el empresario alemán Fritz Thyssen, financiaron a Adolf Hitler antes y durante la Segunda Guerra Mundial"* **(14)**

Los nazis y el régimen nazi, fueron aplastados en la guerra por los ejércitos aliados, producto de una formidable movilización de las masas europeas, con lo cual desaparecieron como una alternativa posible para el capitalismo. Mientras tanto el régimen keynesiano se desarrolló en EE.UU, aprovechando los bajos salarios y el desempleo de la clase obrera tras la depresión y se apoyó en nuevas tecnologías que permitieron el desarrollo de la producción en serie para el consumo de masas.

El impulso a la industria de guerra, permitió exportar masivamente tanques, aviones y armas a los estados aliados y desarrollar "el complejo militar- industrial" y polo de acumulación del régimen keynesiano que era esencialmente estadounidense. Pero a partir de los años 1945-47, en la medida en que EE.UU impuso su hegemonía en la economía capitalista mundial, esta forma de funcionamiento del capitalismo se estableció a escala internacional.

Para que EE.UU pudiera imponer el régimen keynesiano al mundo entero, primero tuvo que establecer acuerdos internacionales con las potencias en retirada, como Inglaterra, y fundamentalmente, tuvo que acordar con Stalin y el Partido Comunista de la Unión Soviética. Hubiera sido imposible para EE.UU iniciar la ronda de inversiones que supuso el Plan Marshall, sin acordar previamente con Stalin, dado que durante la guerra y al finalizar ésta, se desarrollaban grandes procesos revolucionarios en Europa, primero para derrotar a los nazis y liberar los países del nazi- fascismo, y después, para afrontar el hambre y la miseria generalizada de posguerra.

Procesos como la resistencia maqui en Francia, o los partisanos en Italia y Yugoeslavia habían permitido que tras la 2da guerra mundial, los trabajadores tuvieran el poder en sus manos en Francia e Italia y el Ejército Rojo tomado el control de Berlín y liberado al Este de Europa. Los militantes comunistas habían sido parte de la dirección y encabezado la resistencia y derrota de los nazis en la mayoría de los países europeos. Bastaba una orden del Kremlin para que Europa pasara a ser socialista, y las principales economías del mundo como la de Francia, Alemania e Italia, se transformaran en Estados Obreros, lo que hubiera cambiado por completo el destino de la humanidad.

Pero el gobierno de la URSS, a cargo Stalin y la burocracia stalinista que condujo la victoria contra los nazis, decidió pactar con las potencias aliadas, EE.UU y Gran Bretaña, e iniciar la reconstrucción capitalista de Europa. Esto constituyó una de las más grandes traiciones al proletariado mundial y a la revolución socialista internacional de parte de Stalin y la burocracia que conducía la URSS. Stalin acordó con Churchill, representante del viejo imperialismo inglés en retirada hasta allí ejerciendo la jefatura de la economía capitalista mundial y Roosvelt el presidente de EE.UU, representante de la potencia imperialista emergente. Así nació el "orden mundial" con los acuerdos de Yalta y Postdam.

Como lo planteó Nahuel Moreno: *"...se establece un frente... entre el imperialismo y la burocracia del Kremlin, sobre la base de la coexistencia pacífica, concretado en Yalta, Potsdam y el nuevo ordenamiento mundial: la ONU, el reparto de zonas de influencia...Aunque se produce la "guerra fría" y profundos roces...actúan en general de acuerdo y defendiendo ese nuevo ordenamiento mundial… Stalin y Roosevelt se dividen el mundo en dos bloques controlados por el imperialismo norteamericano y el Kremlin con el objetivo de frenar, desviar, aplastar o controlar la revolución de los trabajadores en el mundo".* (15)

Tras lo acuerdos internacionales de Yalta y Postdam a partir del año 1947, se lanzó en Europa el "Plan Marshall", mediante el cual EE.UU invirtió millones de dólares, lo que permitió la reconstrucción de la economía mundial, aprovechando la liquidación masiva de fuerzas productivas, la hambruna, la brutal desocupación y baja de salarios del proletariado y las masas europeas tras la guerra. Insistimos en que EE.UU pudo implementar el Plan Marshall porque tras la 2da guerra su economía representaba una tercera parte de todas las exportaciones mundiales, poseía dos tercios de las reservas de oro y producía la mitad de todos los bienes manufacturados.

Source: GMO, *Shiller*

La evolución del índice Standard y Poor's 500 desde el año 1881 hasta la crisis actual, vinculado a los hechos políticos y económicos más importantes en la historia del capitalismo. Fuente: GMO

Tras el lanzamiento del Plan Marshall, la economía capitalista mundial experimentó un crecimiento a tasas históricas por varias décadas. Las posibilidades de obtención de una alta tasa de explotación para las empresas capitalistas, producto de la brutal rebaja en las condiciones de vida, trabajo y salarios que se habían consolidado con la guerra, entre las masas de Europa, resultaron un imán para las inversiones y los gobiernos capitalistas de Europa utilizaron estas "ventajas comparativas" a su favor para atraerlas.

El "milagro alemán", por ejemplo, fue producto de que las inversiones de EE.UU aprovecharon la brutal rebaja en el nivel de vida del proletariado, logrado entre otros, por Hitler y sus campos de concentración, además por la división de Alemania, y su clase obrera, la más poderosa de Europa, lo que facilitó la explotación de la clase obrera alemana. El nombre del plan quedó para la historia por el apellido del Secretario de Estado de EE. UU, George Marshall, que participó en la cumbre y fue inspirador del modelo, junto al economista inglés Lord Keynes.

La hegemonía de EE.UU quedó clara en el modo en que se restableció el comercio mundial tras la guerra, bajo las condiciones impuestas por Washington. En julio de 1944 se constituyó un nuevo sistema monetario internacional en la Conferencia Internacional de Bretton Woods, que fijó acuerdos para remplazar al sistema monetario internacional, de tasas flotantes que se impuso tras la Gran Depresión de los '30 para los gastos de guerra.

El objetivo principal del nuevo sistema financiero adoptado era volver a la convertibilidad fija de monedas atadas al patrón oro y Bretton Woods estableció el dólar como moneda patrón del sistema monetario, comercial y financiero internacional, respaldado por el oro que estaba almacenado en la Reserva Federal de los EE.UU. Junto a la paridad dólar- oro, se acordó la creación del Fondo Monetario Internacional (FMI), del Banco Mundial (BM) y el Banco Internacional de Reconstrucción y Fomento (BIRF) para regular el sistema recién creado.

El "boom" de posguerra

El régimen keynesiano como régimen de acumulación, permitió el "boom" de la economía mundial, con tasas históricas de crecimiento por varias décadas. Esta fue la base económica de las enormes conquistas sociales que lograron las masas en EE.UU, Europa, Japón y algunos países atrasados. El "boom" otorgó estabilidad a la situación política de los países imperialistas, basada sobre todo en los importantes planes de obras públicas para la reconstrucción de Europa y Japón, cuya infraestructura había sido gravemente destruida por la guerra.

En el "boom", la economía mundial alcanzó picos de crecimiento muy importantes, en Gran Bretaña una tasa del 17,5%, en EE.UU un pico del 17,7% en 1950 y del 17,0% en 1969. En Japón un pico del 36,5% en 1969, mientras que en Alemania y el resto de Europa la economía alcanzó índices de crecimiento del 19% en 1968. (16) El toyotismo y el taylorismo se convirtieron en técnicas base del polo tecnológico, para aumentar la productividad del trabajo y tanto el comercio como la división internacional de trabajo se estructuró alrededor del eje EE.UU- Europa. La explotación de los proletariados de ambas regiones, las colocó en el centro de la economía mundial y consolidó al Atlántico como centro del comercio mundial. Respecto del capital financiero, el régimen keynesiano se caracterizó por una fuerte represión al capital especulativo con la sanción en 1933 de la Ley Glass-Steagall, en 1936 la Robinson-Patman y en 1937 la Miller-Tydings las que se combinaron con otras anteriores como la anti-monopolio Sherman de 1890 y Clayton 1914.

Estas leyes buscaban la separación entre la bancas de depósito y de inversión, frenar las grandes cadenas, la competencia desleal y vetar la participación de banqueros en consejos de empresas. La legislación anti-trust del régimen keynesiano de EE.UU reprimió a los capitales especulativos que se localizaron en la City de Londres. De todos modos, las grandes empresas de EE.UU pudieron pasar a monopolizar las ramas de producción y comercio porque los monopolios de las demás potencias estaban destrozados.

Tenemos ya el cuadro general del régimen keynesiano. Su éxito estuvo basado en la súper- explotación de los obreros de EE.UU y Europa, los proletariados más grandes, más concentrados y culturalmente más importantes del mundo, cuyos salarios y condiciones de vida, estaban muy deteriorados por la crisis del '30 y la guerra.

3) Las Multinacionales pasaron a ser la forma de acumulación predominante: La tercera razón, y desde el punto de vista económico las más importante, por la cual el capitalismo pudo salir del estancamiento del período 1929/1945 y pasar al "boom" de posguerra, fue el surgimiento de las multinacionales como Forma de Acumulación predominante. Este hecho resultó un cambio cualitativo del proceso de producción capitalista, ya que hizo posible una acumulación de capital y ganancias nunca vista hasta entonces, y provocó enormes cambios en la estructura y funcionamiento del capitalismo ¿Cómo pasaron a ser las multinacionales la Forma de Acumulación predominante?

El surgimiento y desarrollo de los monopolios a partir de 1860 permitió un desarrollo y expansión del capitalismo de varias décadas, que fue atravesado por crisis entre los años 1873-96 aunque esas crisis eran parte del propio proceso de expansión y crecimiento. En cambio a partir de 1907, tanto la crisis de ese año, como las de 1914- 18 y el estallido de la 1era guerra mundial, expresaban que el capitalismo había entrado en un período de declinación y estancamiento que condujo al crack del '29.

Como expuso Galbraith, el proceso de estancamiento del capitalismo se produjo como consecuencia del agotamiento de los monopolios como forma de acumulación ¿Porque se produjo el agotamiento de los cárteles y trusts? Porque en la medida que tomaron el control de la economía, agudizaron al extremo todas las contradicciones del capitalismo, en primer lugar, porque al concretar la concentración y centralización de capitales en las diferentes ramas de la producción, agudizaron las contradicciones entre el carácter social de la producción y el carácter individual de la apropiación de la riqueza producida.

La riqueza socialmente producida se fue concentrando en pocas manos, las de los dueños de los monopolios, en una magnitud muy superior a lo que había hecho el capitalismo en el período industrial, en el cual desarrolló la explotación del trabajo infantil y femenino y fueron arrojadas masas crecientes de trabajadores a la miseria y la pobreza, que se hacinaron en las grandes ciudades y urbes.

Los monopolios agudizaron brutalmente esas desigualdades sociales ya existentes, no sólo por la extrema diferenciación social entre ricos y pobres, sino también por las tensiones y enfrentamientos al interior de la propia clase de los capitalistas, producto de que la concentración económica supuso también la quiebra y desaparición de sectores de capitalistas menores, a manos de los más poderosos trusts y cartels. La pobreza generalizada y la caída de capas medias de la población agravada por los monopolios, provocó la baja del consumo y un freno general a la economía.

En segundo lugar, los monopolios agudizaron la contradicción entre el carácter mundial de la producción y los estados nacionales porque pasaron a dominar ramas de la producción y el comercio a escala de un país, a la vez que tendían a desarrollarse internacionalmente. En la medida en que comenzaron a disputar el mercado mundial, surgieron brutales peleas entre ellos por los mercados, lo que estuvo en la base tanto de la 1era, como de la 2da guerra mundial. Estas contradicciones mostraban las limitaciones de los cartels y trusts para alcanzar a dominar de las ramas de la producción y comercio mundial.

Las guerras fueron choques y enfrentamientos entre los estados imperialistas, para dirimir cual de esos estados impondría a sus monopolios, y a su vez la muestra palmaria de que el monopolio como forma de acumulación había entrado en la etapa de su agotamiento. El capitalismo necesitaba de una forma de acumulación superior, que diera el salto al dominio de ramas enteras de la producción y el comercio a escala mundial, y esa magnitud de centralización y eliminación de capitales y capitalistas, sólo fue posible mediante la guerra.

El paso del predominio de los monopolios al predominio de las modernas multinacionales

Como hemos visto tras la 2da guerra mundial todos los imperialismos surgieron destrozados y fue únicamente EE.UU con su extraordinario desarrollo de las fuerzas productivas, quien estuvo en condiciones de tomar el mando de la economía mundial. Esto se concretó con la implementación del Plan Marshall que produjo un cambio en el capitalismo: las multinacionales modernas desplazaron a los monopolios del centro de la economía mundial.

El Plan Marshall, la asistencia económica a Europa, por parte de EE.UU no fue desinteresada, buscó extender sus monopolios y financiar las bases militares en el exterior para consolidar su dominio mundial. Los monopolios de EE.UU, aprovecharon la reconstrucción capitalista de Europa para exportar masivamente sus mercaderías a los países europeos, impulsando la reactivación económica y a la vez se implantaron, utilizando a Europa como cabecera de puente para su expansión mundial.

"No es sorprendente que a la cabeza de la expansión de la posguerra estuviesen las empresas de Estados Unidos, que partieron del poderío sin precedentes de su economía interna, su superioridad tecnológica y sus enormes reservas de capital de inversión. En 1960, Estados Unidos acumulaba casi el 50% de las inversiones extranjeras directas en todo el mundo (la participación de Inglaterra era del 18%, y la de Alemania y Japón un escaso 1,2% y 0,7%"...) **(17)**

Para Noam Chomsky:*"...El Plan Marshall "creó el marco para la inversión de grandes cantidades de dinero estadounidense en Europa,* **estableciendo la base para las multinacionales modernas***...Como explicó más tarde el Departamento de Comercio de Reagan, el Plan Marshall «preparó el escenario para la inversión privada directa de grandes cantidades en Europa desde Estados Unidos», trazando el trabajo preliminar* **para las Corporaciones Transnacionales que cada vez más dominan la economía mundial".** **(18)**

Es decir, con el aporte del estado norteamericano a Europa, los monopolios de EE.UU se transformaron en multinacionales. Un buen ejemplo es el monopolio productor de automóviles Ford, de Estados Unidos, quien creó una organización en toda Europa ya en 1967. La mutación de los monopolios en modernas multinacionales, es el cambio fundamental, estructural, en el terreno productivo, de la división internacional del trabajo y del comercio, que se desarrolla en el capitalismo con el régimen keynesiano.

Así el sistema capitalista adoptó la fisonomía que hoy le conocemos, como lo señaló Nahuel Moreno: "...*El hecho que les quiero señalar es el surgimiento de las trasnacionales... **Este es un fenómeno nuevo. Hasta la 2da guerra mundial ningún monopolio tenía sucursales**...con la excepción de las compañías petroleras... es decir son empresas que tienen diez, veinte empresas en países distintos y todas coordinadas trabajando en común.*" (19)

Lenin había señalado que los monopolios son entidades nacionales, pero que tienden a extenderse a nivel internacional desde principios del siglo XX. Treinta años más tarde, y tras la gran conflagración imperialista de la 2da guerra mundial, EE.UU impuso sus monopolios globalmente, como parte del desarrollo del régimen keynesiano.

¿Qué diferencias hay entre las multinacionales y los monopolios? Como vimos los monopolios son esencialmente los cártels y trusts, sindicatos o ligas de empresas que dominan una rama de la producción en un país.

Las multinacionales no son una liga de empresas, son **una única empresa que domina una rama de la producción a escala mundial**, y por lo tanto constituyen una forma superior de acumulación, que contienen y superan a los monopolios.

La 2da guerra permitió que el capitalismo pasara de una forma de acumulación y concentración de capitales inferior a otra superior, ya que monopolios como General Electric, Ford, Coca Cola, etc, que habían logrado dominar una rama de la producción en EE.UU mediante un complejo proceso de fusiones y adquisiciones de empresas que duró décadas, se transformaran en **una única empresa mundial**, con un comando fuertemente centralizado.

El directorio de accionistas y su presidencia en las multinacionales, no son ya organismos que entablan complejas negociaciones dentro del sindicato de empresas para acordar metas de producción y comercialización como en los cartels y trusts.

Para el período 1945/47 las multinacionales de EE.UU son un comando único, que impone las metas de producción y comercialización, contando a su favor que dispone de un inmenso mercado mundial casi sin límites y sin competencia, porque los monopolios de los demás países imperialistas están destrozados tras la 2da guerra mundial, y por lo tanto, en desventaja económica y financiera.

En segundo lugar, los directorios de las multinacionales de EE.UU impusieron en los años 1946/47 metas de producción y comercialización contando a su favor la existencia de una altísima tasa de explotación producto de las deterioradas condiciones de vida de las masas de Europa y EE.UU.

Contaron además con un acuerdo político, Yalta y Postdam, que les garantizó la inversión e implantación porque actuó de escudo político ante las revueltas o revoluciones que hubieran podido expropiarlas o perjudicar su interés de obtener ganancias. Las condiciones políticas y económicas de la coyuntura 1945/46 fueron más que favorables para pasar a dominar el mercado mundial.

El directorio de empresas es un comando centralizado, que conduce a su vez a unidades de producción y comercialización en distintos países, en los cuales tiene sucursales y puede planificar el desarrollo de la producción contando con una división internacional del trabajo al interior de la empresa.

Puede fabricar distintas partes de las mercancías y ensamblarlas en diferentes naciones, calculando de antemano sus beneficios de acuerdo a las condiciones de explotación que obtiene negociando con los diferentes gobiernos.

Es decir, desde el punto de vista de la acumulación de capital y el objetivo supremo del capitalismo que es la ganancia, las multinacionales son una forma de acumulación de capital cualitativamente superior a los cártels y trusts, los monopolios surgidos en el siglo XIX.

Estas nuevas formas de acumulación se encontraron en 1946/47 con las enormes posibilidades de súper- explotación de los trabajadores en Europa y EE.UU, con los acuerdos de Yalta y Postdam y con las inversiones del estado imperialista de EE.UU, que pone dinero para facilitar toda la infraestructura, transporte, rutas, puentes, abastecimiento, etc, todo lo necesario para su desarrollo. ¿Qué más puede pedir un capitalista?

EL FIN DE LAS MULTINACIONALES

Figure 4.1: Real Corporate Profits, Financial vs. Nonfinancial Sectors

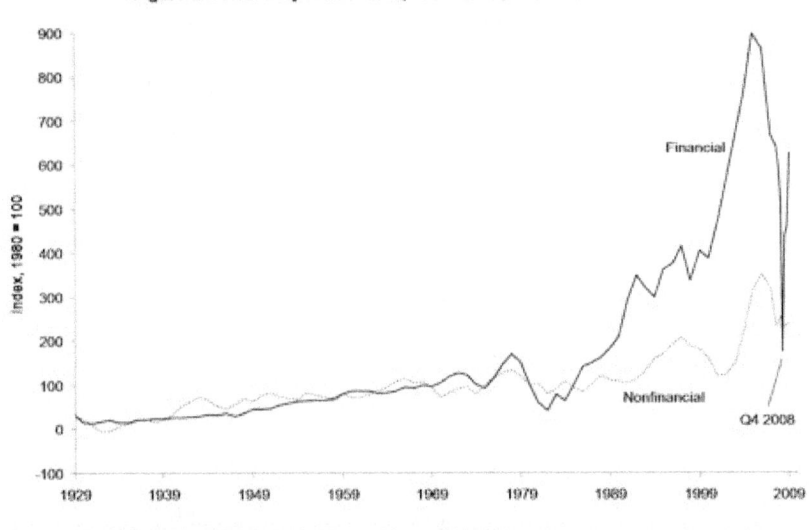

Source: Bureau of Economic Analysis, NIPA Tables 1.1.4, 6.16; calculation by the authors. Financial sector excludes Financial Reserve banks. Annual through 2007, quarterly Q1 2008-Q3 2009.

Caída en las ganancias de las corporaciones, tras la burbuja sub- prime, la caída llega a niveles de 1929. Fuente: NIPA

Es decir, la transformación de los monopolios de EE.UU en multinacionales, y la existencia de estas empresas como Forma de Acumulación predominante, es la explicación más importante, estructural de los cambios que se dan en el capitalismo tras la 2da guerra mundial. La implantación de la hegemonía de EE.UU, el régimen keynesiano y las multinacionales son los tres elementos que explican el "boom" de posguerra y las históricas tasas de crecimiento, inversión y producción alcanzadas a partir de 1945.

Las multinacionales agudizaron las contradicciones fundamentales del capitalismo

Pero no debemos olvidar ni por un momento dos elementos claves en el paso del predominio de los monopolios al predominio de las multinacionales. Uno, es que tanto la hegemonía de EE.UU, como el régimen keynesiano y las multinacionales son producto de la brutal destrucción de fuerzas productivas que supuso la 2da guerra mundial. O sea, producto de la existencia de la propiedad privada de los medios de producción, todo el proceso de centralización de capitales que significó el paso del predominio de los monopolios al predominio de las multinacionales, se realizó con un alto costo para la humanidad.

Es decir, la superación de una forma de acumulación por otra, significó la liquidación de clases y sectores de clase, no sólo entre

95

clases dominantes y dominadas, sino entre los mismos sectores de la clase dominante mediante las guerras, lo que significó una colosal destrucción de fuerzas productivas. Al estudiar el paso de los monopolios a multinacionales, las leyes económicas y políticas que formuló el marxismo, son las que explican porque el costo de sostener la propiedad privada, significó para la humanidad millones de muertos, liquidación de infraestructura y fuerzas productivas arrasadas.

El segundo elemento, es que el "boom" de posguerra en ningún caso significó que el capitalismo salió de su etapa de imperialista, de decadencia. Por el contrario, se dio al interior de esa etapa señalada por Lenin, por lo que las multinacionales son una forma de acumulación monopolista y al igual que los monopolios surgidos en el siglo XIX, son Formas de Acumulación de la etapa imperialista del capitalismo. Esto tiene una importancia fundamental para comprender porque el "boom" de posguerra terminó agravando la crisis del capitalismo.

El desarrollo del predominio de las multinacionales no actuó resolviendo la crisis histórica del sistema capitalista, sino al contrario, actuó agravándola y abrió una enorme crisis en el capitalismo a fines de los años '60. Veamos cómo se produjo. Con la reconstrucción de Europa y el "boom", las multinacionales como forma de acumulación se generalizaron en la medida en que se fueron recuperando los imperialismos que habían sido destruidos en la guerra, Inglaterra, Alemania, Japón, Francia, etc, que desarrollaron sus propias multinacionales.

Las multinacionales, agravaron primero la contradicción entre el carácter mundial de la producción y los estados nacionales. Para Nahuel Moreno: *"... La transnacional más que nunca responde a la ley del monopolio, es decir, que necesita al estado nacional. ...hay tendencias y semimarxistas que dicen que son colosales porque inevitablemente van a destruir a los estados nacionales...entonces van a unificar e Europa, y después a Europa con EE.UU, y después a EE.UU con Japón, y entonces vamos al famoso imperio hecho por las transnacionales...Eso es una mentira, las transnacionales agudizan la competencia entre ellas, es cada vez más brutal...."* (20)

La otra contradicción que las multinacionales agudizaron al extremo es la contradicción entre el carácter social de la producción y la apropiación individual, dado que en el terreno de la acumulación de riqueza en pocas manos, las multinacionales provocaron un proceso inédito de sobre acumulación de capitales. Así lo explicó Nahuel Moreno: *"El proceso de internacionalización de la economía y su centralización del imperialismo de EE.UU y los grandes monopolios internacionales -las "transnacionales"-, sumado a la rapidez de las comunicaciones, permite un ritmo vertiginoso de obtención de plusvalía, reparto de la ganancia y* **acumulación y sobre acumulación de capital. Este mismo ritmo acelera la crisis de la economía imperialista".** (21)

Es decir, al tratarse de una forma de acumulación superior, las multinacionales lograron una acumulación y sobre acumulación de capital sin precedentes, muy superior a la que lograban los monopolios. Pero el proceso acelerado de sobre acumulación agravó y agudizó la caída de la tasa de ganancia. ¿Cómo se produjo esto? Así lo explica Moreno: *"Cada aumento enorme de la masa de plusvalía recupera la tasa de ganancia y permite superar la crisis coyuntural.* **Pero prepara una crisis mayor: al aumentar colosalmente el capital, se produce una sobre acumulación de capital,** *que busca inversiones donde obtener ganancias; y* **como la masa de plusvalía sigue igual y el capital ha aumentado, la cuota de ganancia baja abruptamente, originando una nueva crisis coyuntural"** (22)

La enorme sobre acumulación de capital que implicaron las multinacionales, actuó derrumbando la tasa de ganancia y obligó a los capitalistas a buscar cada vez más altas tasas de explotación para sostener el equivalente a la magnitud de capitales que acumularon. Al no lograr entre las masas de Europa y EE.UU una tasa de explotación mayor, las enormes fortunas y capital acumulado por los capitalistas con las multinacionales actuó derrumbando la tasa de ganancia y agravaron la crisis del capitalismo, porque ese mismo capital acumulado requiere de más y cada vez más explotación para conservar la tasa de ganancia. Esto provocó el estallido de la crisis crónica de la economía mundial, que se desarrolló con picos recesivos que comenzaron a sucederse, sin que el capitalismo pudiera superarlo.

Como lo explicó Nahuel Moreno: *"La clave última para empezar a comprender todos los fenómenos que ocurren en la arena internacional desde fines de los años 60 es la crisis crónica que arrastra desde esa época la economía mundial...se profundiza sin cesar y ha provocado aproximadamente cada cinco años crisis coyunturales cada vez más intensas... La crisis crónica ha venido avanzando de la periferia al centro. Esta es una ley que se da, como mínimo, desde 1966 - nosotros creemos que en toda esta posguerra...ha tenido tres picos o crisis agudas coyunturales. La primera de 1966-67, llevó a una caída de la tasa de ganancia y de la producción norteamericana...La segunda crisis se dio entre los años 1973 y 1975 y afectó al conjunto de los países capitalistas e imperialistas...La tercera nace en 1979 y también se generaliza a toda la economía mundial..."* **(23)**

Estos picos recesivos se produjeron porque la caída de la tasa de ganancia fue cada vez mayor y el capitalismo tuvo cada vez mayores dificultades para superar las crisis derivadas de su caída. Entre 1970 y 1990 la tasa de ganancia de las fábricas en las economías del G7 cayó el 40% respecto del período 1950/70. Para 1990 la tasa de ganancia cayó 27% en relación a 1973 y cerca del 45% en relación a su nivel máximo de 1965 **(24)** La recuperación de la economía mundial en la posguerra, contradictoriamente debilitó la economía norteamericana: "*...había sufrido un primer estancamiento en la segunda mitad de los '50. Entre el '61 y el '66 el PBI creció a un promedio anual de 2,3 %, muy por debajo de los promedios de 6,1 entre 1931 y 1950, o de 5,2 % entre 1950 y 1955"* **(25)**

Con las multinacionales, todo el proceso de acumulación y sobre acumulación de capital y su velocidad cambiaron cualitativamente, producto del aumento y velocidad en la acumulación de capital que lograron. Esto aceleró el ritmo de caída de la tasas de ganancia y de ese modo aceleró también cualitativamente el ritmo de la crisis del capitalismo. Este agravamiento de las contradicciones del capitalismo, abrió una dinámica que llevó al régimen keynesiano a su agotamiento y final. A su vez, el agotamiento del régimen keynesiano expresaba el agotamiento de las multinacionales como forma de acumulación.

Desde el punto de vista del régimen de acumulación, el capitalismo entró en un período de transición que abarca desde los años ´66/ ´67 hasta los '80, década en que emergen nuevas formas de acumulación, las corporaciones multinacionales. En ese período estallaron las relaciones comerciales y cambiarias de Bretton Woods, porque en 1971, las reservas de oro apenas alcanzaban un cuarto del total de las deudas oficiales de EE.UU.

El gobierno de Nixon dio un golpe proclamando la libre convertibilidad del dólar, firmó el Acuerdo Smithsoniano con el cual devaluó el dólar un 7,89% en relación al oro y así abarató las deudas y mercaderías de EE.UU para fortalecer en el mercado mundial a los productos de EE.UU.

En febrero del '73, el dólar se devaluó otro 10%. Europa y Japón abandonaron también la paridad oro de sus monedas y dieron punto final a Bretton Woods. El mundo volvió a las tasas flotantes y la inflación comenzó a crecer dando comienzo a una larga etapa inflacionaria que comenzó a despuntar y a arrasar con los acuerdos de post guerra y los salarios. La inflación mundial se agravó con la crisis del petróleo de los años '74- '75, que empujó al alza los precios del crudo y de las materias primas en todo el mundo.

EL FIN DE LAS MULTINACIONALES

La posguerra: Un grave ciclo de destrucción de fuerzas productivas en el 3er Mundo

Ante la crisis del régimen keynesiano, el capitalismo necesitado de altas tasas de explotación para revertir la crisis, dirigió cada vez más agresivamente sus capitales al Tercer Mundo, donde las condiciones de explotación comenzaron a ser superiores a las existentes en Europa y EE.UU. Pero en el Tercer Mundo tras la 2da guerra mundial, se habían desarrollado una enorme serie de procesos revolucionarios, guerras y convulsiones, producto de la crisis de las viejas potencias coloniales Francia, Inglaterra, Japón, Alemania, que habían dominado esas regiones y surgieron destruidos de la 2da guerra, lo cual había debilitado la cadena de su dominio colonial.

Esto produjo que en las antiguas colonias se desarrollara un espectacular proceso de liberación nacional y el surgimiento de nuevas naciones. Frente a este enorme proceso revolucionario mundial que tuvo como foco principal los países atrasados, el nuevo imperialismo emergente, EE.UU comenzó a cumplir su rol de gendarme y defensor del capitalismo globalmente, con el objetivo de derrotar los levantamientos y procesos revolucionarios que se dieron en los países atrasados.

Desde Argelia, a Vietnam, desde Corea a China, Latinoamérica o Medio Oriente, se sucedieron las invasiones de las fuerzas armadas de EE.UU y los ejércitos de los países imperialistas para derrotar estos procesos revolucionarios. Esta es la diferencia fundamental de la posguerra con la 1era y 2da guerra mundial. Si en la 1era y 2da guerra se enfrentaron entre sí diferentes países imperialistas, en la posguerra los choques son entre ejércitos imperialistas con naciones, pueblos y procesos revolucionarios de los países del Tercer Mundo que cuestionaron su dominación.

Como lo explica Moreno: *"A partir de la postguerra, todo el mundo capitalista, incluidos los países imperialistas, tiene que aceptar el liderazgo y dominio norteamericano... y la imposibilidad, por el momento, de nuevas guerras inter-imperialistas...Se cierra una etapa en el carácter de las guerras y se abre una nueva. Se cierra la etapa de las guerras inter-imperialistas y se entra en la etapa de las guerras contrarrevolucionarias"* **(26)** El enfrentamiento entre los ejércitos imperialistas con los procesos revolucionarios significó desde el punto de vista económico un espectacular desarrollo de las fuerzas destructivas, en muchos aspectos, análogo al producido en la 2da guerra mundial.

DANIEL CAMPOS

Si bien los procesos revolucionarios y las guerras se desarrollaron globalmente en el Tercer Mundo, un epicentro fundamental fue la región del Sudeste Asiático, donde se desarrolló el más grande proceso de destrucción de fuerzas productivas. Producto de este proceso, surgió en el sudeste asiático un nuevo eje de acumulación, que fue factor clave para la transición entre el régimen keynesiano y la globalización. Definimos como eje de acumulación la región y conjunto de economías o países que el capitalismo utiliza como plataforma para su desarrollo en un período dado.

Para ejemplificar el concepto, digamos que el eje de acumulación en el período 1945/68 fue el tándem EE.UU/Europa. El desarrollo de nuevo eje de acumulación en el sudeste- asiático fue producto de un brutal ciclo de destrucción de fuerzas productivas, que había comenzado con las bombas atómicas en Hiroshima y Nagasaki y siguió con la guerra de Corea entre 1950 y 1953, en la que hubo 778.000 muertos, heridos y mutilados en el bando de EE.UU y entre 1.187.000 a 1.545.000 en el bando de Corea del Norte, un total de 2,5 millones de civiles muertos o heridos, 5 millones que quedaron sin hogar y más de 2 millones de refugiados.

Un nuevo capítulo se abrió en el sudeste asiático con la retirada japonesa de Vietnam. Tras expulsar de las tropas de Japón, las masas vietnamitas derrotaron al imperialismo Francés y declararon la independencia de Vietnam cuya guerra de liberación se propagó a Laos, Camboya y China. Para frenar el proceso revolucionario, EE.UU en 1964 inició la invasión a Vietnam, una guerra desigual, donde las fuerzas armadas de EE.UU cometieron toda clase de horrores históricos, de violaciones a los derechos humanos y sin embargo sufrieron una histórica derrota.

El triunfo de las masas vietnamitas y del mundo fue extraordinario, pero el saldo de destrucción de fuerzas productivas que implicó la guerra de Vietnam fue escalofriante. En la guerra murieron 281.896 soldados y hubo 300.000 heridos en el campo militar de EE.UU. Para el pueblo vietnamita fue una verdadera hecatombe: 5 millones, cien mil civiles muertos, 1 millón 100 mil soldados y guerrilleros muertos en combate y un mínimo de 600 mil heridos. Las FF.AA de EE.UU lanzaron un total de siete millones de toneladas bombas, entre las que se contaron gran cantidad de armas químicas, Napalm, bacteriológicas, defoliantes, etc., prohibidas por el Protocolo de Ginebra de 1925.

EL FIN DE LAS MULTINACIONALES

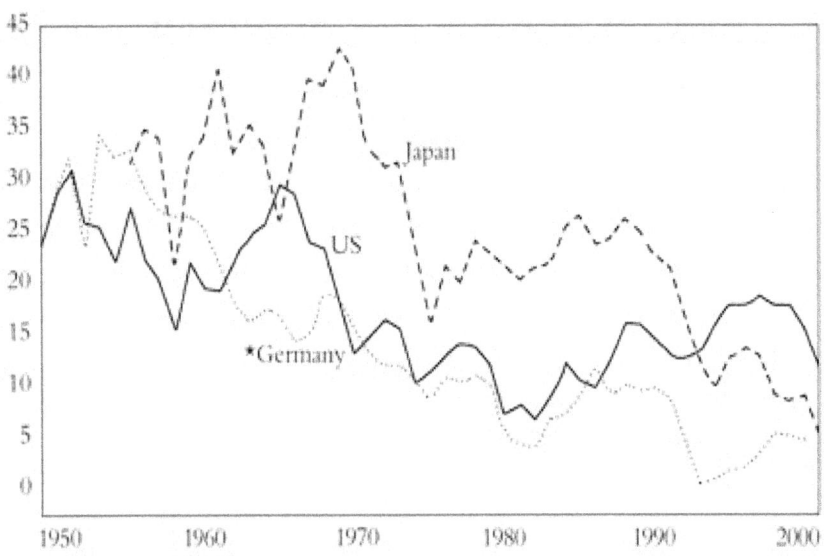

*Profit rate for Germany covers West Germany 1950-90 and Germany 1991-2000

El cuadro muestra la tendencia declinante de la tasa de ganancia de las 3 principales economías imperialistas en el período 1950 /2000· Fuente: "El boom y la burbuja" R. Brenner

En la 2da Guerra Mundial, todos los bandos en pugna descargaron un total de un millón doscientas mil toneladas de bombas y explosivos. Vietnam superó casi 6 veces esa cifra. El defoliante agente naranja, empleado en los bombardeos de EE.UU hasta 1971, sigue contaminando el país en la actualidad.

En el resto de la región, el imperialismo continuó perpetrando graves destrucciones de fuerzas productivas, como fue el caso de Indonesia donde con el golpe de Suharto con apoyo de la CIA, la dictadura perpetró masacres entre los años 1965 a 1967 con 1,5 millones de muertos.

En Camboya, la dictadura stalinista de Pol Pot entre 1975 y 1979 exterminó 2 millones de personas, casi un tercio de la población. En China, el fracaso del plan económico llamado "El Gran Salto Adelante" produjo casi 32 millones de muertos por la hambruna en medio de catástrofes naturales, lo que dio paso a las movilizaciones y el descontento creciente entre las masas.

La burocracia stalinista encabezada por Mao había logrado contener a duras penas el ascenso de masas en la Revolución Cultural, pero ante el fracaso del "Gran Salto..." temía un nuevo estallido.

DANIEL CAMPOS

Ante la perspectiva de derrota en Vietnam, EE.UU cambió su política en el sudeste asiático y se reubicó al acuerdo con la burocracia China, aprovechando la crisis del gobierno de Mao. El régimen stalinista de Mao necesitaba otro plan y frente la presión de las masas y de la burocracia soviética que amenazaba con intervenir, acordó con EE.UU. China se comprometió a frenar la revolución en Vietnam, a cambio de capital e inversiones norteamericanas para revitalizar la economía.

Y cumplió puntillosamente el acuerdo, incluso invadiendo a Vietnam en el '79. Para Moreno: *"Otra colosal oportunidad se abrió cuando el pueblo vietnamita apoyado por millones de norteamericanos que se movilizaban contra la guerra, derrotó a las Fuerzas Armadas de EE.UU. Nada era más fácil que extender ese triunfo a Laos, Camboya y todo el continente.... Pero la dirección maoísta, cinco años después, atacaba e invadía Vietnam...Vietnam, Laos y Camboya sufren penalidades iguales o peores, por culpa de las direcciones traidoras"* **(27)**

Tras la cumbre Nixon- Mao en diciembre del 1971, y con la garantía de la burocracia China del freno a la revolución en el sudeste asiático, el capitalismo se lanzó a invertir en las provincias del litoral marítimo de China, donde surgieron las "zonas especiales", un lento proceso de penetración de las multinacionales.

El proceso de llegada de inversiones, radicación de empresas y capitales aprovechó la inexistencia de un proletariado de tradición en la región, la hambruna secular del campesinado y la traición de Pekín al proceso revolucionario.

Así es como surgieron también los famosos "Tigres" Tailandia, Malasia, Singapur, Taiwán, Hong Kong todos países con regímenes dictatoriales, que atropellan los derechos democráticos más elementales y que aplastan todo intento de organización sindical.

Los "Tigres" del sudeste asiático, actuaron como un imán para las inversiones porque ofrecieron un "paraíso" para la voracidad de las multinacionales que se asociaron con las burguesías nativas. Así es como surgieron los nuevos "milagros", el "milagro Japonés" y el milagro de los Tigres" del sudeste- asiático, que son producto de brutales procesos de destrucción de fuerzas productivas en la región.

A partir del establecimiento de estos procesos es que se constituyó el eje de acumulación Japón, sudeste asiático- EE.UU, en la transición del régimen keynesiano a la globalización.

EL FIN DE LAS MULTINACIONALES

La restauración del capitalismo en la URSS, el Este de Europa, Cuba y China

El proceso de destrucción de fuerzas productivas se extendió también a los ex estados obreros. Entre los años '40 y '70 producto de la derrota de los nazis, la crisis generalizada de los viejos imperialismos y los procesos revolucionarios en varias regiones del Tercer Mundo, el capitalismo fue expropiado en los países del Este de Europa, China, Cuba, Vietnam, Corea del Norte, etc. Veinte años después, a partir de los `70 esos países comenzaron a volver al capitalismo, lo que significó la pérdida de importantes conquistas obtenidas con la revoluciones.

Para Martín Hernández: *"La expropiación de la burguesía, la nacionalización de la economía y la planificación económica central consiguió lo que ningún país capitalista atrasado pudo conseguir en toda su historia. La URSS tuvo un desarrollo espectacular en todos los terrenos. El desarrollo sin precedentes de su economía posibilitó eliminar el hambre, el desempleo, el analfabetismo, la falta de vivienda, así como posibilitó un acceso masivo de la población a la ciencia y la cultura a tal punto que la URSS se colocó a la vanguardia en la carrera espacial...el caso de China y Cuba, provocó también resultados espectaculares en el terreno económico que, más tarde, se expresaron en otras áreas..."* **(28)**

El retorno de esos países al capitalismo no fue producto de la elección de las masas, sino el producto de 70 años de políticas del stalinismo que reprimió violentamente a los trabajadores y los pueblos, para la LIT- CI: *"...La restauración del capitalismo no fue pacífica. **Fue uno de los hechos más violentos de toda la historia de la humanidad... No es algo coyuntural, sino un proceso histórico**... tuvo varios hitos: la guerra civil, el triunfo del stalinismo y la invasión nazi a la URSS, la guerra fría, y las masacres a los levantamientos en Europa del Este..."* **(29)**

Los crímenes de Stalin en la URSS entre 1924-1953 provocaron la muerte de millones entre purgas, hambrunas, colectivizaciones forzosas y limpiezas étnicas de ucranianos, chechenos, etc. En Yugoeslavia, se calcula 2 millones yugoslavos murieron a causa de la feroz represión del gobierno de Tito entre 1944 y 1977. Las masas de los países socialistas enfrentaron a estas dictaduras en este período, pero fueron derrotadas.

Así lo explica Martín Hernández: *"...varias revoluciones políticas desafiaron la dictadura stalinista y sólo fueron derrotadas con la intervención militar directa y el recurso de las tropas de la ex URSS, que ahogaron en sangre a los trabajadores de Berlín en 1953, los consejos* *obreros de Hungría en 1956, el proceso de Checoslovaquia en 1968 y el multitudinario proceso de Solidaridad en Polonia de 1981. **Así se fueron preparando, históricamente, las condiciones para la restauración "pacífica" del capitalismo, que costó cuarenta o cincuenta millones de muertos" (30)***

Si las condiciones de vida para las masas eran difíciles con los regímenes stalinistas, con la entrada del capitalismo no hicieron más que agravarse Para Martín Hernández" *La restauración del capitalismo en los ex estados obreros, no muestra la superioridad del capitalismo, sino su profunda crisis...provocando una "baja catastrófica en la economía y la cultura"...desde que se restauró el capitalismo los índices de natalidad son negativos, dado los altos índices de mortalidad provocado por todo tipo de enfermedades, de fácil control en otros países"* (31)

La restauración del capitalismo significó también un grave desarrollo de las fuerzas destructivas, como coronación de 70 años de traiciones políticas de la "izquierda oficial mundial", de los Stalin, Mao, Kuruchev, Castro, Deng Xiaoping, Brezhnev y Gorbachov, de su política del socialismo "en un solo país" y su negativa sistemática y permanente a federarse para construir los estados obreros.

Toda su política de disolución de la III Internacional, por pedido de las potencias capitalistas como parte de los acuerdos de Yalta y Postdam, hicieron posible ese brutal retroceso.

La instauración de dictaduras de partido único que perpetraron masacres y persecuciones, así como la liquidación de todos los opositores y marxistas revolucionarios como León Trotsky, terminaron coronando una política de apoyo y soporte a las multinacionales "desde la izquierda" y una herramienta formidable para darle una sobrevida al sistema capitalista.

El colosal desarrollo de la industria armamentista y destrucción de la naturaleza

Como vimos con las dos guerras mundiales y en la posguerra, el capitalismo destruyó masas inmensas de capital y vidas humanas. Todo este enorme proceso de destrucción de fuerzas productivas dejó el saldo de pobreza, miseria, mortalidad infantil para millones, sumado al deterioro de la naturaleza y la crisis ambiental.

La destrucción de la naturaleza es el producto de la política de los gobiernos imperialistas de violaciones a los tratados internacionales, la contaminación ambiental, la depredación de mares, ríos y recursos naturales, el despilfarro de los recursos no renovables, cuyos efectos como el efecto invernadero o el cambio climático son cada vez más evidentes, más incontrolables y afectan con más fuerza a los pobres y desposeídos.

Según el Programa de las Naciones Unidas para el Desarrollo: *"...Se necesita urgentemente dar una respuesta decisiva al problema del cambio climático. En 2007 las emisiones globales de dióxido de carbono (CO2) volvieron a aumentar, llegando a los 30 mil millones de toneladas métricas, lo cual equivale a un crecimiento del 3,2% respecto al año anterior, y a un incremento del 35% respecto al nivel de 1990... La tasa de deforestación muestra signos de remisión, pero sigue siendo alarmantemente alta y si bien se han logrado algunos éxitos en la conservación... la* **pérdida de biodiversidad** *continúa implacablemente..."* **(32)**

En el análisis del desarrollo que alcanzaron las fuerzas destructivas de la humanidad bajo el capitalismo es indispensable observar la expansión de la industria armamentista. Los gastos militares alcanzaron los US$1,460 millones y la expansión de las ganancias de los consorcios armamentistas de Europa y EEUU, son la prueba más irrefutable de la dependencia cada vez más estrecha del desarrollo y expansión económica, con el desarrollo de la industria bélica.

Las guerras, las bombas atómicas de Hiroshima y Nagasaki, las masacres, la tortura y persecuciones, perpetradas por las dictaduras y los gobiernos totalitarios que defienden el capitalismo o las invasiones como las de Vietnam e Irak, son un recurso cada vez más necesario y evidente para lograr la reactivación de la economía en los países del G7 sobre todo en EE.UU, y a la vez, evitar el riesgo de depresión global.

En EE.UU el desarrollo de las fuerzas destructivas garantizó la reproducción de la economía norteamericana, donde los gatos militares cumplieron un rol decisivo. Como vimos, en los años 1930 los gastos militares les permitieron a EE.UU salir de la recesión y al mismo tiempo emerger como la gran superpotencia capitalista después de la Segunda Guerra Mundial.

Los gastos militares constituyeron una importante contribución al crecimiento de su PBI, haciendo del *Complejo Militar- Industrial* norteamericano un nudo fundamental para el desarrollo de su economía. Entre algunas de ellas, los cinco mayores contratistas de defensa estadounidenses son Lockheed Martin, Boeing Northrop Grumman, Raytheon y General Dynamics, Honeywell, Halliburton y BAE Systems.

Estas empresas van seguidas de miles de empresas de defensa más pequeñas y los subcontratistas. Algunas, como Lockheed Martin en Bethesda (Maryland) y Raytheon en Waltham en Massachussets obtienen cerca del 100 % de su negocio en contratos de defensa.

Otras, como Honeywell en Morristown, Nueva Jersey, tienen importantes divisiones de consumo de mercancías. Los contratistas de defensa de EE.UU. han estado disfrutando de los grandes presupuestos del Pentágono desde marzo de 2003, es decir, desde el inicio de la guerra de Irak y han contabilizado aumentos considerables en los rendimientos totales de los accionistas, que van desde 68% (Northrop Grumman) hasta el 164% (General Dynamics) desde marzo de '03 a septiembre '06.

Los gastos militares financian fundaciones que reciben miles de millones de dólares como por ejemplo, la Bradley Foundation, la John M. Olin Foundation, la Fundación Scaife o la Fundación Coors, que actúan como lobby militar permanente orientando la política exterior estadounidense hacia la guerra.

En ese lote se encuentra el American Enterprise Institute (AEI), la Fundación Heritage, el Instituto de neoconservadores de Washington para la Política del Cercano Oriente, el Centro de Política de Seguridad, el Proyecto para el Nuevo Siglo Americano (PNAC), etc.

Esos centros políticos de lobby de la industria armamentista empujan a las aventuras militares a la US Army amenazando a los pueblos y las garantías democráticas del conjunto de la población mundial. En 1991, tras la caída del Muro de Berlín, el presupuesto de defensa de EE.UU. fue 298,9 mil millones dólares.

En 2006, ese presupuesto había aumentado a 447,4 mil millones dólares, y esto no incluye los $ 100 mil millones de más gastados en las guerras de Irak y Afganistán.

Se estima que los gastos militares estadounidenses, cerca del 48 % del total del gasto militares del mundo en 2005, según cifras oficiales, mientras que EE.UU. representa menos del 5 % de la población mundial y alrededor del 25 % de la producción mundial total.

Los gastos militares de EE.UU se engullen un 21 % del presupuesto federal total estadounidense, en el 2006, $ 2,144.3 millones, equivalente al PBI de varios países juntos. Estos gastos han ido creciendo a lo largo del tiempo involucrando a miles de empresas y millones de personas.

EL FIN DE LAS MULTINACIONALES

De acuerdo a los cálculos de Rodrigue Tremblay en el año 2006 el Departamento de Defensa de los Estados Unidos a 2.143.000 personas, los contratistas privados del sistema de defensa a 3.600.000 trabajadores, en total 5.743.000 puestos de trabajo, a los que hay que agregar unos 25 millones de veteranos de guerra.

En suma, en EE.UU unas 30 millones de personas, cifra equivalente al 20 % de la Población Económicamente Activa, reciben de manera directa e indirecta ingresos provenientes del gasto público militar. **(33)**

Para Moreno: *"...En esta postguerra hemos visto el colosal desarrollo de la industria armamentista, es decir de las fuerzas destructivas de la sociedad, y también un desarrollo de la técnica que ha llevado a un empobrecimiento del hombre, a una crisis de la humanidad, a guerras crecientes y a un comienzo de destrucción de la naturaleza. El actual desarrollo de la economía capitalista... tiene una tendencia creciente a la destrucción del hombre y de la naturaleza..."* **(34)**

El debate sobre el desarrollo de las fuerzas destructivas y la tecnología

En el análisis del proceso de destrucción de fuerzas productivas para no abrumar con datos, no hemos mencionado las brutalidades hechas por el imperialismo en Medio Oriente, sobre todo Palestina, en Africa y otras regiones, sólo hemos mencionado algunos para graficar el concepto.

Pero es importante saber que queremos decir cuando hablamos del desarrollo de las fuerzas destructivas, para lo cual es importante conocer el debate que hubo en el marxismo y la izquierda en la posguerra. En ese período, defensores del capitalismo y algunos marxistas como Ernest Mandel, afirmaban que el desarrollo de las fuerzas productivas, era el elemento predominante en el desarrollo del capitalismo.

Nahuel Moreno refutó esta hipótesis. Según Moreno: *"La inexistencia de una crisis como la del año 1929 en esta postguerra..., el boom económico...durante veinte años (a partir más o menos del año 1950), más...un espectacular desarrollo tecnológico, llevaron al revisionismo a levantar una **nueva concepción económica antimarxista**...que se ha abierto una nueva etapa, la neocapitalista o neoimperialista que se diferencia de la imperialista definida por Lenin como de decadencia total, de crisis crónica de la economía capitalista."* **(35)**

Los gastos militares mundiales, 1988-2008 (gráfico)

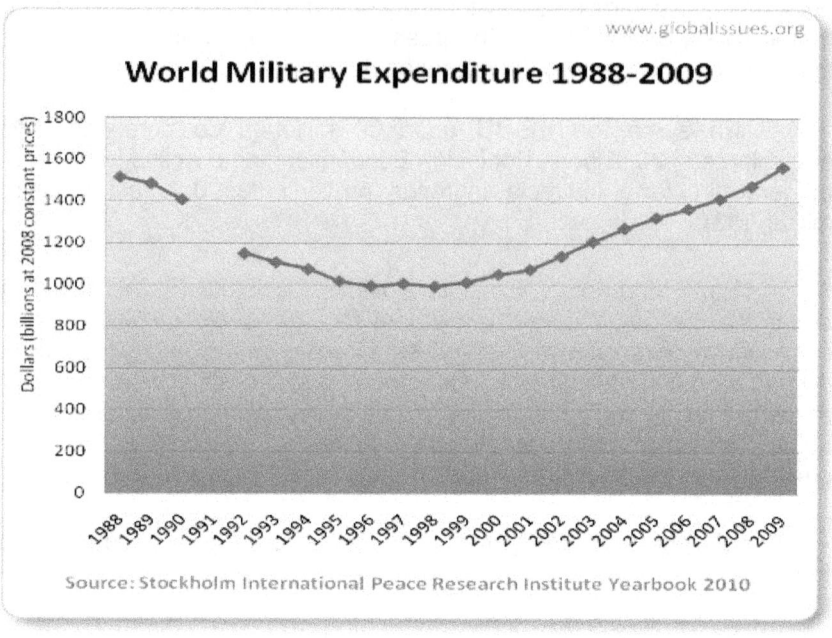

El gráfico muestra los gastos militares mundiales en billones de U$S. Fuente: Instituto de Investigación para la Paz Internacional de Estocolmo (SIPRI). Yearbook 2008

La revolución tecnológica, el "boom" económico, los crecientes niveles de vida de las masas en los países del 1er mundo y algunas regiones, llevó a muchos economistas y sectores de la izquierda formularan la teoría del "neo-imperialismo" con la que sostenían que se estaban desarrollando las fuerzas productivas. Si la teoría del "neo-imperialismo" era cierta, entonces el marxismo estaba equivocado, ya que sostuvo que el capitalismo estaba en la etapa imperialista no tenía como rasgo fundamental el desarrollo de las fuerzas productivas.

¿Era equivocado lo planteado por el marxismo? Para la corriente neo- imperialista la gran revolución tecnológica que se dio en la posguerra era sinónimo de desarrollo de las fuerzas productivas. Moreno explicaba la magnitud de ésta revolución técnica: *"La más grande revolución tecnológica de toda la historia de la humanidad se ha llevado a cabo bajo el dominio del imperialismo...la cibernética, la cohetería, la energía atómica, la petroquímica, los abonos químicos, los descubrimientos científicos en todos los terrenos...se concreta en la más humanidad se ha llevado a cabo bajo el dominio del imperialismo...la cibernética, la cohetería, la energía atómica, la petroquímica, los abonos químicos, los descubrimientos científicos en todos los terrenos...se concreta en la más espectacular de los avances hechos por la humanidad: el comienzo de la conquista del cosmos, del universo..."* **(36)**

Pero para Moreno, el gran desarrollo tecnológico no es sinónimo de desarrollo de fuerzas productivas:*"...la afirmación de que en esta supuesta nueva etapa las fuerzas productivas viven un colosal desarrollo, gracias al enorme progreso tecnológico... es una concepción anticlasista y antihumana...Para los marxistas el desarrollo de las fuerzas productivas es una categoría formada por tres elementos: el hombre, la técnica y la naturaleza...Y la principal fuerza productiva es el hombre; concretamente la clase obrera, el campesinado y todos los trabajadores...el desarrollo técnico no es desarrollo de las fuerzas productivas si no permite el enriquecimiento del hombre y de la naturaleza...La técnica —como también la ciencia y la educación— son fenómenos neutros que se transforman en productivos o destructivos de acuerdo a la utilización clasista que se les dé...y su utilización depende de la clase que las tenga en sus manos."* **(37)**

Moreno planteó que el desarrollo de las fuerzas destructivas se expresó en el crecimiento de la industria armamentista: *"...En esta postguerra hemos visto el colosal desarrollo de la industria armamentista, es decir de las fuerzas destructivas de la sociedad, y también un desarrollo de la técnica que ha llevado a un empobrecimiento del hombre...crisis de la humanidad,...guerras crecientes...comienzo de destrucción de la naturaleza. El actual desarrollo de la economía capitalista... tiene una tendencia creciente a la destrucción del hombre y de la naturaleza..."* **(38)**

En realidad, hubo en la posguerra un relativo desarrollo de las fuerzas productivas, pero en el marco de un inmenso desarrollo de las fuerzas destructivas. Como el proceso de desarrollo de las fuerzas productivas y destructivas se desarrollaba en forma simultánea y contradictoria, no se trataba de saber si existía uno o el otro, se trataba de saber cuál de los dos era el proceso predominante. El estudio del régimen keynesiano y del desarrollo del capitalismo en la posguerra permite verificar que predominó el desarrollo de las fuerzas destructivas.

Con el agotamiento del régimen keynesiano y las multinacionales, se abrió un proceso de transición en el cual se prepararon las condiciones para el paso del régimen keynesiano a otro diametralmente opuesto, la globalización. Y en el régimen de la globalización habrá un paso más en el proceso de centralización de capitales que dio lugar a una forma de acumulación superior: las corporaciones multinacionales.

El fin del régimen keynesiano: Lo que los economistas keynesianos ocultan

El crecimiento logrado por el capitalismo con el régimen keynesiano fue claro, quienes lo defienden y se denominan "keynesianos" intentan demostrar que el capitalismo es capaz de tener un modelo exitoso que permite otorgar conquistas económicas a las masas. Estos mismos economistas ocultan las razones que explican porque en el período entre los años 1945/68 el capitalismo logró el "boom".

Cuando los "keynesianos" como Paul Krugman, Joseph Stiglitz y Nouriel Roubini, afirman que el capitalismo puede recrear el "régimen keynesiano" en la actualidad y reclaman a viva voz estímulos económicos, obra pública, impuestos a las ganancias, y afirman que con esas medidas se puede salir de la grave crisis abierta en el 2007, simplemente mienten.

Ocultan que el régimen inspirado por Lord Keynes fue posible porque previamente se destruyeron ciudades, puentes, vías, condados, municipios y fábricas. El régimen keynesiano tuvo como condición previa a su desarrollo, la destrucción de miles de edificios, de depósitos y de transportes. Y los más importante, se destruyeron millones de vidas humanas, en los campos de batalla, en los campos de concentración y con las bombas atómicas. Con la guerra, el capitalismo confirmó su decadencia, su crueldad y capacidad de infligir graves padecimientos para las masas.

Con la 1era y 2da guerra mundial, el imperialismo superó la crisis mediante el colosal desarrollo de las fuerzas destructivas y el clásico mecanismo que Marx llamó quema o aniquilación de capital. La destrucción de fuerzas productivas que precedió al régimen keynesiano, fue un formidable negocio para las grandes empresas y un colosal salto en el desarrollo de las fuerzas destructivas con su más alta expresión, la industria de guerra.

A partir del estallido de la crisis de la economía mundial, millones de personas en el mundo, y movimientos como "Occupy Wall Street", el 15- O y los indignados del mundo se pronuncian en contra las multinacionales. Muchos keynesianos se acercan a los movimientos y se solidarizan con ellos. ¿Están los keynesianos a favor o en contra de las multinacionales? Cuando Krugman, Roubini, Stiglitz u otros keynesianos comienzan los cantos de sirena contra las multinacionales, conviene hacerles una simple pregunta: ¿Cómo surgieron las multinacionales? La respuesta es simple: **del régimen keynesiano.**

Quizá muchos crean en quienes reivindican el régimen keynesiano como una forma de funcionamiento del capitalismo mundial. Quizá crean cuando les digan que permitió un relativo desarrollo de las fuerzas productivas, altas tasas de crecimiento y represión del capital financiero. Esas décadas del "boom" parecían contradecir las tesis marxista acerca de que la economía capitalista estaba en la época imperialista, de decadencia y dominio del capital financiero.

Sin embargo, el estudio del régimen keynesiano confirma la decadencia del capitalismo, porque demuestra que merced a él surgieron las multinacionales, una forma de acumulación y concentración de capital muy superior a sus predecesoras, los monopolios.

El keynesiano fue un régimen económico que no necesitó por un corto período al capital financiero, porque surgió y se desarrolló merced a las inversiones de EE.UU en Europa. Es decir, contó con un inversor de primer nivel: el estado imperialista de EE.UU. Multinacionales y keynesianismo, son elementos complementarios, una es la forma de acumulación del régimen keynesiano, el otro es el régimen de acumulación de las multinacionales. Las críticas de los keynesianos a las multinacionales son hipócritas y una negación de la historia del capitalismo, no de la historia antigua, sino de su historia moderna.

Las multinacionales elevaron la crisis del capitalismo a tal nivel, que para resolverla los capitalistas se vieron compelidos a lanzar sobre las masas ofensivas cada vez más brutales. Así lo explicó Nahuel Moreno: *"Sólo **logrando un aumento permanente, prácticamente ilimitado de la explotación** podrá el imperialismo superar la próxima o próximas crisis coyunturales y la crisis crónica, ya **que el aumento del capital es incesante y vertiginoso**.* (39)

Las contradicciones del régimen keynesiano que evolucionaron agravándose fueron preparando las condiciones para el final del "boom", y la transición a un nuevo régimen económico mundial, diametralmente opuesto al keynesiano: la globalización. Lo que se desarrolló de aquí en más fue una difícil, traumática y convulsiva fase de transición del régimen keynesiano a la globalización, en la cual las modernas multinacionales y los gobiernos del G7, avanzaron en modificar la estructura de la economía mundial, para intentar resolver las contradicciones y crisis del capitalismo. Este régimen económico y su compleja estructura es motivo de análisis en el siguiente capítulo.

DANIEL CAMPOS

Notas

(1), **(2)** y **(3)** John Kenneth Galbraith "El Gran Crack" 1954

(4), **(5)**, **(6)** y **(7)** Lenin. El Imperialismo, fase superior del capitalismo. (1916)

(8) y **(9)** João Henrique Galvão (PSTU), Brasil "El significado histórico de la crisis del 29" (subrayados nuestros)

(10) João Henrique Galvão (PSTU), Brasil "El significado histórico de la crisis del 29" (subrayados nuestros)

(11) León Trotsky. Europa y América. Los dos polos del movimiento obrero y el tipo acabado del reformismo. 1926 Los nuevos papeles de América y de Europa

(12) León Trotsky. El fascismo y el New Deal. El Marxismo y nuestra época.

(13) Antony C. Sutton "Wall Street y el ascenso de Hitler."

(14) Toby Rogers. The Guardian septiembre de 2004

(15) Nahuel Moreno. Actualización del Programa de Transición. (1980) Tesis VII "Treinta años de grandes triunfos revolucionarios"

(16) Long wawes, institutional changes, and historical trends. Minqi Li, Feng Xia, Andong Zhu. *Tsinghua University, Beijing, China*

(17) Peter Dicken "La empresas multinacionales, los estados nacion" fuente http://www.globalizacion.or/desarrollo

(18) Reportaje a Noam Chomsky, http://www.ecaminos.org/leer.php/4920 subrayados nuestros)

(19) Nahuel Moreno. Escuela de cuadros Economía 1984.

(20) Nahuel Moreno. Escuela de cuadros Economía 1984.

(21), (22) y (23) Nahuel Moreno. Tesis sobre la Situación Mundial. (Proyecto del Secretariado Internacional de la LIT, 20 de octubre de 1984). I. La crisis crónica de la economía mundial

(24) y **(25)** Robert Brenner "Turbulencia en la economia mundial" Cap III El comienzo de la crisis y Cap II El largo repunte

(26) Nahuel Moreno. Actualización del Programa de Transición. Tesis VII. Treinta años de grandes triunfos revolucionarios

(27) Nahuel Moreno. Tesis sobre la situación mundial- Secretariado internacional de la LIT- CI, 20/10/84

(28), **(29)**, **(30)** y **(31)** Martín Hernández. "La restauración no mostró la superioridad del capitalismo". Marxismo Vivo 16- 2007

(32) USAID Population Reference Bureau. Cuadro de datos de la población mundial 2009.

(33) Rodrigue Tremblay, "The Five Pillars of the U.S. Military-Industrial Complex", September 25, 2006

(34), **(35)**, **(36)**, **(37)** y **(38)** Nahuel Moreno. Actualización del Programa de Transición. (1980) Tesis XIV

(39) Nahuel Moreno. Tesis sobre la situación mundial- Secretariado internacional de la LIT- CI, 20/10/84

El Fin de las Multinacionales

Una explicación marxista a la crisis mundial de la economía capitalista

CAPITULO IV: Globalización

CAPÍTULO IV   Globalización

"Para el poseedor del capital dinero, el proceso de producción se le aparece meramente como un vínculo intermedio inevitable, como un mal necesario para efectos de ganar dinero. Todas las naciones con un modo capitalista de producción son por lo tanto atenazadas periódicamente por un intento afiebrado de ganar dinero sin la intervención del proceso de producción."

Karl Marx, El Capital, Vol II (Citado por el Financial Times en octubre 2008)

Tras el fin del régimen keynesiano y a partir de los gobiernos de Thatcher y Reagan, **(1)** comenzó un período del capitalismo en el cual se consolidó y desigual y combinadamente un nuevo régimen de acumulación, denominado "neoliberalismo", "globalización", o "Nueva Economía" y que llamaremos globalización, su nombre más conocido. En este capítulo analizamos éste régimen económico y las nuevas formas de acumulación predominantes que surgieron con él, las corporaciones multinacionales que emergieron entre los años '80, hasta el 2002/05 en que comenzaron un proceso de agotamiento.

La globalización es un régimen de acumulación diametralmente opuesto al keynesiano. Si en el régimen keynesiano hubo relativas concesiones económicas a las masas, la globalización significó una violenta contraofensiva económica, política y militar contra las masas del mundo entero, para imponer bajos salarios, desregulación, privatizaciones y el desmantelamiento de conquistas obreras y populares, a la vez que una recolonización de los países atrasados por las potencias capitalistas.

La globalización fue producto de un grave proceso de destrucción de fuerzas productivas desarrollado en la posguerra en los países del Tercer Mundo que preparó las condiciones para pasar de una centralización de capitales inferior, las multinacionales, a una superior, las corporaciones multinacionales. En todo este período, junto al proceso de concentración de capitales se desarrolló la tendencia a la concentración de las masas empobrecidas y el proletariado mundial, lo que se expresó en el surgimiento de las megalópolis que analizamos detalladamente en el capítulo final de este libro.

En la globalización no hubo "boom" sostenido de la economía por varias décadas como en el régimen keynesiano. Hubo alternancia de períodos de crecimiento y retroceso económico. La década de los '90 fue de un gran crecimiento, aunque se produjo en el marco de una tendencia general decreciente y graves turbulencias, desajustes y desequilibrios de la economía que fueron el producto de un crecimiento espectacular del capital financiero y parasitario. El desarrollo de este tipo de capital agravó al paroxismo todas las contradicciones del capitalismo.

En el "boom" la economía creció a una tasa anual promedio del 4,9 % entre 1950 y 1973. Entre 1974 y 1979 esa tasa bajó al 3,4 %, en los '80 bajó al 3,3 % y en los '90 bajó al 2,3 %. Comparando el período '73-'79 con el período '79- '90 el crecimiento en la industria cayó 33% en el G7. Comparando el período '79 -'90, con el período '90- '96 el PBI de EE.UU cayó 25% y el del G7 cayó 45 %. En la década del '90 el PBI creció a una tasa del 3,01% por debajo del 4%, de las décadas '50 y '60, del 3,26% del '70 y del 3,02% de los '80. **(2)**

En cuanto a crecimiento de la productividad, entre '91 y 2001, la tasa creció al 1,81% anual, mejor que el 1,38 de la década de los '80, pero debajo del 1,94% de los '70 y muy lejos del 2,84 de los '60 y los 2,80 de los '50." **(3)** La tasa de ganancia en EE.UU para Dumènil y Levy en 1997 fue la mitad de su valor en 1948, y entre 60 y 75% de su valor para 1956-65. **(4)** Vista de conjunto, esta tendencia general muestra que **la globalización es un régimen que expresa la profundización de la decadencia general del capitalismo**

El comienzo de la globalización: la violenta ofensiva explotadora en los '80

Nahuel Moreno afirmó: *"El imperialismo de EE.UU ha logrado superar su última crisis. Desde 1982 su producción aumentó. Esto lo consiguió* **supe explotando a todos los países y trabajadores del mundo, incluidos los norteamericanos, en un grado nunca visto en las últimas décadas**... *Los marxistas que creen que el imperialismo de EE.UU superó su crisis mediante el endeudamiento colosal de la administración Reagan ven solamente el aspecto exterior de los fenómenos. En realidad, Reagan consiguió los préstamos y capitales que necesitaba porque* **aumentó en forma impresionante en los últimos años la explotación** *de los trabajadores de todo el mundo. Así* *hizo subir la tasa de ganancia- reflejada en la tasa de interés- y ello atrajo a los capitales"* **(5)**

Los '80 son una década de ataques violentos contra la clase trabajadora. Entre 1973 y 1990, en EE.UU los trabajadores perdieron el 12 % de su salario real por hora en el sector privado y el 14% en la industria manufacturera. En contraste, en el período 1890/1973 previo a la globalización, la tasa de crecimiento anual del salario real por hora fue del 2 % y no hubo ninguna década, en que fue menos del 1,2 %, pero en la globalización esos índices por primera vez en 80 años pasaron a ser negativos.

También hubo succión de riqueza a los países atrasados con el mecanismo de la deuda externa, por el cual se transfirieron millones a las arcas de las multinacionales. La ofensiva económica fue acompañada de una contraofensiva política y militar contra los procesos revolucionarios, como la guerrilla "contra" en Nicaragua o el IDE (Iniciativa de Defensa Estratégica) un escudo de misiles en Europa apuntando al Kremlin. A pesar de los roces y contradicciones entre la URSS y EE.UU, la contraofensiva anti obrera mundial fue encabezada por los gobiernos de Ronald Reagan en EE.UU y Margaret Thatcher en el Reino Unido, pero acompañada por los gobiernos de la URSS, los países de Este de Europa y China, producto de que Gorbachov y Deng Xiao Ping avanzaron también en una dura ofensiva anti obrera.

La "Perestroika", el plan de Gorbachov abrió la economía a la instalación de multinacionales y avanzó en el desmantelamiento de las conquistas sociales obtenidas en esos países mediante las revoluciones que habían expropiado al capitalismo. Ni Reagan, ni Thatcher, ni Nakasone, ni Gorbachov lograron derrotas políticas históricas, ni definitivas, sobre las masas, pero llevaron adelante golpes, maniobras y avances sobre las conquistas económicas obreras, que provocó un enorme avance de las desigualdades sociales.

El capitalismo logró un gran crecimiento económico en los '90. Pero aún en esas fases en que hubo crecimiento, los índices que se obtuvieron fueron menores a los años del "boom" y nunca alcanzaron los niveles del régimen keynesiano. Para Brenner *"Las tasas registradas durante el ciclo económico de las décadas de los setenta y ochenta...estuvieron... por debajo de las de la larga expansión de posguerra...durante la década de los noventa el comportamiento del conjunto de las economías capitalistas avanzadas (G7)...no fue mejor que la de la década de los ochenta, que a su vez fue peor que la década anterior y muy inferior al de las décadas de los cincuenta y los sesenta."* **(6)**

En la globalización cambió el polo de acumulación, las viejas industrias que fueron el polo en el régimen keynesiano fueron desplazadas, y se constituyó un nuevo polo de acumulación alrededor de la industria de las telecomunicaciones, la informática, la bio- genética y farmacéutica. Si **el automóvil fue la mercancía base del régimen keynesiano, la computadora lo fue de la globalización.**

Así lo señaló Moreno:*"...Todas las viejas industrias y monopolios dominantes estás siendo desplazados. El automotor, el acero, el carbón, la aviación, las industrias domésticas están en una crisis sin salida... estoy de acuerdo...en señalar que el sistema keynesiano ya no marcha...Hay varias nuevas ramas a las que se juegan las esperanzas del capitalismo: la informática, la espacial, la ingeniería genética, la automatización. Algunos dicen que todos los problemas se van a arreglar a partir de 1990 cuando estas ramas empiecen a producir en cantidades inmensas para un mercado ávido."*
(7)

Los cambios en el comercio con la globalización

En relación al comercio se produjeron cambios importantes respecto del régimen keynesiano, que alcanzaron su punto cumbre cuando en 1995 se creó la Organización Mundial de Comercio (OMC). Esto implicó un conjunto de regulaciones que favorecieron a las corporaciones multinacionales como la propiedad intelectual, las patentes sobre los avances tecnológicos, el pago de royalties y regalías, el establecimiento de subsidios y facilidades de asentamiento a las corporaciones en países, regiones, municipios y estados donde se encontraron libres de impuestos, con normas laborales más favorables para la búsqueda de ganancias.

La configuración del comercio mundial estuvo al servicio de garantizarle a las corporaciones multinacionales áreas geográficas y regiones en la cuales pudieran dominar el intercambio a su antojo. Así, avanzaron en la consolidación de sus ganancias, eliminando la competencia, colonizando las economías de los países atrasados y favoreciendo la manipulación de los precios, merced al monopolio de las ramas productivas que ejercieron en las áreas de libre comercio. La OMC permitió aprovechar los servicios de educación y salud, puestos al servicio de las grandes empresas.

Un cambio de carácter histórico es que tras siglos en que el océano Atlántico fue centro del comercio mundial, el desarrollo del eje de acumulación del sudeste- asiático, apoyado en la economía de Japón, el surgimiento de los tigres y el "boom" de China, provocó que a partir de mediados de los '90, el centro del comercio mundial comenzara a pasar del Océano Atlántico al océano Pacífico.

Otro de los cambios más importantes en el comercio mundial en la globalización es que se desarrolló desde los '70 un aumento incesante de los precios y un proceso permanente de inflación mundial, que afectó a las materias primas y el petróleo, lo que trajo aparejado el aumento de los alimentos, la carestía de la vida y el creciente despojo a los salarios de los trabajadores, además de peores condiciones de vida para la gran mayoría de la población mundial. El crecimiento de la inflación fue muy importante en los '70, menor en los '80 y luego al alza en los '90 y primera década del siglo XXI.

La inflación es un elemento de doble aspecto, en primer lugar, un claro síntoma de la grave crisis que arrastra el capitalismo desde las dos guerras mundiales y que tanto el "boom" de posguerra, como las formas monopólicas superiores de acumulación como las multinacionales no hicieron más que agudizar. Pero por otro lado, es una herramienta formidable del estado capitalista para bajar los salarios y facilitar el proceso de explotación mundial que beneficia a las corporaciones multinacionales. Vamos a analizar esta cuestión.

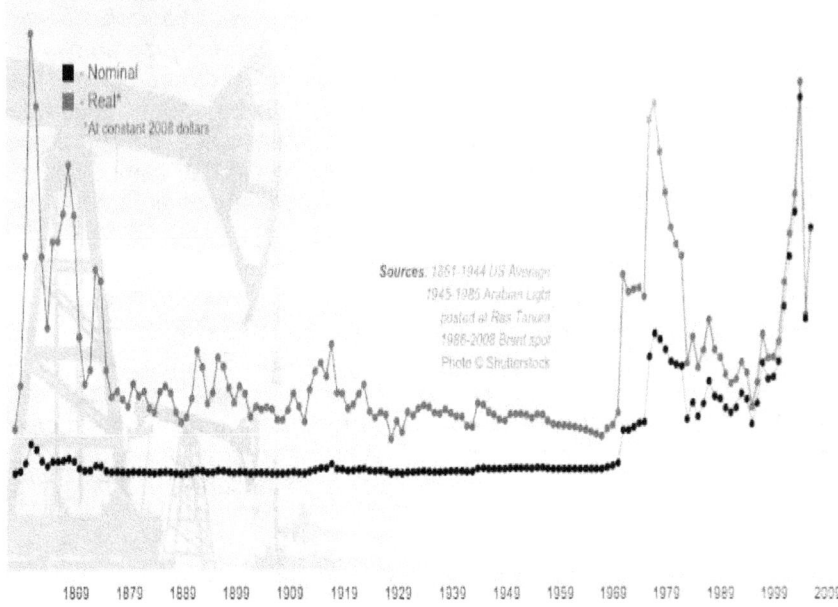

El cuadro muestra la evolución de los precios del petróleo en el período 1860- 2009. Los precios permanecen relativamente estables, hasta los Acuerdos Smithsonianos. De ahí en más, la tendencia al aumento es permanente. Fuente: Forbes

En la globalización existen enormes masas de capitales que comenzaron a volcarse masivamente a la especulación financiera con activos como el petróleo, los alimentos, las monedas, las empresas, etc, lo que provocó una tendencia a la suba de los precios sistemático y permanente que arrasó con el nivel de vida de la mayoría de la población mundial. De estas inmensas masas de capital, los bancos extrajeron en pequeña escala porciones para brindar créditos a tasas usurarias a los trabajadores y sectores populares.

Pero esas masas de capital son, sobre todo, la base de los enormes créditos que permiten a los grandes empresarios desarrollar toda clase de maniobras especulativas. ¿Cómo se conformaron esas masas de capital? Están constituidas por reservas, en metales, dólares, títulos y otras monedas, resultantes de los excedentes comerciales, de la industria, de los países proveedores petróleo, gas, productos mineros y agroindustriales, **y surgen de la explotación de los trabajadores y pueblos del mundo entero.**

Así lo explicó Nahuel Moreno: *"Es totalmente equivocada la explicación que dan algunos marxistas según la cual la economía imperialista supera sus crisis con sólo crear poder de compra a través de los créditos. Si así fuera, el capitalismo se desarrollaría sin dificultades, ni crisis, creando poder de compra con los préstamos. En realidad* ***el capital que se presta sale de la explotación de los trabajadores y del saqueo de otros países"*** (8) La enorme masa de capital constituida en la globalización, es plusvalía, o sea, sobre trabajo no remunerado de los millones de trabajadores del campo y las ciudades que constituyen las masas laboriosas del mundo entero.

El fenómeno que el marxismo define como "plusvalía", es un trabajo, y por lo tanto un valor que está en las mercancías que se negocian en el comercio mundial, pero que los empresarios no pagan por él, se lo ahorran y les retorna como ganancia. Esta plusvalía es la fuente inagotable de capital que contribuye a establecer la "liquidez mundial". Para Marx: *"En los hechos* ***la ganancia es la forma en la cual se manifiesta el plusvalor...En el plusvalor queda al descubierto la relación entre capital y trabajo***...*es decir entre el capital y el plusvalor tal como éste aparece"* (9)

En la composición de este liquidez mundial no sólo hay plusvalía que proviene de la explotación directa de millones de trabajadores, también hay succión de plusvalía indirecta mediante el mecanismo de la deuda externa y el intercambio desigual del comercio mundial de los países atrasados, para Moreno: *" El imperialismo saquea a los países atrasados, sometiéndolos a un **intercambio cada vez más desigual**,* *extrayendo directamente **grandes masas de plusvalía de las inversiones de los monopolios que se remiten a sus casas matrices** y a través del mecanismo de la deuda externa"* **(10)**

En la globalización, la ofensiva explotadora combinó mecanismos de explotación directa que permitieron obtener lo que el marxismo denomina plusvalía absoluta y mecanismos de explotación indirecta, que permiten obtener la llamada plusvalía relativa.

Los diversos mecanismos de explotación directa son la extensión del tiempo de trabajo y de la jornada laboral, la intensificación de los ritmos de trabajo, o las "tiendas del sudor", en el sudeste asiático, la extensión de horas extras, las migraciones de las corporaciones multinacionales de zonas de menor presencia sindical como el sudeste asiático y China, el ataque a los convenios y conquistas laborales, la explotación de los trabajadores inmigrantes, la proletarización de masas de campesinos, etc.

Todos estos mecanismos que permiten la extracción de plusvalía absoluta, son los que se generalizaron en la década de los `80 con los gobiernos de Reagan y Thatcher. Son de explotación directa porque tienden a aumentar la cantidad y productividad con el objetivo de aumentar el trabajo excedente, que los patrones no pagan.

Así define Moreno la plusvalía absoluta: *"... Marx dice que plusvalía absoluta es todo lo que supera el valor necesario de la fuerza de trabajo... Todo lo que supere cuatro horas es plusvalía absoluta y esa es la base del capitalismo que es trabajar más de lo que necesitan los obreros...."* **(11)**

La inflación es también un mecanismo de explotación, sólo que indirecto. Permite obtener la denominada "plusvalía relativa" y es de gran efectividad para bajar en forma indirecta el salario de los trabajadores y permitirle a las grandes empresas obtener mayores márgenes de ganancia.

Analizando la inflación, Moreno la considera un elemento esencial para la extracción de plusvalía relativa: ***"Que es la inflación***... *Hay que detenerse porque es el fenómeno de los fenómenos, en una enormidad de países... **la inflación es (plusvalía) relativa**... han surgido formas más sofisticadas de explotación como ésta.... La inflación es una baja permanente del salario y **de aumento de la cuota de plusvalía, para mí, relativa"* **(12)**

Combinando mecanismos de explotación directa e indirecta y logrando plusvalía absoluta y relativa, se estructuró una enorme masa de capital que se volcó masivamente a la especulación financiera. Esta es la razón estructural, profunda, por la cual fue desarrollándose en la globalización una tendencia a la suba de los precios, sistemática y permanente que afectó en forma creciente el nivel de vida de la mayoría de la población mundial.

El rol de la Reserva Federal de los EE.UU

Pero además, la inflación es el resultado de medidas económicas que impulsaron los estados del G7, para consolidar el dominio de las multinacionales sobre el conjunto de la economía mundial y las medidas que tomaron los gobiernos de las potencias capitalistas para promover la especulación con todo tipo de activos y mercancías.

En el logro de esta manipulación de los precios en el comercio mundial y el intercambio, un rol fundamental lo cumplen los bancos centrales y sobre todo, la Reserva Federal de los EE.UU, que, como veremos, nos permite corroborar que el aumento incesante de los precios y de la inflación, son una política alimentada e impulsada desde las más altas instituciones financieras de la economía mundial.

Veamos el rol que cumple la Reserva Federal de los EE.UU, conocida como la "Fed". Fundada el 23 de diciembre de 1913, todos los bancos de EE.UU están, por ley, asociados a la Fed tanto los estatales, como también los privados y la Banca de Inversión, por lo que la Fed funciona como un consorcio de propiedad mixta que combina entidades públicas y privadas.

La Fed tiene como funciones emitir dólares, fijar las tasas de interés, prestarle dinero al Estado y regular y controlar el mercado financiero, mediante operaciones llamadas de "mercado abierto".

La estructura de la Fed se compone de una Junta de Gobernadores, el Comité Federal de Mercado Abierto, 12 filiales regionales, y la red de bancos privados miembros. Dado que los 100 bancos más poderosos de EEUU se encuentran en Nueva York, esta filial es, de hecho, la cabeza de la Fed.

La Junta de gobernadores constituye una agencia independiente, y expresa, a las corporaciones multinacionales, sobre todo la Fed neoyorquina. Sus decisiones no necesariamente tienen que ser aprobadas por el Presidente o por alguna persona de la rama ejecutiva o legislativa del gobierno.

EL FIN DE LAS MULTINACIONALES

Los integrantes de la Junta y su presidente, que es el titular de la Reserva Federal son designados por el Presidente de EEUU y confirmados por el Senado. El presidente de la Fed, es designado por el presidente de los EE.UU y así fue como el actual presidente Ben Bernanke, fue designado por George Bush con el acuerdo de los jefes de los Bancos de Inversión. (13)

Hasta la creación de la Fed, no existía una tendencia sostenida a la suba en el nivel general de precios. La inflación tenía lugar durante las guerras o las catástrofes, pero los precios luego decrecían gradualmente a sus niveles anteriores. Desde la fundación de la Fed, se ha establecido una tendencia continua y constante de aumento de precios, provocado precisamente porque la Fed es la única institución que tiene la potestad de imprimir los dólares que circulan por el mundo entero.

Así es como la Fed regula el precio del dinero, es la entidad que tienen en sus manos el control y la capacidad de manipular el precio del dólar, emitiendo billetes o dejando de emitir, especulando con los pagos de intereses sobre la tenencia de títulos gubernamentales, o adquiriéndolos.

Cuando la Fed compra títulos públicos hace circular masas de dólares cuyo precio se abarata, lo cual provoca la baja de las tasa de interés. Cuando vende títulos públicos la Fed absorbe dinero, seca las plazas de efectivo o liquidez, con lo cual encarece el precio del dólar y eleva las tasas de interés.

En ambos casos, se trata de maniobras especulativas para manipular el precio del dólar, que pueden o no tener relación real con el respaldo oro o la marcha de la economía, pero que actúan influyendo decisivamente sobre los precios de todas las mercancías, y convierte al dólar en la más importante de todas.

La Fed es, en realidad, el Banco Central del mundo y con su presupuesto discrecional, su propia fuerza aérea de decenas de jets y aviones de carga, flotillas de vehículos, y salarios gerenciales de varios cientos de miles de dólares anuales.

De este modo, actúa impactando con sus decisiones, tomadas en consonancia con el más alto nivel del gobierno en Washington, y los jefes de las corporaciones multinacionales, determinando profundamente los precios y el desarrollo de la economía mundial.

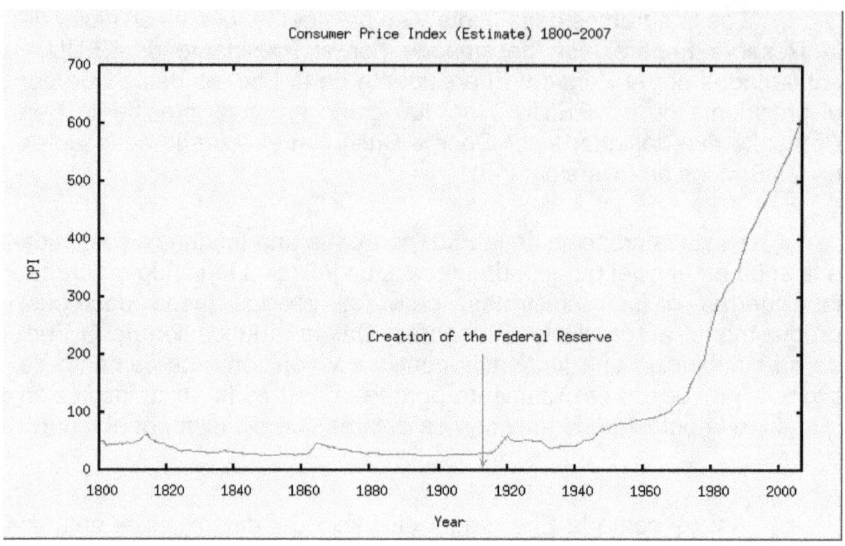

El índice de precios al consumidor desde el año 1800 al 2000 en EE.UU. La inflación y el aumento de los precios pegan un salto desde la creación de la Reserva Federal de los EE.UU, otro tras la consolidación de las multinacionales a mediados de los '40 y escala al infinito desde los '80 con el régimen de la globalización. Fuente: Wealthmotor

El origen de la especulación desenfrenada encuentra su explicación en este rol de la Fed y quien pueda suponer que el surgimiento de fondos de inversión y paneles especulativos de cada vez mayor magnitud y el crecimiento de los mercados especulativos informales sean una construcción al margen de la Fed y los Bancos Centrales de los países del G7, sólo tienen una visión ingenua de la economía mundial.

Toda la especulación financiera mundial, la titulación y el capital de riesgo son impulsados y estimulado permanentemente por la Fed, el Bundesbank, el Banco de Inglaterra y la bancos centrales de los países del G7. **Esta actuación de los bancos centrales es la expresión de la política de los estados del G7 y las clases dominantes**, que persiguen los mecanismos que faciliten la explotación de los trabajadores y las ganancias de las corporaciones multinacionales.

Para Moreno: *"...La intervención más importante del Estado es lograrle arrancar una mayor masa de plusvalía a los países semi-coloniales y al proletariado. También lo otro: organizar a la burguesía, tratar de evitar la anarquía más grande, pero eso es imposible, porque las transnacionales siguen peleando. Es decir, es ahí un rol de árbitro.* ***Pero el verdadero rol del Estado es garantizar en política exterior, la*** *explotación de los pueblos coloniales, la defensa de las transnacionales...el rol del estado es fundamental, decisivo... esencialmente para aumentar la tasa de plusvalía "*(14)

La especulación desenfrenada provoca una verdadera tragedia entre las masas y los trabajadores del mundo, porque los mercados especulan con todos las mercancías y activos existentes, las monedas, el petróleo, los alimentos, los artículos domésticos, la energía, etc, lo cual supone un brutal ataque a las condiciones de vida de millones que cada vez tienen mayores dificultades para adquirir estas mercancías. Pero la especulación está impulsada y sostenida por los propios bancos centrales, que apadrinan a los fondos y bancos de inversión.

Los déficits "gemelos" sostienen la economía mundial

La intervención de la Fed es la expresión de la intervención creciente del Estado de EE.UU en la economía mundial que lo llevó a imponer su hegemonía. Producto de esta intervención el déficit fiscal de EE.UU, fue creciendo en forma geométrica, hasta las cifras astronómicas de hoy.

En 1940 el déficit fiscal de EE.UU era de 50.696 millones U$S, hoy supera los 13.786.615 millones U$S. Para Moreno: *"La sobre acumulación de capital provoca que una gran masa de éste no se vuelque a la producción, y se transforme en capital ficticio, usurario, de préstamo... Un **ejemplo espectacular es el déficit fiscal de los Estados Unidos**".* (15)

El déficit fiscal se suma al déficit comercial, lo que se ha dado en llamar entre los economistas los "déficits gemelos", ¿Qué rol juegan los déficits gemelos en el desarrollo del capitalismo? A lo largo de las décadas, una buena parte de la discusión entre economistas se concentró en el significado de ambos déficits y sus implicancias en la configuración global de la economía.

La evolución de los "déficits gemelos", expresa que el grueso del comercio mundial es sostenido por los EE.UU, **que importa un alto porcentaje de los productos que se fabrican en el mundo.** Los productos provienen de las mismas multinacionales de EE.UU localizadas en países atrasados, que explotan mano de obra barata.

Para Alejandro Iturbe: *"La economía estadounidense de los últimos años se ha ido construyendo sobre los llamados "déficits gemelos" de la balanza de comercio exterior y del presupuesto estatal. **El déficit comercial es el resultado del gran aumento del volumen de importaciones de productos industriales de consumo**... Casi un* *tercio de ese déficit se produce en el intercambio con China".* **(16)** EE.UU absorbe gran parte de la producción industrial mundial y así sostiene a las corporaciones. Los déficits gemelos trabajan de este modo complementariamente, alcanzando las cifras diarias más altas de la historia.

Para Iturbe: *"El déficit fiscal es el resultado combinado de varios factores: la reducción de impuestos a las grandes empresas; el aumento del gasto en el sector militar (incluidas las guerras en Irak y Afganistán), y, como ya hemos visto,* **la financiación de la especulación a través de la deuda pública...** *De esa forma, se pasó de un superávit anual de 128.000 millones de dólares, en 2001, herencia de la era Clinton, a un déficit de alrededor de 337.000 millones, en 2006 (237.000 millones del "balance operativo" y cerca de 100.000 millones adicionales para las guerras)"*

"...La suma de ambos déficits significaba que, en 2007, para funcionar normalmente y no paralizarse, la economía estadounidense necesitaba ingresos desde el exterior por un promedio de 3.000 millones de dólares diarios, *a través de la venta de bonos del tesoro, préstamos, inversiones directas, remesas de ganancias, royalties de las empresas en el exterior, etc".* **(17)**

El mejor ejemplo del carácter complementario de los déficits gemelos es China. China exporta gran parte de su producción a EE.UU, lo cual produce un déficit comercial entre ambos países a favor de China. Pero así es como las multinacionales de EE.UU y el G7, instaladas en China, hacen pingues ganancias, primero obteniendo mano de obra barata y luego, asegurándose la colocación de sus productos en el mercado de EE.UU. El déficit comercial con China es compensado porque el gobierno del PC Chino invierte su superávit en bonos del Tesoro de EE.UU.

Eso permite que gran parte de los capitales que "salen" de EE.UU para invertir en China, "vuelvan" para otorgar fondos al Tesoro de EE.UU. Para Iturbe: *"...es muy interesante analizar cómo ha venido funcionando, en los últimos años, el tándem EE.UU.-China.* **La burguesía estadounidense realizó gigantescas inversiones en China, país que vende sus productos industriales a todo el mundo (especialmente al propio EE.UU.). Por otro lado, gran parte de las ganancias obtenidas vuelven a EE.UU, principalmente para comprar bonos del Tesoro estadounidense.** *De esta forma, se financia una parte del déficit estatal y se realimenta el circuito".* **(18)**

El mismo mecanismo es implementado por EE.UU en el resto de las regiones del mundo para financiar a sus multinacionales, como lo explica Iturbe: *"Es decir, a través de distintos mecanismos, la economía estadounidense actúa como una "aspiradora" de toda una parte de la plusvalía extraída en otras regiones del mundo.* **(19)** Si ambos déficits el comercial y el fiscal se complementan, cabe preguntarse: ¿Que rol cumplen en la configuración del comercio y el desarrollo de la economía mundial?

Un sector de analistas económicos señalan al déficit de los EE.UU como uno de los elementos de mayor crisis de la economía mundial. ¿El déficit de EE.UU es un elemento de crisis o de estabilidad? Así lo explicaba Moreno: *"… Tengo dudas sobre el significado del déficit fiscal norteamericano. En vez de ser un elemento de crisis ¿No será el elemento de estabilidad más fuerte?… Tengo miedo de que la interpretación del déficit como síntoma grave de crisis sea un razonamiento marxista vulgar. El déficit comercial fue la base la base del dominio del imperialismo inglés, que durante décadas y décadas mantuvo déficits inmensos…"* **(20)**

"La razón, que ha sido estudiada hasta la saciedad por el marxismo, es que el déficit le permitía explotar mas que nunca… Sus buques eran los que transportaban las mercancías, sus compañías eran las que aseguraban, sus empresas invertidas en casi todos los países del mundo, sus ferrocarriles, sus empréstitos, llenaban sus arcas de libras esterlinas que compensaban con creces su déficit comercial… Puedo estar equivocado, pero tengo la impresión de que la economía mundial aún no ha explotado gracias al déficit norteamericano" **(21)**

Tal cual planteara Moreno, es precisamente el déficit de los EE.UU y el carácter complementario de los déficits gemelos, lo que sostiene la economía de la mayoría de los países del mundo, el comercio mundial, las multinacionales, y en última instancia, al capitalismo.

Quienes ven en el déficit de EE.UU una señal de crisis, no hacen más que desconocer los datos de la realidad, que al respecto son contundentes. Justamente, el año en que el déficit de los EE.UU fue el más alto en relación a su PBI, fue el año 1946, el año que EE.UU se lanzó a la conquista del mundo.

Ese año la deuda de EE.UU, alcanzó el 108,6 % de su PBI, y precisamente eso le permitió lanzarse a la conquista de la economía mundial, y a la consolidación de sus monopolios como las modernas multinacionales dominantes. Para Daniel Munevar: *"…el incremento proyectado en la deuda pública durante la próxima década es un evento sin precedentes en el periodo de posguerra tanto en términos de velocidad de acumulación de deuda como en cuantías totales. Aún así, los niveles de endeudamiento esperados a finales de esta década están lejos, en términos relativos, del pico alcanzado en 1946 de 108.6% del PIB. Es de resaltar entonces que esta situación* **no represento un obstáculo significativo para el establecimiento de la hegemonía política, económica y militar de los Estados Unidos en occidente."** (22)

Surgen las corporaciones multinacionales

En el régimen de la globalización se consolidó una nueva Forma de Acumulación, las corporaciones multinacionales. Éstas constituyen un proceso de centralización y acumulación de capitales superior a las modernas multinacionales de posguerra.

Todo el proceso de destrucción de fuerzas productivas en la posguerra preparó las condiciones para pasar de una centralización de capitales inferior, las multinacionales, a otra superior, las corporaciones multinacionales, que superan y a la vez contienen a las modernas multinacionales.

Las corporaciones multinacionales son **empresas que dominan a la vez varias ramas del comercio, industria y finanzas a nivel mundial**. Si la característica de las modernas multinacionales de posguerra era el dominio de **una rama** de la producción a escala mundial, las corporaciones multinacionales son una Forma de Acumulación superior porque **monopolizan varias ramas simultáneamente**, lo que les permite lograr una acumulación de capital superior al que lograban las modernas multinacionales de posguerra.

El dominio sobre diversas ramas de la producción, comercio y las finanzas que lograron las corporaciones multinacionales fue el producto de un proceso convulsivo de fusiones y adquisiciones (en inglés, M&A, Merger and Adquisitions), que se desarrolló en forma creciente a partir de la década de los '80.

La colosal sobre acumulación de capital que supone esta nueva Forma de Acumulación, provocó un desarrollo espectacular del capital especulativo y ficticio, que participó en el proceso de M&A.

Esta sobre acumulación es colosal, la más grande producida por el capitalismo jamás, consiste actualmente en casi 700 billones U$S en productos financieros derivados registrados por el Banco de Basilea a mediados del 2008, pero agregando otros negocios especulativos, alcanza una masa financiera que estaría superando los US$ 1.000 billones.

El proceso de centralización de capitales pegó en 20 años un salto gigantesco. Para el año 2002, 200 transnacionales sobre 65.000 concentraban el 30% del PBI mundial. Un 91% de las 500 mayores son de EE.UU, Europa y Japón. **(23)**

"Un 48% (239) de las 500 firmas mayores son estadounidenses...un 31% (154) de Europa Occidental y sólo un 11% (64) de Japón. Las naciones del Tercer Mundo, de Asia, África y América Latina, tienen sólo un 4% (22)...las 5 firmas que encabezan la lista son todas estadounidenses: 8 de las 10 mayores son estadounidenses y 64% (16) de las 25 mayores son también estadounidenses... 28% (7)...son europeas y 8% (2) japonesas...en la cúspide del poder global las multinacionales estadounidenses-europeas...no tienen rivales" **(24)**

Las M&A son compra y venta de empresas, movimientos comerciales que expresan profundos choques de sectores de la burguesía imperialista entre sí, con sectores de clase burgueses de los países atrasados y los trabajadores y pueblos del mundo.

Los sectores más fuertes liquidan a los más débiles, como parte de una dura y descarnada batalla por control de mercados y capitales. El capital ficticio en el período 2000- 2009 dio un salto monumental y creció 10 veces de 95 billones U$S a 1000 billones U$S, equivalente a alrededor de 10 veces el PBI mundial.

Capital ficticio es un concepto usado por primera vez por Marx, cuando se refirió a títulos para préstamos cuyo valor es imaginario e ilusorio y sólo se concreta cuando se canjean por dinero o bienes.

El crédito creado por los bancos es creación de capital ficticio porque ponen a disposición dinero que no tienen: *"...No solamente la mayor parte de los activos de los bancos es ficticio, puesto que está compuesto por **títulos y esta clase de riqueza en dinero imaginario**...Al desarrollarse el capital a interés y el sistema de crédito, parece duplicarse y a veces triplicarse todo el capital... **La mayor parte de este "capital-dinero" es puramente ficticio**. Todos los depósitos con excepción del fondo de reserva, no son más que saldos en poder del banquero, pero no existen nunca en depósito."* **(25)**

El desarrollo exponencial del capital ficticio que suponen las corporaciones multinacionales, han provocado que capitales de orígenes diversos, de paraísos fiscales y del crimen organizado, rotan y circulan en forma cada vez más acelerada y convulsiva, lo que provoca graves turbulencias, y desajustes en la economía.

Las megafusiones y M&A no son un proceso natural, ni espontáneo, Clinton sancionó la ley Leach-Bliley Gramm que derogó la ley Glass- Steagall, y la legislación antimonopolista de la época de la gran depresión para facilitar la centralización de capitales. La compleja estructura de las corporaciones multinacionales que emergen del proceso de M&A, se puede analizar viendo el caso de varias de ellas.

Veamos por ejemplo el Banco de Inversión JP Morgan Chase surgido en el año 2000 de la fusión de los bancos Chase y Manhattan dos tradicionales y aristocráticos grupos de EE.UU, Rockefeller y Morgan. JP Morgan Chase incluye acciones de 78 empresas de 11 países de las más diversas ramas de producción y comercio.

Esta estructura de las Corporaciones Multinacionales, que dominan varias ramas de la producción, comercio y finanzas simultáneamente que observamos analizando el JP Morgan Chase, es la misma estructura que podemos observar analizando otras Corporaciones como Goldman Sachs, BNP Paribas, UBS, Barclays, Dexia, BofA, etc, que son Corporaciones Multinacionales, porque dominan varias ramas a escala mundial en forma simultánea.

Los bancos de inversión son el corazón de las corporaciones multinacionales

La compleja estructura de las corporaciones multinacionales se explica por la ubicación de los Bancos de Inversión, que concentran su actividad en el control de las inmensas masas de capitales que implican las M&A.

Lenin anticipó la importancia de los bancos en el proceso de concentración y centralización de capitales:*"... Al llevar una cuenta corriente para varios capitalistas, el banco, al parecer, realiza una operación puramente técnica... Pero **cuando esta operación crece en proporciones gigantescas**, resulta que un puñado de monopolistas **subordina las operaciones comerciales e industriales de toda la sociedad capitalista...**"* **(26)**

Top 20 financial institutions by market capitalisation, $bn, 1999-2009

Mouseover chart for more information. Click on bank to highlight it and track its progress. | Reset bank highlight |

Citigroup
Bank of America
HSBC
Lloyds TSB
Fannie Mae
Bank One
Wells Fargo
UBS
Bank of Tokyo-Mitsubishi
Chase Manhattan
Morgan Stanley Dean Witter
Credit Suisse
Barclays
First Union
Charles Schwab
Freddie Mac
National Westminister Bank
Banco Santander
Sumitomo Bank
Goldman Sachs

0   50   100   150   200   250   300

Top 20 Corporaciones Multinacionales durante el período 1999-2009. Fuente: Thomson Reuters

Los Bancos de Inversión, no deben confundirse con los bancos comerciales, porque aunque vinculados, son absolutamente diferentes. Mientras los bancos comerciales se especializan en el crédito para las empresas e individuos para las compras de toda clase de mercancías, los Bancos de Inversión se especializan en el crédito para la compra y recompra de una mercancía exclusiva: las empresas.

Los Bancos de Inversión compran y venden partes de multinacionales y grandes empresas, mediante la emisión y creación de títulos y activos como los derivados y de este modo, controlan los flujos de capitales, las inversiones, la colocación de acciones y el proceso de M&A.

En la globalización, el desarrollo de las corporaciones multinacionales ubicó a los bancos de Inversión en el corazón de su estructura y al ser las corporaciones multinacionales la forma de acumulación predominante en el capitalismo, los Bancos de Inversión se transformaron a su vez, en el corazón del sistema capitalista.

131

¿Cómo y de donde surgieron los Bancos de Inversión? Veamos un poco brevemente su historia y desarrollo. A partir del desarrollo de los monopolios, los cártels y trusts en la segunda mitad del siglo XIX, tanto los capitales de inversión, como las compras y recompras de empresas eran el dominio de los individuos y las familias ricas. Estas oligarquías y familias controlaban los flujos de capital e inversiones, los Vanderbilt, Whitney, Carnegie, Rockefeller, Morgan y Mellon en EE.UU, los Delessert y Pereire en Francia, los Mevissen, Warburg y Siemens en Alemania, los Rothschild en toda Europa y la Baring Brothers en Inglaterra.

Estas oligarquías hicieron sus fortunas con el financiamiento de guerras como las de Secesión en EE.UU, las napoleónicas en Europa, o la de Crimea, controlando la industria armamentista, la del acero y los ferrocarriles. La Banca Morgan fue el emisor monopólico de los bonos de guerra para Inglaterra y Francia y también invirtió en suministros para equipos de guerra para ambos países. La U.S. Steel. Carnegie empresa de acero del grupo Morgan fue en 1901 la empresa mas grande del mundo y los Rockefeller dominaban la industria petrolera con Standard Oil.

Las oligarquías financieras que controlaban los cartels y trusts más importantes en Europa y EE.UU, también impulsaron los telégrafos y desarrollaron bajo su control la industria minera para poseer los metales preciosos como la plata y oro para proveer metal a los Bancos Centrales de los Estados capitalistas más poderosos.

Varios Bancos fueron fundados por estas familias para impulsar las inversiones como el Crédit Mobilier, un Banco que reunía capitales para la construcción de la red ferroviaria francesa, pero que, a la vez, servía crédito al Estado, fundaba las sociedades del Gas y de los Ómnibus, la Compañía Marítima y los nuevos tranvías de Paris. El Mobilier realizaba también inversiones para construír ferrocarriles en España, Suiza, Austria-Hungría y Rusia. En 1853 fue fundado el Banco de Darmstadt en Alemania, y en 1855 el Kreditanstalt austriaco, ambos, bajo el modelo del Crédit Mobilier.

En EE.UU tuvieron un importante desarrollo bancos como el J.P Morgan o Goldman Sachs. Pero en medio de la Gran Depresión el capital y los Bancos de Inversión sufrieron restricciones debido a la crisis que provocó la especulación desenfrenada que habían impulsado. La sanción de la ley Glass-Steagall y otras regulaciones en la década del '30, fueron una represión al capital especulativo, por ejemplo, J. P Morgan fue obligado a optar por desarrollar actividades de banca comercial o de banca de inversiones, eligiendo la primera porque era vista como más rentable en ese momento. Enfrentado a este cambio, muchos socios de J.P. Morgan decidieron crear el grupo que hoy conocido como Morgan Stanley.

Esto provocó que tras la 2da guerra mundial, en el régimen keynesiano, los Bancos de Inversión tuvieran una participación marginal en la economía. Recién en la década de los '80, con el gobierno de Reagan, volvieron a resurgir y protagonizaron grandes maniobras especulativas a gran escala, las fusiones y adquisiciones hostiles de empresas, liquidaciones de activos, quiebras, bancarrotas, despidos masivos y escándalos. Protagonizaron el crack de 1987 y el escándalo financiero de RJR Nabisco en 1989.

De los Bancos de Inversión surgen los derivados

Para comienzos de los '90, los Bancos de Inversión empezaron a regresar al centro de la escena de la economía mundial. Ya actuaban los Bancos de Inversión Shearson Lehman Hutton, KKR , Forstmann Little & Co., Morgan Stanley, Goldman Sachs, Merrill Lynch o Drexel Burnham Lambert. Pero cuando con el gobierno de Clinton, toda la legislación de la Gran Depresión fue derogada, el proceso mundial de M&A pegó un salto, y surgieron operaciones especulativas cada vez más complejas, como las "compras apalancadas", (en inglés, LBO "leveraged buy-out"), o las de capital privado (en inglés, "private equity").

Éstas siguieron la tradición del capital comercial de comprar barato, y vender caro, por ejemplo con las LBO se adquirieron grandes compañías con deudas importantes, anticipando un capital mínimo y solicitando préstamos, lo que se llama "apalancamiento".

El Private Equity tuvo un "boom" entre los años 2003- 2007 actuando en forma similar, sólo que con empresas fuera de la bolsa, para restructurarlas con el objetivo de ganancias. Todas estas maniobras especulativas se desarrollaron utilizando como instrumentos a los derivados, seguros sobre el precio a futuro de una mercancía que "derivan" de posibles alzas o bajas del precio de la misma a futuro, de ahí su nombre.

Los derivados son un tipo especial de capital ficticio surgido en el '93 en EE.UU, a partir de los estudios de los bancos de inversión, sobre todo JP Morgan y se expandieron al mundo, siendo hoy entre 60 y 70% de la masa de 1.000 billones de capital ficticio. Son productos financieros de extrema complejidad, entre los cuales se desarrollaron productos de complejidad aún más extrema, los llamados productos financieros "sintéticos" que papeles de deudas y opciones que se venden todo junto en "paquete".

Se los llama eufemísticamente "activos tóxicos", porque son de origen y fiabilidad muy distintos y contienen **deudas incobrables** que actúan como una verdadera bomba de tiempo.

Los Bancos de Inversión desarrollaron un proceso de concentración de enormes masas de capital ficticio, de valor imaginario e ilusorio que desvalorizan al conjunto de la economía, y en la medida en que no se valorizan, preparan una grave crisis. Las operaciones de M&A en alto porcentaje fracasaron, porque implicaron descomunales niveles de apalancamiento y de créditos, que dejó a las corporaciones con altas deudas en dinero y derivados.

Toda la operatoria de M&A es una amenaza porque los papeles que se intercambian ellas contienen muchas deudas y una sola declaración de impago puede provocar la quiebra generalizada. Actualmente se utiliza un índice para conocer el estado financiero de las grandes empresas que se denomina EBITDA (en inglés Earning Before Interest, Taxes, Depreciation and Amortization) que refleja el estado de pérdidas y ganancias de una empresa. El índice EBITDA de las compañías que componen el S&P500, top ten de las corporaciones muestra que emitieron deuda por billones entre los años 2003-2007, pero sus ganancias cayeron tras el 2006 y esos billones están pendientes de pago.

El PER (Price Earning Ratio) es un indicador muy importante usado en Bolsa, siendo el número de veces que la ganancia neta anual está contenida en el precio de una acción. El alto PER indica la dimensión del proceso especulativo, que lleva a las acciones a un precio alto, de varias veces el precio real de la acción y que no refleja la realidad de la empresa.

Tomando el índice S&P de la bolsa de Nueva York, tanto en 1929, 1966, 1972 y 1987 se llegó a un PER de 20 veces el valor de la acción, que se repitió en el 2007. Para Moody's de las 10 compras más grandes realizadas por el Private Equity, sólo 4 tienen a sus empresas en una situación estable, mientras que las demás empresas bordean la quiebra. **(27)**

Los Bancos de Inversión impulsaron los fondos de cobertura (en inglés Hedge Fund) y los estados capitalistas a los Fondos Soberanos de Inversión. Todas estas entidades económicas están integradas por especuladores ricos que estafan al mundo entero con dinero ajeno. Los Fondos Soberanos de Inversión, por ejemplo, son financieras estatales de países como Noruega, Abu Dhai, Singapur, China, etc. que invierten los superávits comerciales y alcanzan en algunos casos más importancia que muchos de los primeros 50 bancos del mundo. Entre esas entidades rota el capital ficticio y también por los centros offshore o "paraísos fiscales", pequeños países donde los depósitos no pagan impuestos, se pueden fundar empresas que no están obligadas a publicar cuentas, ni listas de directores y accionistas. Esto permite lavar capitales con total impunidad lo cual atrae grandes riquezas.

En 1960 había sólo 7 paraísos fiscales, mientras que actualmente son alrededor de 100. Comenzaron en las islas de Las Bermudas a principios del siglo XX, en los '70 se desarrollaron en Mónaco, las islas del Canal de la Mancha, y más tarde en Irlanda, Hungría, Rumania, Chipre, Madeira, Singapur, Hong Kong, Finlandia y Gibraltar. A fines de 1998 había ya 60 jurisdicciones que agrupaban a 4.000 bancos offshore con activos estimados en 5 billones U$S. **(28)**

Burbujas especulativas y agotamiento de la globalización a comienzo del siglo XXI

Ya vimos como se desarrolló una enorme masa de capitales que es el producto de la explotación de las masas del mundo, y como esas masas de capitales, en manos de las Corporaciones Multinacionales y respaldados por la Fed, son un componente estructural del régimen de la globalización.

Ahora veremos como esas enormes masas de capitales dieron lugar a las grandes maniobras especulativas que caracterizan a la globalización entre las décadas de los '80, los '90, los '00 y como ésta se relacionó con los acontecimientos políticos y sociales. Y vamos a analizar también como este proceso llevó al agotamiento de la globalización y de las corporaciones multinacionales, en la primera década del siglo XXI, proceso que estamos viviendo hoy.

Comencemos a fines de los '70. Los aumentos en las materias primas y sobre todo del petróleo de fines de los '70, dio a países y empresas petroleras enormes ganancias. Con el "petróleo alto" e inflación de precios creciente que siguió al fin de Bretton Woods, las ganancias obtenidas por las grandes empresas dio origen a una masa de capital conocida como "petrodólares". El gobierno de Reagan atrajo esos petrodólares elevando la tasa de interés y el precio del dólar. Con el "dólar alto", el gobierno de EE.UU, succionó capitales de todo el mundo, que apostaron comprando masas gigantescas del billete.

Empresarios del mundo entero, de todas las nacionalidades, multinacionales, grandes empresas, países, municipios y banqueros, apostaron al dólar, comprando masas gigantescas del billete, lo que provocó un inmenso flujo masivo de capitales a EE.UU, de todo origen. El binomio "petróleo alto" y "dólar alto" provocó una burbuja especulativa mundial, una inmensa masa de capital que permitió a Reagan otorgar créditos a la población para acceder a la compra de casas, autos, electrodomésticos y realizar la carrera universitaria.

Esta masa de créditos y "plata fácil", que estimuló la actividad especulativa de las multinacionales espoleó uno de los fraudes más viejos del capitalismo: la recompra de acciones. Para Moyer y Mc Guigan: *"Desde la década de los '80, la recompra de acciones se ha vuelto cada vez más popular... durante el período de 1983 a 1997..."* **(29)**

Las empresas contrajeron créditos para realizar compra de sus propias acciones y la recompra de acciones hizo que los valores de las empresas vayan hacia arriba, no reflejando las utilidades de la empresa. Las operaciones fraudulentas se generalizaron con evasión de impuestos y falsa contabilidad, llamada eufemísticamente "contabilidad creativa".

En el centro de esta maniobra especulativa se ubicaron las entidades de ahorro y préstamos (en inglés, Savings and Loan). La "burbuja de Reagan" recreó el ambiente de especulación, crédito barato, y falsa "sensación de riqueza" típica de los '80. Surgieron los sectores sociales que expresaron éste fenómeno, los brokers y yuppies, sectores lúmpenes de la burguesía dedicados a la especulación. Pero el aumento del dólar empujó a la quiebra a la industria norteamericana, cuyos productos quedaron caros frente a las multinacionales europeas y japonesas.

Se abrió una crisis en la economía de EE.UU que golpeó a las Savings and Loan. En el '85 se firmaron los Acuerdos del Plaza en Nueva York, entre EE.UU, Europa y Japón, para salvar la industria de EE.UU. Se acordó una baja del dólar y una revaluación del yen y las monedas europeas, pero la crisis en la economía de EE.UU llevó a la quiebra de las Saving and Loan en 1986.

El 19/10/87 se produjo el crack llamado el "lunes negro" de Wall Street con la mayor caída porcentual en un día. Así terminó y así la "burbuja de Reagan" la cual provocó una crisis de tal gravedad que llevó a las potencias capitalistas a buscar un mecanismo acordado de regulación bancaria, créditos y transacciones.

Con el nombre de Basilea I se conoce al acuerdo publicado en 1988, en Basilea, Suiza, por el Comité de Basilea, compuesto por los gobernadores de los bancos centrales de Alemania, Bélgica, Canadá, España, EE. UU., Francia, Italia, Japón, Luxemburgo, Holanda, el Reino Unido, Suecia y Suiza. Basilea I se trató de un conjunto de tratados que buscó prevenir futuras burbujas y las crisis que podían provocar.

EL FIN DE LAS MULTINACIONALES

Basilea I colocó recomendaciones para establecer un capital mínimo que debía tener una entidad bancaria en función de los riesgos que afrontaba, y entró en vigor en más de 130 países. Pero la masa de capital sobre acumulado que siguió creciendo a pesar de Basilea I, cobró dimensiones colosales y adoptó una composición creciente de capital ficticio al dedicarse exclusivamente a la actividad especulativa, lo que produjo un grave desarrollo de burbujas peligrosas y de alto contenido destructivo.

Definimos como burbujas **la brutal y veloz inyección masiva de capitales en una mercadería que puede ser bonos de un país, monedas, industrias, o materias primas.** Estos capitales se multiplican en los primeros éxitos, atraen más capitales y generan una bola que sube, sin techo a la vista. Ante el primer atisbo de que el país, industria, región o materia prima va a la baja, cunde el pánico, los capitales huyen, la bola se desinfla y queda el tendal de quiebras, pobreza, parálisis y recesión. Los efectos de las burbujas sobre la economía son similares al de las armas nucleares, por donde pasan, no queda nada, sólo tierra arrasada.

Global M&A Activity - Quarterly

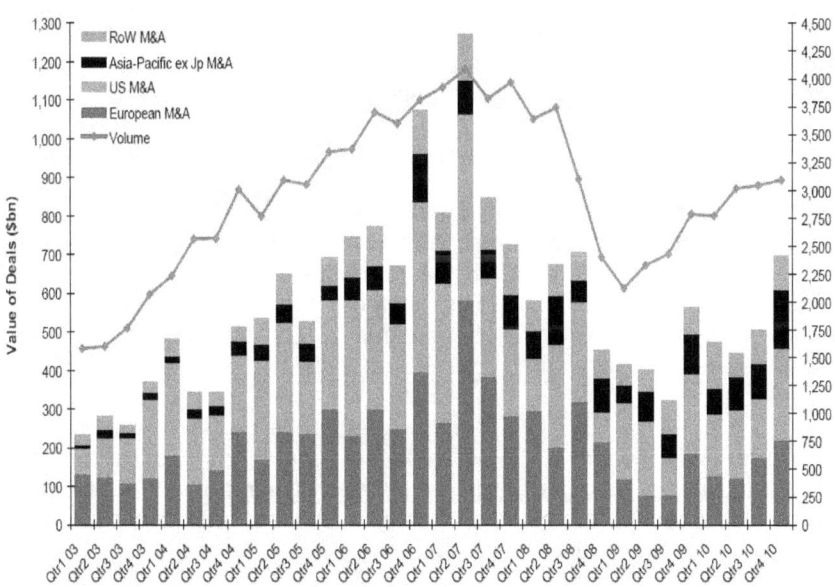

Global M&A 2003- 2010. Obsérvese el pico del 2007, tras el cual la recuperación es leve. Fuente: ACQ

En la década del '90, producto del aumento de la tasa de explotación logrado por el capitalismo en los países atrasados y fundamentalmente en China, la tasa de ganancia creció y las multinacionales multiplicaron sus capitales. Pero si el crecimiento de los capitales sobre acumulados fue importante mucho más creció la actividad especulativa. Como lo afirma Brenner: *"...el cuadro de utilidades ha mejorado significativamente para las empresas de EE.UU, entre 1989 y 1997...aumentaron en 82% y la tasa de ganancia de corporaciones en 27,8%...Ahora bien, esos aumentos en la rentabilidad no pueden justificar la triplicación de los precios bursátiles..."* (30)

En Japón se desarrolló una enorme burbuja a partir del '89, cuando se hablaba de que Japón era la nueva potencia mundial que iba dominar al mundo como se habla hoy de China. El acuerdo del Plaza del '85, produjo un severo perjuicio a la economía japonesa, estructurada alrededor de las exportaciones a EE.UU, el yen alto provocó la crisis de la industria japonesa y los países del sudeste asiático inundaron de mercaderías más baratas a Japón, por la apreciación del yen. El flujo de capitales a Tokio no tardó en generar una burbuja especulativa, alrededor de la venta de inmuebles.

El valor de Tokio en 1989 se multiplicó por 75, equivalente a 5 veces el territorio de EE.UU. Un distrito de la capital (Chiyoda-ku) valía más que Canadá y el Palacio Imperial de Tokio, valía como California. Cuando estalló, la "burbuja inmobiliaria" de Tokio y la burbuja de Japón tuvo un resultado letal, la economía japonesa quedó planchada por décadas. En 1995, para salvar a la economía de Japón, se firmaron los "Acuerdos del Plaza II" que bajaron el yen y revaluaron el dólar.

Los ataques y movimientos especulativos de los inversores y especuladores siguieron contra el precio de monedas de diferentes países, por ejemplo Soros contra la libra esterlina en 1992 que doblegó al Banco de Inglaterra. Luego, el "efecto Tequila" de 1994 contra el peso de México que provocó pérdidas al Banco Central por 4 mil millones U$S y el desplome de su PIB en el '95.

A partir de 1997 la sobreacumulación de capital originó la caída de la tasa de ganancia. Y con ella se produjeron nuevas burbujas especulativas de las cuales la que más repercusión tuvo en el desarrollo de la globalización, fue la del sudeste- asiático o "efecto dragón", que golpeó a los Tigres que hasta ahí eran eje de la economía mundial. Veamos como sucedió.

La caída de la tasa de ganancia a partir de los años '96/ '97 fue un duro golpe a la economía mundial: *"... En 1995, los rendimientos de esas empresas aumentaron un 13%. En 1996 llegaron al 23,3 %. Pero en 1997, este crecimiento de las ganancias disminuyó al 7,8%"* (30) La caída de la tasa de ganancia provocó a su vez, caída de las inversiones

de las multinacionales que venían en ascenso desde 1992:"...
*registraron una gigantesca expansión de un 17,3% en el '93, 16 % en el
'94 y volvieron a crecer un 27,5 % en el '95. Pero cayeron un 0,7 % en el
96...* **Fue la reducción de estas inversiones, provocada por la caída
de la tasa de ganancia,** *lo que comenzó el proceso de crisis... llevando
a la debacle del sudeste- asiático, Rusia, Brasil, etc."* **(31)**

En 1997 la caída de las inversiones en el sudeste- asiático
registró en Tailandia un 21,3 %, en Malasia un 43,4% y en Indonesia un
22,9 %. Esto se combinó con los "Acuerdos del Plaza II" entre EE.UU,
Europa y Japón para bajar el yen, que afectó a las industrias y
multinacionales de los tigres, orientadas a la exportación a Japón. Para
Brenner: *"Desde el "Acuerdo inverso del Plaza" en la primavera de 1995,
logrado entre los gobiernos del G-3 para prevenir el colapso de la
economía japonesa, el dólar se ha apreciado sustancialmente contra el
marco y el yen 20% y 50% respectivamente"* **(32)**

Al bajar el yen y subir el dólar los productos de los Tigres
quedaron caros, lo cual llevó a la industria de los Tigres a la quiebra. La
presión que la devaluación del yen ejercía sobre las economías de los
Tigres, obligó a sus monedas a ser devaluadas para evitar la bancarrota
de los grupos industriales.

Esto desató un ataque especulativo sobre las monedas, primero
de Tailandia, el bath, cuya economía había crecido entre 1985 y 1996 a
un 9% anual, La bolsa cayó un 75%, Finance On, la financiera más
grande colapsó, el "boom" tailandés terminó y el PIB cayó 7%.

La crisis se extendió a Indonesia que cayó 15 %, a Corea del
Sur que cayó 7% y a Filipinas que creció cero en 1998. Las
consecuencias del "efecto dragón" fueron devastadoras: cayó el valor de
casi todas las monedas, bolsas y empresas de la región. El PBI cayó un
31,7% en un año, millones de personas cayeron por debajo de la línea
de pobreza entre 1997 y 1998 y los países más afectados fueron
Indonesia, Corea del Sur y Tailandia.

El FMI intervino con rescates a todos estos países, lo que
también constituyó un importante negocio y desató un proceso de M&A
de empresas quebradas. El "Plaza II" fracasó porque no logró una
recuperación de Japón y hundió a los "Tigres", que habían sido un polo
dinámico y sostén de la economía mundial. El "efecto dragón" produjo
un cambio estructural del capitalismo, liquidó a los Tigres como polo que
había sido eje de la economía mundial junto a EE.UU, en la transición
del régimen keynesiano a la globalización.

El golpe que recibió la economía mundial fue tan grande, que redujo los precio del petróleo, lo cual afectó a los países petroleros, y en especial a Rusia y desató el ataque especulativo a Rusia o "efecto vodka" del '98.

Luego vino el ataque a Brasil que empezó a sufrir una fuga de capitales y perdió 35 mil millones U$S en 4 meses lo que llevó al desplome de la bolsa de San Pablo y la devaluación del real. El "efecto samba" preludió al "efecto tango", de Argentina del 2001, que también obligó a devaluar su moneda atada 1 a 1 al dólar y provocó el estallido popular que derrocó al gobierno.

El agotamiento de las corporaciones multinacionales

La gravedad y continuidad de las burbujas, cada vez más grandes y destructivas, llevó a las potencias a organizar el Foro de Estabilidad Financiera (FSF) en 1999, formado por los ministerios de finanzas, bancos centrales y organismos financieros internacionales para promover la estabilidad financiera internacional.

El objetivo del FSF era la supervisión y vigilancia de las instituciones y transacciones económicas. Pero este intento fracasó por completo y la crisis se irradió de la periferia al centro, las crisis siguientes se desarrollaron ya no en países atrasados sino en la economía de EE.UU. A fines de los '90 y comienzo del siglo XXI se desataron y combinaron 3 graves crisis,1) la del hedge fund Long-Term Capital Management (LTCM) afectado por el "efecto Vodka", que hizo tambalear a Wall Street, 2) la quiebra de Enron Corporation, de las más importantes empresas de energía del mundo y la 7ma de EE.UU y 3) la crisis de las "punto-com".

El estallido de las punto-com, abrió la crisis en la rama industrial base de la globalización, la informática. El rápido consumo de millones de personas de estos productos, produjo una burbuja alrededor de sus empresas que llevó el índice Nasdaq hasta 5000 puntos en el año 2000. Tras la explosión de la burbuja, el Nasdaq bajó a 3500 y a 1300 en el 2002. Desaparecieron 4.854 empresas, en medio de escándalos de fraude, como el caso World.com. Las 3 crisis combinadas abrieron la recesión mundial de los años 2000- 2003.

Esta recesión expresaba ya el proceso de agotamiento de las corporaciones multinacionales como forma de acumulación y de la globalización como régimen de acumulación. Las enormes masas de capital ficticio, habían producido la caída de la tasa de ganancia, pero además un acelerado proceso de desvalorización de la economía. Las potencias capitalistas necesitaban contrarrestar estas tendencias y

EL FIN DE LAS MULTINACIONALES

superar la crisis, pero lograrlo requería de una ronda de destrucción de fuerzas productivas y quema de capital de magnitud muy superior al perpetrado en la 2da guerra o la posguerra.

En el período comprendido entre los años 1980 y 2000 con la globalización, el grado de destrucción de fuerzas productivas era importante. Se habían producido la 1era guerra de Irak y las guerras de Yugoeslavia, Chechenia, Afganistán, Ruanda, las 2 guerras del Congo y Bosnia, lo que sumado al desarrollo de la pobreza, la extrema miseria, el creciente proceso de destrucción de la naturaleza y desarrollo de la industria armamentista, habían desarrollado un proceso de enorme destrucción de las fuerzas destructivas.

Pero este proceso de destrucción de fuerzas productivas era insuficiente para que el capitalismo lograra una forma superior de acumulación que superara a las corporaciones multinacionales, recordemos que tras el agotamiento de los cartels y trusts, el capitalismo desarrolló un proceso de destrucción de fuerzas productivas que dio lugar a una forma de acumulación superior, las multinacionales.

En la posguerra, el brutal proceso de destrucción de fuerzas productivas en los países atrasados, permitió que tras el agotamiento de las modernas multinacionales, surgiera una forma de acumulación superior: las corporaciones multinacionales. Pero para el año 2000, frente al agotamiento de las corporaciones multinacionales, las potencias capitalistas necesitaban desarrollar un proceso de destrucción de fuerzas productivas que permitiera pasar a una Forma de Acumulación superior.

La crisis ya estaba en el corazón de la economía mundial, la economía de EE.UU. Y el estallido de la burbuja "punto.com" había abierto una grave recesión. Sólo podían contrarrestarse estas tendencias, superando a las corporaciones multinacionales mediante un proceso de centralización de capitales, con un enorme desarrollo de las fuerzas destructivas.

La estrategia del Proyecto para un Nuevo Siglo Americano (PNAC)

Bush lanzó la estrategia del Proyecto para un Nuevo Siglo Americano (en inglés, PNAC) tras los atentados a las Torres Gemelas el 11 de setiembre del 2001. Esta estrategia consistió en una contraofensiva política, económica y militar mundial, que tuvo como lema la "guerra contra el terror" y derrota del "eje del mal".

La estrategia del PNAC buscó superar la grave crisis abierta en el capitalismo y sacar a la economía de la recesión, para lo cual estableció un operativo militar de envergadura y el desarrollo de una guerra de vastos alcances y largo aliento, con el objetivo de lograr poner un freno a los procesos revolucionarios en Medio Oriente, a la vez que disciplinar a los trabajadores y pueblos del mundo.

El PNAC buscó también sostener un alto gasto y desarrollo del complejo militar- industrial, llevando adelante un importante proceso de destrucción de fuerzas productivas. Era imposible que el estado de EE.UU pudiera llevar esta estrategia adelante con la oposición del pueblo norteamericano.

Por eso, el gobierno Bush se aprovechó del impacto que produjo el atentado terrorista del 11-S para instaurar un régimen profundamente antidemocrático al interior de EE.UU con pilar en la Ley Patriota (en inglés, Patriot Act), que buscó limitar las libertades democráticas y de expresión de los trabajadores y el pueblo de EE.UU y acallar toda voz que quisiera oponerse a su estrategia.

El régimen de la Ley Patriota fue una reforma constitucional de facto, que puso al Poder Ejecutivo, el ejército y a los servicios de seguridad en el centro del régimen político de EE.UU, intentando borrar de un plumazo las históricas conquistas democráticas del pueblo norteamericano.

A la vez, un conjunto de leyes y decretos produjo un importante recorte de las libertades democráticas, el ataque a los inmigrantes, sobre todo los de origen musulmán y la criminalización de los opositores.

El PNAC era una estrategia al servicio de darle un duro golpe a las luchas de los pueblos del mundo que osaran desafiar el poder de las potencias capitalistas y a la vez, buscaba retomar la ofensiva contra las masas de los países avanzados.

La campaña de la "lucha mundial contra el terrorismo" fue impulsada desde EE.UU, pero fue adoptado por todos los gobiernos y estados capitalistas del mundo. El frente político- militar que se articuló alrededor del PNAC, expresado en la Coalición militar que llevó adelante la invasión a Irak en el año 2003, fue uno de los más grandes de la historia del capitalismo.

EL FIN DE LAS MULTINACIONALES

En el terreno económico, Bush buscó relanzar la economía, copiando a Reagan con una burbuja en base a créditos para el consumo de masas, centrado en éste caso, en créditos para la vivienda. Millones contrajeron estos préstamos atraídos por las facilidades, y así fue como tomó vuelo la burbuja de "hipotecas de segunda categoría" (en inglés, "sub- prime"), que comenzó en el año 2002 y estalló en el 2007. Toda la estructura financiera mundial contrajo papeles sub- prime, que prometían ser un fabuloso negocio que crecía y crecía sin cesar, proporcionando ganancias fabulosas.

El desarrollo de la ola de compras de casas produjo llevó a que la industria de la construcción pegara un salto, y con ella, se disparó la inflación. Los precios de todos los materiales de construcción se elevaron, arrastrando todos los precios con ella. Para frenar la ola inflacionaria que se desató, la Fed subió la tasa de interés que en 3 años pasó del 1% al 5,75%, pero esta operación de alza de tasas de interés encareció los créditos otorgados a familias muy humildes y agravó las deudas e impagos.

Los Bancos de Inversión comenzaron a emitir los "MBS" (Mortgage Backed Securities) y los CDO (Collateralized Debt Obligation) papeles que servían como seguros para cubrirse de posibles impagos. Esos papeles fueron negociados en el mundo entero y pasaron a ser parte de las arcas de todo el sistema financiero mundial.

Dada la magnitud de la burbuja crediticia en curso de dimensiones gigantescas, los estados del G7 convocaron al acuerdo de Basilea II, en el 2004, buscando superar las limitaciones de Basilea I que ignoró un aspecto esencial de los créditos: la calidad de los mismos y probabilidad de incumplimiento de los préstamos.

Para superar estas limitaciones Basilea II propuso en 2004 un nuevo conjunto de recomendaciones, que fueron inútiles, porque el gobierno de Bush ya había impulsado una enorme burbuja y empujó al capitalismo al abismo. Todo el sistema financiero mundial se llenó de MBS y CDO, cuyo valor cayó abruptamente.

Para el año 2006, el ejército de EE.UU y la Coalición por la Libertad se empantanaron militarmente por la heroica resistencia Iraquí contra la invasión. A la vez que la resistencia del pueblo de EE.UU contra la represión del régimen de la Ley Patriota y la creciente impopularidad de la guerra de Irak, hundió a Bush en el descrédito.

De este modo, los dos pilares fundamentales de la estrategia política, económica y militar del PNAC iba sufriendo un creciente desgaste y deterioro. La derrota militar en Irak, significó el golpe final a la estrategia del PNAC y abrió una crisis política del gobierno Bush.

A su vez esta crisis política se combinó en el terreno económico, con el desastre que provocaba la burbuja sub- prime. El aumento de las tasas de interés que la Fed había impulsado para frenar la inflación, provocó que los deudores no pudieran pagar los préstamos, la burbuja se pinchó, y los bancos se llenaron de créditos incobrables.

Para el 2006 había medio centenar de financieras en bancarrota, millones de embargos y los bancos de inversión junto al sistema financiero mundial frente a la amenaza de la quiebra. El gobierno de Bush, había logrado que 1 millón 200 mil estadounidenses fueran estafados y más que alcanzar el sueño de la casa propia, hayan sido expulsados de sus hogares.

El proceso de M&A en millones U$S. Tras el pico del 2007 con el comienzo de la inician su descenso y retroceso en el proceso de centralización de capitales Fuente: UBS

En el 2007, la crisis sub- prime estalló y se hizo mundial. Si la "burbuja Reagan" fue el comienzo del régimen de la globalización; la "burbuja Bush" del 2007 fue su final. El estallido de la "burbuja sub-prime" puso de manifiesto el agotamiento de la globalización como régimen de acumulación y el de las corporaciones multinacionales como forma de acumulación. La derrota militar de EE.UU, impidió llevar adelante la quema de capitales y proceso de destrucción de fuerzas productivas necesario para permitir llegar a un nivel superior de centralización de capitales que lograra responder al proceso de agotamiento de las corporaciones multinacionales.

No estamos afirmando que no hubo destrucción de fuerzas productivas, la hubo, y la invasión convirtió a Irak, que era uno de los países más bellos del mundo, patrimonio del surgimiento de la humanidad, en una verdadera ruina. Si sumamos a esta conflagración lo ocurrido en Afganistán la destrucción es terrible, pero absolutamente inferior a la ronda de destrucción hecha en la posguerra.

Una simple comparación nos permite apreciar la magnitud del fenómeno: La guerra de Vietnam por ejemplo en la posguerra duró 11 años y fue parte de un proceso, como vimos, más grande de destrucción de fuerzas productivas que abarcó décadas, en vastas regiones del plantea. La guerra de Irak, en cambio, en apenas 3 años ya estaba resuelta, con derrota de EE.UU.

La derrota del PNAC tuvo efectos inmediatos en la economía. No sólo la crisis estalló en el 2007, sino que a partir de ella el proceso de centralización de capitales cayó. Esto se verifica en las cifras del proceso de M&A que sufrió un duro golpe con la crisis y cayó un 50% respecto de los niveles previos al 2007.

Los datos del proceso de M&A demuestran que con la derrota del PNAC el proceso de centralización de capitales en vez de avanzar, sufrió un fuerte retroceso. Merced a los salvatajes se recuperó hacia el 2010 cuando las M&A llegaron a $ 2,4 billones, un aumento del 23% respecto del 2009 y el más fuerte de todo el período desde el año 2008, para Thomson Reuters.

Pero los datos indican que el capitalismo no logró alcanzar un nivel de centralización de capitales que necesitaba para superar el agotamiento de las corporaciones multinacionales, que a partir del 2007 y como vimos en el capítulo I comenzaron a presentar una tras una la quiebra. La crisis hizo retroceder el proceso de M&A, en relación a los niveles que venía teniendo antes del 2007.

¿Porque el capitalismo no logró en la globalización, o sea, en todo el período que va desde la década del '80 hasta la actualidad, un proceso de destrucción de fuerzas productivas que fuera similar a los niveles que se alcanzaron en la posguerra? ¿Porque las potencias no pudieron superar la crisis provocada por el agotamiento de las corporaciones? ¿Por qué no lograron una forma superior de acumulación de capital? Damos con la explicación analizando unos de los hechos políticos más importantes del siglo XX.

La caída del Muro de Berlín: El golpe a la globalización

La caída del muro de Berlín el 9 de noviembre de 1989 fue un duro golpe al capitalismo y la globalización. Cuando cayó el Muro los gobiernos de las potencias capitalistas y los regímenes stalinistas trabajaban en sociedad, avanzando en una ofensiva explotadora brutal y renovando en común los acuerdos de Yalta y Postdam.

Pero la movilización popular que derribó las dictaduras pro-capitalistas de esos países, obstaculizó los planes conjuntos de las potencias. Sin sus socios stalinistas, los gobiernos de las potencias capitalistas se vieron en dificultades para llevar adelante la ofensiva contra las masas de las economías más importantes.

A su vez, la cadena de levantamientos populares se profundizó y tras el derrumbe stalinista en los países del Este de Europa, sobrevino el derrumbe de las dictaduras en la URSS y en las repúblicas bajo su órbita. Las consecuencias para el capitalismo fueron muy importantes, porque tras la caída del Muro de Berlín cambiaron las condiciones que habían permitido la súper- explotación de la clase obrera europea y alemana.

Una condición fundamental para facilitar la explotación de los trabajadores europeos y alemanes en la posguerra, fue mantener su división con el Muro. Su derrumbe permitió un proceso de unificación de la poderosa clase obrera europea y alemana, entre las más calificadas, concentradas, con mayores conquistas sociales y de mayor nivel cultural del mundo.

A su vez, las nacionalidades oprimidas que habían sido puestas a sangre y fuego bajo la bota de dominación imperialista en la posguerra, comenzaron un proceso de liberación, lo que barrió con las fronteras de Yalta y Postdam.

Gracias a los dirigentes stalinistas que cayeron a partir de 1989, el imperialismo había logrado sobrevivir a las derrotas de Vietnam, de China, de Corea, había podido continuar con su sistemática destrucción de fuerzas productivas. Había transformado esas derrotas políticas, en penalidades aún mayores para las masas, que permitían grandes ganancias a las multinacionales. Pero tras la caída del muro, estos dirigentes de la "izquierda oficial mundial", que había prestado grandes servicios al capitalismo, ya no tenían ese poder.

El "orden mundial" de posguerra cayó, y el "nuevo orden mundial" en realidad resultó en un terrible "desorden" para las potencias capitalistas, así lo explica la LIT:" *la quiebra del estalinismo en los años 90 debilitó ese orden mundial en dos sentidos: **los aparatos contrarrevolucionarios que antes frenaban y negociaban en nombre del socialismo**,... dejaron de cumplir ese papel....hay un nuevo orden asentado unilateralmente en las instituciones del imperialismo y los EE.UU...**Aparentemente es más fuerte que el anterior, pero en realidad, es más débil**...".* (33)

Esta es la explicación de porque en la globalización, el capitalismo no logró igualar los éxitos económicos del régimen keynesiano. La caída del Muro de Berlín impidió que en la globalización hubiera un acuerdo político global mundial de la talla de Yalta y Postdam, esos acuerdos que permitieron el "boom" de posguerra, fueron liquidados por la caída del Muro de Berlín, y con ellos, cayó el orden económico y político que dio sustento a la economía mundial por más de 40 años.

Los gobiernos del G7, analistas y periodistas de todo pelaje pregonaron que la caída del Muro de Berlín era el "triunfo del capitalismo" y el "Fin del Socialismo". Muchos creyeron esa historia, y la mayoría de la izquierda cayó en una brutal confusión. No desarrollaremos aquí los debates que los acontecimientos produjeron en aquel momento, nos remitimos a verificar el impacto que tuvieron en la economía.

La mejor demostración del golpe que significó la caída del Muro de Berlín para el capitalismo y el curso del régimen de la globalización es China. En China sucedió lo opuesto, allí el Muro no cayó, la movilización de las masas en Plaza Tiannanmen contra la dictadura pro capitalista del PC Chino fue brutalmente reprimida y derrotada. A partir de esos acontecimientos China se consolidó como el "paraíso" de las multinacionales. Tras la derrota de las movilizaciones la dictadura China avanzó en obtener mayores tasas de explotación y todo tipo de facilidades para que las multinacionales se radicaran.

China muestra por sí sola las implicancias de la caída del Muro de Berlín para la economía mundial. Si la caída de las dictaduras del PC había complicado los planes de las potencias capitalistas en Europa, el triunfo de la dictadura del PC Chino la transformó en un bastión y salvavidas del capitalismo.

Con el triunfo del PC Chino, las potencias capitalistas obtuvieron un inmenso mercado de millones de trabajadores que la dictadura China disciplinó para ofrecer bajos salarios, condiciones laborales de super-explotación lo que permitió, como hemos visto, un crecimiento de la economía en los '90.

También estaban muy deteriorados los salarios y condiciones laborales de los trabajadores de los demás países que habían pertenecido a la órbita stalinista. El imperialismo aprovechó estas "ventajas comparativas" lo que ayudó al crecimiento de la economía y dio una recuperación de la tasa de ganancia en los '90 que se mantuvo por casi toda la década.

El capitalismo logró una victoria en China, que le dio un gran respiro económico. Pero con la caída del Muro de Berlín, sus planes estratégicos sufrieron un tremendo golpe, porque cayeron los partidos y dirigentes que prestaron grandes servicios al capitalismo, pactando la reconstrucción capitalista de Europa, permitiendo el desarrollo de las modernas multinacionales y frenando los procesos revolucionarios.

La caída de los acuerdos de Yalta y Postdam que habían permitido el "boom", fue un golpe estratégico para el capitalismo. Esta es la explicación central de porque las potencias capitalistas no pudieron desarrollar en la globalización una ronda de destrucción de fuerzas productivas superior a la 2da guerra mundial o la posguerra, que le permitiera superar el agotamiento de la corporaciones multinacionales.

De este modo, la caída del Muro de Berlín es el prólogo necesario de la caída de Wall Street, 20 años después. A su vez la caída del muro y la crisis de los Tigres modificaron los ejes de articulación de la economía mundial.

La economía en el régimen keynesiano se desarrolló alrededor del **eje EE.UU- Europa, p**ero la recuperación de los proletariados y las masas de esos países en la posguerra, impidió que el capitalismo volviera a obtener las altas tasas de explotación que permitieron el "boom".

Por eso, cuando comenzaron a agotarse las multinacionales y el régimen keynesiano, el eje de articulación de la economía mundial pasó a ser **EE.UU- Sudeste- asiático (Japón y Tigres)**, en la transición del régimen keynesiano a la globalización.

En la globalización, el eje de articulación de la economía mundial volvió a cambiar a partir de la consolidación de la dictadura capitalista del PC Chino y la economía se articuló alrededor del **eje**

EL FIN DE LAS MULTINACIONALES

EEUU- China, el único lugar donde la revoluciones que las masas encabezaron contra las dictaduras pro- capitalistas del PC, fue, hasta ahora, derrotada.

El rumbo de la globalización

Hemos visto entonces el régimen de la globalización, su compleja estructura, el surgimiento de una enorme masa de capitales destinado a la especulación financiera, el carácter ficticio y parasitario de enormes masas de capital que componen este capital que rota en la economía.

Hemos visto también el surgimiento de las corporaciones multinacionales, y el rol de los Bancos de Inversión en el corazón de su estructura y de la economía mundial. Este cuadro estructural nos permite comprender como actuaron cada uno de estos elementos constituyentes del capitalismo desde el estallido de la crisis actual.

Hemos visto también las tendencias que se están desarrollando a partir del comienzo de la crisis. Y hemos analizado comparativamente la actual crisis con la crisis del '29, para comprender las similitudes y diferencias entre ambos episodios que afrontó el capitalismo en su etapa de decadencia. Sin embargo la comprensión de la actual crisis no puede resolverse sólo en la mirada coyuntural. Las preguntas se suceden: ¿Hacia dónde va el capitalismo? ¿La globalización terminó?

El conjunto de tendencias analizadas en el capítulo II indica que la globalización está llegando a su fin, y el capitalismo necesita instaurar un nuevo régimen de acumulación, así como nuevas formas de acumulación que superen a las agotadas y quebradas corporaciones multinacionales. ¿Podrá hacerlo? ¿De qué depende?

Iniciamos las respuestas a esas preguntas comparando la crisis actual con la del '29. Pero para responderlas acabadamente, debemos analizar la crisis desde una óptica más histórica y menos coyuntural. Debemos responder a otras preguntas: ¿El capitalismo ha sufrido este tipo de crisis a los largo de la historia? ¿Cómo las ha resuelto?

El análisis de las crisis que el capitalismo ha desarrollado a lo largo de su historia nos permite comprender la dinámica, las leyes y los desenlaces posibles de la actual crisis del capitalismo. El rol del capital y su relación con los diferentes modos de producción desarrollados en los siglos precedentes, las distintas formas que el capitalismo desarrolló para acumular capital y las sucesivas crisis del proceso de acumulación, son los temas que presentamos a partir del próximo capítulo.

DANIEL CAMPOS

Notas

(1) Ronald Reagan y Margaret Thatcher fueron presidentes de EE.UU e Inglaterra respectivamente.

(2) Robert Brenner Turbulencia en la economía mundial

(3) The New Economy: What's New, What's Not. John B. Harms Tim Knapp

(4) Gerard Dumenil y Dominique Levy, "The Profit Rate: Where and Houch Much Did it Fall? Did it Recover? (USA 1948-1097), 2005

(5) Nahuel Moreno. Tesis sobre la situación mundial- Secretariado internacional de la LIT- CI, 20/10/84

(6) Robert Brenner Turbulencia en la economía mundial

(7) Nahuel Moreno. "Opinión: La crisis ya empezó" Correo Internacional 18, 1986

(8) Nahuel Moreno Tesis de la LIT sobre la situación mundial. 1985 (subrayados nuestros)

(9) Marx: El Capital, libro tercero, cap. II, La tasa de ganancia, (subrayados nuestros)

(10) Nahuel Moreno Tesis de la LIT sobre la situación mundial. 1985 (subrayados nuestros)

(11) y **(12)** Nahuel Moreno. Escuela de cuadros de Economía. Enero del '85 (subrayados nuestros)

(13) *"Aunque ocultado oficialmente, el problema de la propiedad privada de los bancos miembros de la Reserva Federal ha sido cuestionado varias veces en los tribunales federales, como en el caso de Lewis contra USA, que fue decidido por el 9º Circuito de la Corte de Apelaciones la que dictaminó que los bancos de la Reserva son corporaciones independientes, de propiedad privada y controladas localmente."* Stephen Lendman Research Associate of the Centre for Research on Globalization

(14) Nahuel Moreno. Tesis sobre la situación mundial. LIT- CI (1984)

(15) Nahuel Moreno Tesis de la LIT sobre la situación mundial. 1985 (subrayados nuestros)

(16), **(17)**, **(18)** y **(19)** Alejandro Iturbe. El sistema financiero mundial y su crisis - Parte 3 Marxismo Vivo n 22 2009

(20) y **(21)** Nahuel Moreno. Opinión. La crisis ya empezó Correo Internacional 18, 1986, página 8

(22) Daniel Munevar. www.cadtm.org

(23) UNCTAD, World Investment Report 2002, pág. 85. Sara Anderson y John Cavanagh, Top 200 - The Rise of Corporate Global Power, Institute for Policy Studies, Washington, 2000, pag 3

EL FIN DE LAS MULTINACIONALES

(24) James Petras, "El mito de la tercera revolución científico-tecnológica en la era del imperio neo-mercantilista", en *La Página de Petras*, *www.rebelion.org*, 28 de julio de 2001.

(25) Karl Marx El Capital Libro I Capítulo XXIII La Ley general de la Acumulación Capitalista

(26) V. I. Lenin. El imperialismo, fase superior del capitalismo Cap II Los bancos y su nuevo papel (subr. nuestros)

(27) Moody's "$640 billones y 640 días después: como se comportaron las compañías que produjeron private equity durante la recesión de EE.UU.

(28) U.S. International Banking Facilities (IBFs) Japanese Offshore Market (JOM) Bangkok International Banking Facilities (BIBFs)

(29) Charles Moyer, James Mc Guigan Administración financiera contemporánea, pag 505

(30) Robert Brenner "Turbulencias en la economía mundial"

(31) Jonas Portyguar y JR Soares Correo Internacional, febrero de 1999, número 76 "La crisis del neoliberalismo y del capitalismo globalizado pone al mundo al borde de una depresión".

(32) Robert Brenner "Turbulencias en la economía mundial"

(33) LIT- CI "La situación en el mundo". Textos parte de las "Tesis sobre la situación Mundial ". VIII Congreso Mundial de la LIT- CI Julio 2005 Marxismo Vivo 12 2005 (subrayados nuestros)

El Fin de las Multinacionales

Una explicación marxista a la crisis mundial de la economía capitalista

CAPITULO V: Formas

CAPÍTULO V   Formas

"Sabido es que en la historia real desempeñan un gran papel la conquista, el esclavizamiento, el robo y el asesinato, la violencia, en una palabra. Pero en la dulce Economía política ha reinado siempre el idilio...En la realidad, los métodos de la acumulación originaria fueron cualquier cosa menos idílicos...recurren al poder del estado, a la violencia organizada y concentrada de la sociedad..."

Karl Marx, El Capital, Vol I Capitulo XXIV

Frente a la magnitud de carácter histórico de la actual crisis del capitalismo, cabe preguntarse: ¿El capitalismo ha atravesado otras crisis de esta importancia en su historia? ¿De qué modo las superó? ¿Qué fenómenos políticos y sociales produjeron las crisis? Y viceversa: las crisis, ¿qué fenómenos políticos y sociales produjeron?

Para responder a estas preguntas se hace necesario ver la actual crisis en una perspectiva más histórica y analizar cómo se desarrollaron las distintas crisis desde que surgió el capitalismo, como se desenvolvieron en sus diferentes etapas y como tendió el capitalismo a resolver las contradicciones que fueron producto de su propio desarrollo.

En éste capítulo vamos a dar a conocer y desarrollar la Ley General de las Formas de Acumulación Capitalista. Esta ley nos permite analizar, siguiendo las leyes marxistas de acumulación del capital, las distintas formas que, a lo largo de la historia del capitalismo, surgieron para acumular capital y cuáles son las formas de acumulación características de cada etapa del capitalismo.

Junto a ello analizaremos la dinámica de las Formas de Acumulación caracterizadas por atravesar sucesivas fases de surgimiento, desarrollo y agotamiento. Y analizaremos también como estas fases de surgimiento, desarrollo y agotamiento se vinculan a los períodos de larga expansión y de estancamiento que ha vivido a lo largo de la historia la economía capitalista.

Finalmente veremos los mecanismos político- sociales que explican cómo se desarrolla la transición de una Forma de Acumulación inferior a otra superior a través del desarrollo del capitalismo.

Ley General de las Formas de Acumulación Capitalista

a) Las Formas de Acumulación de Capital y las Formas Predominantes. Definición

Definimos como acumulación de capital, el proceso por el cual los capitalistas acumulan medios de producción en un polo y trabajadores asalariados en el otro polo, con el objetivo de acumular más capital. Como lo explica Carlos Marx: *"...la reproducción en escala ampliada, o sea la acumulación, reproduce la relación capitalista en escala ampliada: más capitalistas o capitalistas más grandes en este polo, más asalariados en aquél...Acumulación del capital es, por tanto, aumento del proletariado...Todo capital individual es una concentración mayor o menor de medios de producción, con el comando correspondiente sobre un ejército mayor o menor de obreros. Toda acumulación se convierte en medio al servicio de una nueva acumulación..."* **(1)**

El objetivo fundamental del capitalismo es que los capitalistas acumulen capital y obtengan ganancias. Para lograrlo, la precondición necesaria es que los medios de producción y cambio sean de propiedad privada, objetivo que los capitalistas alcanzaron mediante un proceso histórico que fue colocando a las empresas productivas, comerciales y financieras bajo su propiedad, en la medida que fueron expropiando al resto de las clases sociales.

Definimos entonces como Formas de Acumulación, a estas empresas de la que es propietaria la clase capitalista para acumular capital en un período histórico dado. Los capitalistas nunca utilizaron a lo largo de la historia, una única forma de acumulación de capital. Siempre hubo distintas formas de acumulación, es decir, distintas empresas comerciales, productivas y financieras que actuaron con el objetivo de acumular capital y que a su vez, reflejan a los distintos sectores de la clase capitalista.

El capitalismo terminó de imponerse como modo de producción dominante entre los siglos XVIII y XIX, cuando la burguesía tomó el poder en los países más importantes y liquidó los restos del dominio feudal en el estado. Tanto para los períodos históricos en que el capitalismo es un elemento aún embrionario, y no es aún el modo de producción dominante, como en los que el capitalismo es ya dominante como modo de producción, siempre existieron distintas Formas de Acumulación capitalista.

Estas Formas de Acumulación, se desarrollaron desigual y combinadamente alrededor de una Forma de Acumulación predominante que fue el motor impulsor y estructurador de la economía. Es decir, existiendo diversas Formas de Acumulación que actúan simultáneamente y en diferentes niveles de desarrollo, éstas giran alrededor y se interrelacionan con la Forma de Acumulación predominante, que constituye el eje sobre el cual se ordena todo el desarrollo del capitalismo.

Junto al concepto de Formas de Acumulación, son parte de la Ley General de las Formas de Acumulación los conceptos de Régimen de Acumulación, Polo de Acumulación y Eje de Acumulación, cuya definiciones respectivas dimos en el capítulo III. Las Formas de Acumulación Capitalista predominantes han sido las siguientes:

Antes y en la etapa de la acumulación originaria (siglos XIV al XVIII)

Formas de Acumulación Productivas pre-Industriales   **Formas de Acumulación Financiera**

Las Naciones Comerciales	(siglo X al siglo XV)	Los Banqueros y la Usura (siglos XIV al XVIII)
Las Factorías	(siglo XIV y XV)	
Las Manufacturas	(siglo XVI al XVIII)	
Las Empresas Comerciales	(siglo XVII al XVIII)	

En la etapa de apogeo del capitalismo (siglos XVIII y XIX)

Formas de Acumulación Productivas industriales   **Formas de Acumulación Financiera**

La industria	(siglos XVIII y XIX)	Los Bancos y el Crédito (siglos XVIII y XIX)

En la etapa de decadencia del capitalismo (siglos XIX al XXI)

Fusión de las Formas de Acumulación Productivas y Financieras

Los Monopolios	(fines del siglo XIX a principios del XX)
Las Multinacionales	(siglo XX (entre los años `45 y `80)
Las Corporaciones Multinacionales	(finales del siglo XX al XXI)

Vamos a hacer entonces un análisis histórico de las distintas Formas de Acumulación Predominantes en las distintas etapas del capitalismo.

b) Las Formas de Acumulación propias de la etapa de Acumulación Originaria Capitalista

Las primeras y embrionarias Formas de Acumulación capitalista comenzaron a surgir entre los siglos X y XIV, antes incluso del comienzo del modo de producción capitalista, cuando el modo de producción feudal era aún dominante y coexistía con diversos modos de producción y formaciones sociales bárbaras, asiáticas e incluso esclavistas.

La etapa de acumulación originaria o primitiva del capitalismo, se desarrolló entre los siglos XIV hasta el XVIII y es la etapa en la cual se establecieron históricamente las bases para el desarrollo de relaciones de producción capitalista. En el comienzo de esta etapa, estaban establecidas las relaciones de producción feudales en Europa y la abrumadora mayoría de la población eran propietarios de sus propios medios de producción y subsistencia, ya sea de pequeñas propiedades como los campesinos, o grandes propiedades como la nobleza.

En la etapa de Acumulación Originaria los capitalistas fueron expropiando a los nobles, campesinos e incluso a otros sectores capitalistas, y fueron provocando la escisión entre los productores y los medios de producción de los que eran propietarios. Esto dio surgimiento a 2 fenómenos: por un lado los medios de producción se convirtieron en mercaderías y capital cuyos precios se fijaron en el mercado. Y por otro lado surgió la clase obrera, es decir los trabajadores desposeídos, cuya fuerza de trabajo también es una mercancía cuyo precio se fija en el mercado.

Así lo explica Carlos Marx: *"El proceso que crea a la relación del capital, pues, no puede ser otro que el proceso de escisión entre el obrero y la propiedad de sus condiciones de trabajo, proceso que, por una parte, transforma en capital los medios de producción y de subsistencia sociales, y por otra convierte a los productores directos en asalariados. La llamada acumulación originaria no es, por consiguiente, más que el proceso histórico de escisión entre productor y medios de producción. Aparece como "originaria" porque configura la prehistoria del capital y del modo de producción correspondiente al mismo"* (3)

La etapa de acumulación primitiva capitalista afectó sobre todo a las grandes masas rurales, que eran expulsadas del campo, mientras se destruían sus formas tradicionales y derechos de acceso a los medios de producción, a los recursos naturales, los derechos comunales, de compascuo, derechos de campo abierto y otros. En Inglaterra, entre el último tercio de siglo XV y principios del XVI, se disolvieron las mesnadas feudales fruto de la expulsión violenta de los campesinos y la usurpación de las tierras comunales por parte de los señores nobles para transformarlas en pasturas para ganado.

La segunda oleada de expropiaciones fue entre los siglos XVII y XVIII cuando los bienes eclesiásticos fueron confiscados y repartidos entre la oligarquía y sus moradores campesinos fueron expulsados. El proceso de Acumulación Primitiva capitalista, tuvo su desarrollo también en el proceso de colonización del resto de las naciones y continentes a partir de los descubrimientos geográficos de los siglos XV y XVI. Este proceso condujo al brutal aplastamiento de las civilizaciones y modos de producción pre- capitalistas en América, Asia, África y Oceanía, lo que permitió la expropiación de millones de indígenas y pueblos que vivían en el salvajismo, el barbarismo o civilizaciones asiáticas.

Entre los siglos X al XVIII, se desarrollaron las siguientes Formas de Acumulación de Capital:

1) Las Naciones Comerciales. Forma de Acumulación de la burguesía comercial

Las naciones comerciales o repúblicas marítimas surgidas entre los siglos X y el XIII, fueron Formas de Acumulación capitalista cuyo objetivo era acumular capital ejerciendo el comercio sobre la base del dominio de una o varias rutas marítimas. Estas naciones comerciales constituyeron un embrionario régimen de acumulación, cuyo polo de acumulación fue la industria marítima. El eje de acumulación fue el Mediterráneo y se basó en un conjunto de ciudades ubicadas en lo que es hoy territorio de Italia: Amalfi, Pisa, Gaeta, Ancona, Trani, Ragusa, Noli, etc, y las potencias de la época: Génova y Venecia.

Otro régimen de acumulación de las Naciones Comerciales se situó en el Mar Báltico, con eje en las ciudades del norte de Alemania y de comunidades de comerciantes alemanes en el mar Báltico, los Países Bajos, Noruega, Suecia, Inglaterra, Polonia, Rusia, parte de Finlandia y Dinamarca, así como regiones que ahora se encuentran en Estonia y Letonia. Esta Federación de ciudades constituyeron una gran Nación denominada Liga Hanseática o Hansa, en la segunda mitad del siglo XII y el comienzo del XIII con numerosas ciudades en el norte de Alemania, en torno al Báltico: Lübeck en 1158, Rostock, Wismar, Stralsund, Greifswald, Stettin, Danzig, Elbing, etc

La denominación de Naciones Comerciales tiene que ver con que eran empresas- nación en la medida en que contaban respecto de las autoridades feudales de una amplia independencia política y gobierno autónomo. Una o varias familias dominaban la nación lo que daba su carácter de república oligárquica que contaba con su propia moneda, su ejército, flota naval, colonias comerciales llamadas fundagos y "cónsules de las naciones", que vigilaban los intereses comerciales de sus respectivas ciudades en los puertos mediterráneos.

Así lo explica Federico Engels: *"Los venecianos y los genoveses en el puerto de Alejandría o el de Constantinopla, cada "nación" en su propio fondaco residencia, fonda, depósito, salón de exposición y ventas, además de oficina central constituían asociaciones comerciales completas".* Las Naciones Comerciales iniciaron su fase de surgimiento acompañando la expansión de la economía europea, que se desarrollaba en medio del apogeo del modo de producción feudal en el siglo X.

Los grandes excedentes y riqueza que ostentaron la nobleza de Normandía, Borgoña, Castilla, Aragón, Génova y Venecia, etc, permitieron una importante circulación comercial tanto en el Mar Báltico como en el Mediterráneo y el surgimiento de la ferias, la más importante de las cuales era la de la Champaña en el actual territorio de lo que es actualmente Francia, que actuaron como puente comercial terrestre entre ambos mares. La Hansa vendía sus barcos por toda Europa, llegando incluso al Mediterráneo e Italia.

Las Naciones Comerciales surgieron de las propias entrañas del sistema feudal y de formaciones sociales anteriores como el comunismo primitivo. Así lo explica Federico Engels: *"El comerciante de la edad Media no era en modo alguno un individualista, sino que era esencialmente el miembro de alguna asociación, como todos sus contemporáneos. En el campo reinaba la asociación de la marca, surgida del comunismo primitivo. Cada campesino tenía una parcela originariamente del mismo tamaño… y una participación, por ende de igual magnitud, en los derechos de la marca común…Y lo mismo vale en grado no menor para las asociaciones comerciales, que dieron origen al comercio ultramarino. .. Aquí nos topamos por vez primera con una ganancia y una tasa de ganancia…En las grandes sociedades comerciales, se descuenta que la ganancia se distribuye a prorrata de la participación de capital invertido, exactamente de la misma manera que la participación en los derechos de la marca se distribuye a prorrata de la participación justificada de la parcela… Por consiguiente, la tasa de ganancia era igual para todos"* (3)

Las Naciones Comerciales también acumularon capital en la medida en que empezaron a desarrollar un incipiente proletariado como lo explica Federico Engels: *" La navegación en la escala en que la desarrollaron las repúblicas marítimas italianas y hanseáticas resultaba imposible sin el concurso de marineros, es decir de trabajadores asalariados (cuya relación salarial podía estar oculta bajo formas corporativas con participación en las ganancias), como era imposible para las galeras de esa época funcionar sin remeros asalariados o esclavos. Los gremios de las minas, consistentes originariamente en trabajadores asociados, se habían transformado ya en casi todos los casos en sociedades por acciones para la explotación de la empresa por medio de asalariados. Y en la industria textil el comerciante había comenzado a poner a los pequeños maestros tejedores directamente a su servicio, suministrándoles el hilado y haciéndolo transformar en tejido, por su cuenta, a cambio de un salario fijo...Tenemos aquí ante nosotros los comienzos incipientes de la formación capitalista de plusvalor".* (4)

Las Naciones Comerciales tuvieron su comienzo en el siglo X y lograron altísimas tasas de ganancia. Para tener una medida comparemos los ingresos de Génova que fue una de las Naciones Comerciales más importantes con Francia la monarquía más rica importante de la época según Perry Anderson: *"En el año 1293, sólo los impuestos marítimos del puerto de Génova produjeron 3 veces y media más que todas las rentas reales de la monarquía francesa".* (5) Los capitales acumulados fueron tan grandes que permitieron el surgimiento y establecimiento del patrón oro para las monedas, como lo explica Perry Anderson: *"El poderío marítimo de Génova y Venecia fue lo que garantizó e Europa occidental un continuo superávit comercial con Asia, superávit que financió su vuelta al oro...La vuelta de la moneda de oro en Europa a mediados del siglo XIII, con la simultánea acuñación en 1252 del januarius y el florín en Génova y Florencia, fue el símbolo resplandeciente de la vitalidad comercial de las ciudades"* (6)

La base de la expansión económica fue la alta tasa de ganancias logradas por las Naciones Comerciales, como lo explica Federico Engels. *"Esta tasa originaria de ganancia era necesariamente muy elevada...el negocio era un comercio monopólico con ganancia monopólica"* (7) Las Naciones Comerciales comenzaron un proceso de apogeo que abarcó los siglos XII y XIII, lo cual desarrolló una importante expansión económica en los embrionarios regímenes de acumulación que se establecieron en el Mediterráneo y el Mar del Norte y Báltico y se realimentó con el apogeo y expansión económica del modo de producción feudal dominante en Europa, con al cual se desarrollaron y combinaron.

Los capitalistas de las Naciones Comerciales hicieron toda clase de acuerdos y asociaciones de carácter corporativo, con el objetivo de obtener de los gobiernos extranjeros privilegios jurisdiccionales, fiscales y aduaneros, a la vez que alcanzaron el dominio de varios señoríos personales. En la fase de auge de las Naciones Comerciales, surgieron nuevas operaciones de cambio, de contabilidad y nuevos descubrimientos científicos y tecnologías, para asegurar las rutas comerciales y proteger las inversiones.

Se entrenaron pilotos marítimos y se erigieron faros, se desarrolló la brújula, las matemáticas, la astronomía, la cartografía y la geografía, todo al servicio de la industria de la navegación. Las ciudades, expuestas a las incursiones de los piratas, organizaron de modo autónomo su defensa, dotándose de poderosas flotas de guerra para crear bases, escalas y establecimientos comerciales que tuvieron una gran influencia política. De este modo, las Naciones Comerciales pasaron en el siglo XI a la ofensiva y libraron importantes guerras contra el poder marítimo bizantino e islámico, con los que compitieron por el control del comercio con Asia, África y las rutas mediterráneas.

Las Cruzadas les permitió liquidar el poderío islámico en el Mediterráneo y la invasión Normanda a Inglaterra puso freno a las incursiones vikingas en el Mar del Norte. El surgimiento de la tasa de ganancias de las Naciones Comerciales, continuó con el proceso de nivelación de las diferentes tasas de ganancias, proceso que precedió a la caída de la tasa de ganancia como lo explica Federico Engels: *"La nivelación de estas diferentes tasas de ganancia corporativas se estableció por el procedimiento inverso, por la competencia. En un comienzo, (se nivelaron) las tasas de ganancia de los diversos mercados para la misma nación...A continuación debía tocarle el turno a la paulatina nivelación de las tasas de ganancia entre las diversas naciones que exportaban mercancías iguales o similares a los mismos mercados, con lo cual muy a menudo tal o cual de esas naciones era aplastada y desaparecía de la escena".* (8)

La sobre acumulación de capitales producida tras la nivelación de las tasas de ganancias, provocó la caída de la tasa de ganancia de las Naciones Comerciales, proceso que se combinó y realimentó con la crisis general del modo de producción feudal, en el siglo XIV. La crisis del feudalismo produjo el derrumbe del consumo, los puertos se paralizaron, las mercaderías bajaron su precio abruptamente y las quiebras se generalizaron. Esto produjo un verdadero cataclismo político- económico- social conocido como "la crisis del siglo XIV", donde murió casi el 40% de la población de Europa.

Se había iniciado la fase de agotamiento de las Naciones Comerciales y se desató un violento proceso de centralización de capitales que las llevó a guerras entre ellas por el dominio de las rutas marítimas. El agotamiento de las Naciones Comerciales, como Forma de Acumulación, combinado con la crisis terminal del modo de producción feudal, provocó un violentísimo proceso de destrucción de fuerzas productivas y centralización de capitales, la Guerra de los Cien Años. Junto a la hambruna y las pestes, las guerras liquidaron naciones, ciudades y comarcas enteras. Con millones de muertos, la Guerra de los

Cien Años fue un inmenso proceso de destrucción de fuerzas productivas con el cual nació oficialmente el capitalismo.

La Guerra de los Cien Años fue en realidad un conjunto de guerras entre las naciones que dominaban la economía europea en la época y actuó como bisagra entre el modo de producción feudal y el modo de producción capitalista que emergió y dio inicio a su etapa de Acumulación Primitiva. Junto a ella también se desarrollaron enormes insurrecciones campesinas y de los trabajadores de los gremios artesanales como la insurrecciones de los Ciompi en Florencia o de los tejedores en Gante.

Los descubrimientos geográficos del siglo XV aceleraron la decadencia las Naciones Comerciales, según lo explicó Federico Engels: *"Pero este proceso se vio interrumpido de continuo por acontecimientos políticos, así como todo el comercio levantino decayó a causa de las invasiones mongólicas y turcas, y los grandes descubrimientos geográfico-comerciales efectuados a partir de 1492 no hicieron otra cosa que acelerar esta decadencia y, más tarde, volverla definitiva".* (9)

Las Naciones Comerciales continuaron su decadencia tras los descubrimientos geográficos de los siglos XV y XVI, que fueron posibles por el desarrollo tecnológico y de acumulación de capital que habían logrado en su ciclo de apogeo y permitió financiarlos. Pero los descubrimientos geográficos y el proceso de colonización de África, Asia, América y Oceanía, empalmaron ya con los inicios del modo de producción capitalista y su etapa de acumulación primitiva. En la medida que estos continentes fueron colonizados y que las relaciones de producción capitalistas necesitaron de un largo período para surgir y ser consolidadas, los capitalistas implementaron en muchos casos en los primeros siglos de la colonización, Formas de Acumulación y regímenes capitalistas apoyándose en relaciones de producción no- capitalistas.

2) La Orfebrería y primeros Banqueros. Forma de Acumulación de la burguesía financiera

Junto a las Naciones Comerciales surgió otra Forma de Acumulación, la industria financiera basada en los primeros banqueros y usureros. La gran acumulación de capital que lograron las Naciones Comerciales, permitió el desarrollo de capitalistas dedicados a la industria vinculada al desarrollo y la circulación del dinero, su transporte, almacenamiento, seguros y préstamos. Como resultado del peligro de robo, nació la práctica de colocar lingotes preciosos y monedas en custodia de los orfebres, acostumbrados a trabajar con metales preciosos, recibir y guardar las monedas de oro y plata para los capitalistas que necesitaban almacenar las ganancias obtenidas.

A medida que esta práctica se hizo más necesaria, el orfebre empezó a cobrar comisiones, y se fue transformando en banquero al descubrir que era innecesario mantener en sus bóvedas todas las monedas depositadas por lo que las hacía circular en forma de préstamos y pagos diversos, mientras expendía recibos de depósitos a los capitalistas que depositaban sus monedas y metales. Los capitalistas depositantes empezaron a utilizar a su vez los recibos de depósito de los orfebres para hacer sus pagos.

Los orfebres expedían recibos de depósito por un valor superior al que tenían las monedas de metal precioso que estaban en custodia y de esta forma, el valor del dinero o reserva que los orfebres tenían a su alcance para afrontar los retiros en monedas de oro y plata representaban solamente una fracción del valor total de los recibos de depósitos expedidos por ellos.

Nació entonces el concepto de banca de reserva fraccionaria; los orfebres dejaron de ser simples custodios de especies para convertirse en banqueros. La actividad de la banca se manifestó primeramente en todos aquellos lugares donde había en circulación distintos tipos de dinero, lo que dio origen a la actividad de los cambistas. Los primeros bancos hicieron su aparición en el año 1155, se dedicaron principalmente al tráfico, pero aceptaban también depósitos y para el siglo XIII las ciudades septentrionales de Italia, como Siena y Florencia, llegaron a construir centros bancarios rudimentarios

En el siglo XII comenzaron a surgir los fondos comunes, grandes masas de capitales, depositadas por varios capitalistas que se organizaban en común y comenzaron a otorgar préstamos públicos a las ciudades italianas. Los empréstitos públicos fueron denominados Monti en Italia, que significa fondo común y Bank en los pueblos germanos que fue italianizado en Banco y la acumulación de empréstitos públicos fue llamada indiferentemente Monte o Banco, lo que dio origen al término Banco para las entidades que acumulan capitales en carácter de depósito.

Los banqueros estuvieron ligados a las Naciones Comerciales y al surgimiento de empresas más pequeñas, en la cual los capitalistas combinaron el comercio con el manejo de fondos, monedas e inversiones. Los Fugger, los Welser, los Vöhlin, los Höchstetter, Hirschvogel, etc, son las grandes familias de banqueros alemanas que junto a las italianas dominaron la circulación de mercancías y dinero en

EL FIN DE LAS MULTINACIONALES

esos siglos en la economía de Europa, tal como lo harán los Rostchild en el siglo XIX.

Tanto los banqueros de Génova, Florencia, Venecia, la Hansa, como los de Castilla, Aragón y Portugal financiaron las empresas que emprendieron los descubrimientos geográficos de los siglos XV y XVI. Estos descubrimientos buscaban no sólo nuevas rutas de navegación para dominar, sino también la colonización de nuevos puertos, la explotación de mano de obra y la búsqueda de extracción y materiales preciosos, para alimentar una acumulación de capitales que permitiera financiar y conformar la base de dinero tanto en metal como fiduciario, una acumulación imprescindible para respaldar las inversiones necesarias que permitió lanzar el modo de producción capitalista.

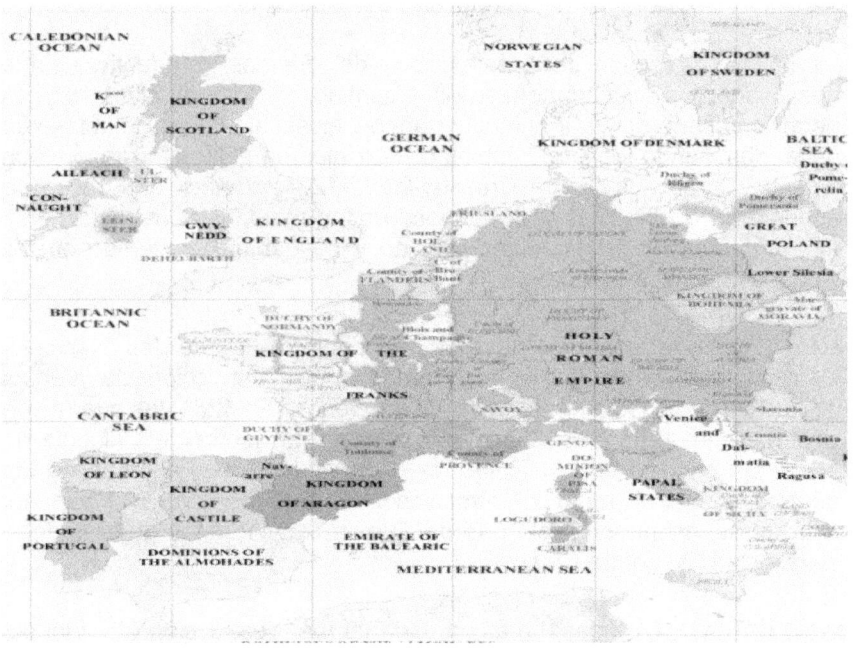

El mapa muestra a Europa en el siglo XIV, los reinos, ducados y condados protagonistas de la Guerra de los Cien Años. Fuente: Euratlas

Así lo explica Federico Engels: *"Pero también se fundaron asociaciones más estrechas con fines determinados, como la Maona de Génova, dominadora por muchos años de las minas de alumbre de Focea, en el Asia Menor, así como de la isla de Quíos, en los siglos XIV y XV, o la gran sociedad comercial de Ravensburgo, que comerció desde fines del siglo XIV con Italia y España, fundando allí sucursales, y la sociedad alemana de los Fúcares [Fugger], los Welser, los Vöhlin, los*

163

Höchstetter, etc., de Augsburgo, de los Hirschvogel de Nuremberg y otros, que con un capital de 66.000 ducados y tres naves participó en la expedición portuguesa a la India de 1505-1506, obteniendo en ella una ganancia neta del 150 por ciento según unos, y del 175 según otros..."
(10)

La transición de las Naciones Comerciales a las Factorías

La primera forma de acumulación capitalista predominante, las naciones comerciales, comenzaron su fase de surgimiento tras Las Cruzadas a partir del siglo X cuando las potencias comerciales aliadas lanzaron múltiples expediciones armadas contra los musulmanes, los cristianos orientales, rusos y bizantinos, el movimiento de los cátaros en el sur de Francia y los judíos. Se calcula que las diversas matanzas y guerras llevadas a cabo por los cruzados produjeron cinco millones de muertes durante alrededor de tres siglos y medio.

El proceso de destrucción de fuerzas productivas que desencadenó la lucha contra los bizantinos y los musulmanes, les permitió pasar a dominar el Mediterráneo y alcanzar el cenit de la fase de auge, dominando los intercambios comerciales en el Mediterráneo y con Oriente. Durante la Cuarta Cruzada (1202-1204) Venecia y Génova se apoderaron de las islas y de las localidades marítimas comercialmente más importantes del Imperio Bizantino y se habían convertido en los estados más ricos de Europa.

Cuando comenzó la fase de agotamiento de las Naciones Comerciales, estalló un violento proceso de destrucción de fuerzas productivas, con las guerras entre Pisa y Génova en 1284, las guerras de San Saba en 1255 entre Génova y Venecia, la guerra de Chioggia de 1372, las guerras con el Reino de Hungría en 1352, además de las guerras contra el Imperio Germánico y las guerras contra el papado, entre otras, mientras en el norte de Europa estallaron las guerras de la Hansa en 1362 contra Dinamarca.

Pero el proceso más importante de destrucción de fuerzas productivas se desarrolló durante la Guerra de los Cien Años, entre mediados del siglo XIV y mediados del siglo XV, que fue bisagra entre el modo de producción feudal al capitalista.

La brutal destrucción de fuerzas productivas que constituyó la crisis del siglo XIV permitió avanzar en estas formas de acumulación y el proceso de centralización de capitales produjo la transición de las Naciones Comerciales a una Forma de Acumulación superior que fueron las Factorías.

EL FIN DE LAS MULTINACIONALES

La destrucción de fuerzas productivas de la Guerra de los 100 años, estuvo centrada geográficamente en Francia que era la economía más importante de la época y bastión del feudalismo. Las aldeas arrasadas, los millones de muertos, el desarrollo de tecnología y la industria al servicio de las guerras, provocaron graves alteraciones en los precios de mercado de los productos, sometidos a tensiones nunca vistas de oferta y demanda. A su vez millones de campesinos libraban guerras por su libertad lo que permitió el avance aunque incipiente de los primeros trabajadores asalariados.

Al tiempo que los señores feudales debían ceder a las presiones de sus siervos para liberarse de la servidumbre, en algunos casos, o que eran aplastadas las insurrecciones en otro, la Guerra de los 100 años implicó la lucha entre sectores de las clases dominantes por el control de las zonas de surgimiento de las primeras zonas industriales y de mayor importancia económica como Guyena o Gascuña.

En el mismo sentido se desarrollaron la guerra civil en Normandía, la Guerra de las 2 Rosas en Inglaterra, la Guerra entre Inglaterra -Francia, la Guerra entre Francia y Borgoña, la lucha por el control de Flandes y los Países Bajos, la Guerra Civil en Bretaña y las Guerras Civiles en Aragón y Castilla.

En todas las naciones en esa época, los ducados y reinos, en las que se desarrollaron las guerras, las alianzas cambiaban permanentemente y también los sectores de clase, tanto nobles como capitalistas, se fueron alineando de distintas formas. Con el desarrollo de la industria de guerra, surgieron también las grandes fortunas de los banqueros y capitalistas que financiaron la industria bélica y la tecnología militar.

Tras la Guerra de los 100 años, una parte importante de la nobleza desapareció, se produjo una importante centralización de capitales y la burguesía siguió su ascenso, producto del cual emergió un mundo de ciudades basadas en el comercio y los centros de poder comenzaron a desplazarse hacia los nuevos burgos o ciudades, donde se establecieron las nuevas Formas de Acumulación, las Factorías.

En la declinación de las Naciones Comerciales, Portugal y los Reinos de Aragón y Castilla, que habían sido colonizados por tanto por los normandos como por Génova en el apogeo del capitalismo mediterráneo, desarrollaron una enorme actividad comercial con los descubrimientos geográficos del siglo XV, que los convirtió en potencias, aunque ya como último fulgor del decadente capitalismo mediterráneo.

DANIEL CAMPOS

3- Las factorías. Forma de Acumulación de los comerciantes- empresarios contratistas

Las Factorías son una Forma de Acumulación que surge a partir del siglo XIV, en la que los capitalistas comerciantes comenzaron a contratar y a agrupar trabajadores asalariados tanto en la ciudad como en el campo. Los comerciantes desarrollaron estas empresas y se transformaron en contratistas en la medida en que encontraron más barato fabricar las mercaderías en puerto que acarrearlas de un puerto a otro, lo que les permitió obtener ahorros y ganancias importantes, muy superiores a las que lograban con la actividad comercial simple.

Para Engels: *"...Ya existía la tasa de ganancia del capital comercial. Qué podía impulsar entonces al comerciante a encargarse de la función acumulativa del contratista? Una sola cosa: La perspectiva de una ganancia mayor..."* **(11)** Las Factorías se basaron en el trabajo manual, y la cooperación simple donde cada trabajador cumplía un trabajo sin que el conjunto de los trabajadores que actúan sobre la mercadería estén agrupados en el mismo taller.

Es el mismo capitalista quien va llevando la mercadería de un lugar a otro, para darle los diferentes toques por distintos trabajadores. En estas técnicas de las ramas industriales como textiles, orfebrería o metalurgia, la productividad del trabajo se logró a partir de la cooperación simple y el trabajo manual, siguiendo la tradición de los métodos de trabajo del artesanado.

Estas Formas de Acumulación tuvieron como polo de acumulación la industria textil y minera; y conformaron un régimen de acumulación en el cual las nuevas industrias surgidas como Factorías, combinaron su producción y distribución con las Naciones Comerciales. El eje de acumulación fue el trípode que constituyeron Normandía, Inglaterra y Los Países Bajos en el Canal de la Mancha y el Mar del Norte. Precisamente esa zona geográfica fuo, junto a Francia, el epicentro del violento proceso de destrucción de fuerzas productivas que implicó la Guerra de los Cien Años, en la cual las clases dominantes disputaron el control de estas incipientes nuevas industrias.

La Guerra de los Cien Años expresó el surgimiento de un régimen de acumulación dinámico, alternativo a la decadencia del régimen de acumulación capitalista establecido en el Mediterráneo. Así lo explica Nahuel Moreno: *"existe un extraordinario desarrollo del capitalismo mediterráneo que ya ha empezado su decadencia cuando descubre América. Su descubrimiento no hará más que acelerar su decadencia y el desarrollo del nuevo capitalismo noroccidental, que ya había surgido y estaba desplazando al mediterráneo antes del descubrimiento de nuestro continente. El capitalismo mediterráneo impregnado de aristocratismo y formas feudales, tiene un carácter comercial, usurario, local e internacional en oposición al del noroeste de Europa que lo tiene manufacturero y nacional"* (12)

Las Factorías son Formas de Acumulación en la cual se explotó mano de obra asalariada para fabricar los productos, lo que permitió a los comerciantes- empresarios bajar los precios de las mercaderías para competir mejor con los demás comerciantes, quienes tienden a adoptar esa forma de producción, para no perder en la competencia por los mercados. Las Factorías y el agrupamiento de trabajadores asalariados es un proceso que desarrolló por 3 vías que dan origen a tipos de empresas diferentes: a) Los gremios artesanales privatizados, b) El trabajo rural domiciliado y c) Las concesiones mineras privatizadas. Vamos a analizar estas tres variantes empresarias

a) La privatización de los gremios artesanales

Una de las vertientes que dio surgimiento a las Factorías fue el proceso de privatización de los gremios artesanales, las industrias existentes en el feudalismo que producían en pequeña escala para pequeñas comunidades, siguiendo estrictas normas de producción que fijaban metas comunes. A partir del siglo XIV estas corporaciones artesanales empezaron a pasar a ser propiedad de capitalistas.

Los gremios artesanales tenían una organización interna bastante rígida de 3 niveles: maestros, oficiales y criados aprendices. Los maestros eran los únicos que podían votar los estatutos por los que se rige el gremio y elegir los procuradores y jefes del mismo, los oficiales tenían derecho a recibir alojamiento, alimentación y un salario, en cambio los criados aprendices, con bajos salarios, permanecían de por vida en ese estado.

Al principio, los gremios tuvieron como característica la igualdad y la solidaridad entre sus miembros. Las condiciones de contratación y de trabajo variaban de un gremio a otro y con el tiempo el mercader o capitalista comerciante procedió como intermediario en las actividades del cambio de mercancías. Más tarde se dedicó a comprar con regularidad las mercancías de los pequeños productores, a proveerles de materias primas y a prestarles dinero, con lo cual, los pequeños productores caían bajo la fuerza económica del mercader.

Junto a ello se desarrolló un proceso de diferenciación social al interior de los talleres que fueron siendo dominados por los maestros que empezaron a transformarse en sus dueños. Esto aceleró el proceso de separación social entre los maestros y aprendices y los maestros comenzaron el proceso de apropiación de los gremios como empresas bajo su propiedad. A su vez surgieron las sociedades entre capitalistas comerciales y maestros artesanales, o directamente los maestros fueron expropiados mediante la usura.

Cualquiera fuera la vía, los gremios fueron transformándose en Factorías en la medida en que se transformaron en empresas que pasaron a tener uno o varios capitalistas como dueños. El poder de los gremios privatizados se extendió en varios casos hasta el control de los gobiernos municipales y en las industrias ligadas a la exportación, el maestro se convirtió más rápidamente en capitalista y en propietario de la empresa.

De este modo los talleres artesanales del medioevo fueron desapareciendo, remplazados paulatinamente por los nuevos talleres privatizados, de los cuales emergieron los nuevos capitalistas o empresarios. Así lo explica Reyna Pastor de Togneri: *"Las corporaciones artesanales entran en un período de estancamiento que persistirá hasta los siglos XVII y XVIII, en los cuales desaparecen porque no pueden hacer frente a las formas capitalistas en desarrollo. Organizadas de manera tal que benefician cada vez más a los maestros surgirán de ellas muchas veces los nuevos empresarios"* (13)

b) El trabajo rural domiciliado

El trabajo rural domiciliado es la empresa que surge producto de que los capitalistas comerciantes contratan mano de obra campesina para la elaboración de las mercaderías. El mercader lleva mercaderías y materias primas a las casas de las familias campesinas que van haciendo distintos trabajos, ya sea de tejidos, hilados, tintura, etc. Las familias campesinas combinan trabajos para el capitalista, con trabajos para sí mismos en el campo, hasta que van cayendo una tras uno bajo el control del capitalista ya sea por necesidad o por las deudas que contraen con él.

Así lo explica Reyna Pastor de Togneri: *"Un comerciante o Verleger distribuía la prima entre los campesinos y adquiría con ello parte de su fuerza de trabajo...Los empresarios controlaban los diversos procesos de la producción y llevaban de un lado a otro los hilados y los tejidos a los molinos bataneros, a las tintorerías, etc. Mediante este sistema el campesino se convierte paulatinamente en un obrero industrial a domicilio que produce para el mercado y que vende al empresario parte de su fuerza de trabajo"* (14)

EL FIN DE LAS MULTINACIONALES

Este tipo de Factorías surgieron producto de los cambios que se produjeron en la industria textil. Durante siglos la industria estuvo basada en la pañería de lujo que consumían las oligarquías de Borgoña, Florencia, Venecia, el papado o Génova, etc. Pero a partir de la crisis del siglo XIV, esta pañería de lujo entró en crisis por la parálisis del comercio, la caída del nivel de vida y decadencia de la nobleza. La pañería de lujo incluía la compleja técnica de fabricación de la seda traída de China vía el Islam, y robada por Las Cruzadas.

La industria textil con base en la pañería de lujo quedó relegada a un segundo plano, superada por la pañería de lana, más barata, que consumieron las clases populares y la burguesía, provista por la lana de las ovejas criadas en Inglaterra y Castilla, lo cual se combinó con la utilización de los molinos de viento en Flandes y Castilla y molinos de agua en Inglaterra que aprovecharon las enormes caídas de agua en esas regiones y le que le dio un gran impulso a la industria textil.

El trabajo rural domiciliado fue la empresa más importante de las que conformaron las Factorías, para Reyna Pastor de Togneri: *"las industrias rurales domiciliadas serán una forma de transición que aumenta su importancia a medida que pasa el tiempo: por la cantidad de obreros que ocupa, por el monto de la producción, y por el área geográfica que ocupa, esta actividad es la que va a acelerar la acumulación originaria de capital en manos de mercaderes y de banqueros y la que va a iniciar transformaciones en el campesinado...ya que lo alejan de la tierra, lo despojan de sus medios de producción, lo obligan al trabajo rutinario realizado en largas jornadas y lo van convirtiendo en asalariado"* **(15)**

El epicentro del trabajo rural domiciliado fue Inglaterra, el lugar donde la nobleza tras la Guerra de los Cien Años se debilitó, la industria textil tuvo un gran desarrollo tanto por la cría de ovejas como por las condiciones climáticas con las grandes caídas de agua que permitieron construir molinos más aptos para el bataneo. Allí florecieron las empresas que comenzaron a proletarizar masas de campesinos y tanto los mercaderes como los capitalistas comerciantes se apropiaron más rápidamente de los talleres artesanales.

c) La privatización de las concesiones mineras

Siguiendo un proceso similar al sufrido por los gremios de artesanos, las concesiones mineras fueron objeto de apropiación por parte de los capitalistas, maestros devenidos en empresarios, traficantes de metal y monedas y compradores de estaño. Las concesiones

169

mineras eran comunidades que firmaban contratos con las autoridades feudales, cobraban una recompensa a cambio de la explotación de las minas y la explotación de metales y al igual que los gremios de artesanos, conservaban normas que imponían la igualdad de sus miembros.

Pero la minería sufrió una grave crisis en el siglo XIV, como lo explica Perry Anderson: *"La extracción de plata a la que estaba conectado todo el sector urbano y monetario de la economía feudal, dejo de ser practicable o rentable en las principales zonas mineras de Europa Central, porque no había forma de abrir pozos más profundos o de refinar los minerales más impuros...la escasez de metales provocó repetidos envilecimientos de la moneda en un país tras otro y, en consecuencia una inflación galopante"* (16)

La crisis de la explotación minera, sumado a la necesidad del comercio de establecer monedas, llevó a la creciente búsqueda de los comerciantes capitalistas a tomar posesión de las industrias mineras e incluso expandir las misma a los territorios recientemente descubiertos y colonizados, como en el caso de América, donde la instauración del sistema de mitas implicó empresas basadas en la esclavización de las tribus comunistas primitivas que vivían en la región.

La apropiación de las concesiones mineras, al igual que la apropiación los talleres artesanales por parte de los capitalistas, o proceso de privatización de los mismos, fue parte la etapa de acumulación primitiva capitalista en la medida en que fue parte del proceso de expropiación que los capitalistas fueron haciendo de las demás clases sociales.

De ese modo, estableció el desarrollo de varias ramas industriales y permitió un proceso de desarrollo incipiente de la clase obrera en la medida en que florecieron los talleres y establecimientos mineros en los cuales se empezó a contratar mano de obra asalariada.

Conclusiones sobre Las Factorías

Las Factorías tuvieron su fase de surgimiento en la segunda mitad del siglo XIV. En la segunda mitad del siglo XV tuvieron su fase de auge, lo que permitió en las zonas en que se desarrolló, la expansión de la economía hasta principios del siglo XVI. Tanto los gremios artesanales privatizados, como el trabajo rural domiciliado y las concesiones mineras privatizadas, se combinaron durante ese período de tiempo con las Formas de Acumulación nacientes como las Naciones

Comerciales, la banca y la usura, además de las formas de producción feudales en descomposición.

Las Factorías fueron un avance en la centralización y acumulación de capital, lo cual se expresó en la importancia de ciudades como Flandes y Gante en la industria textil y minera. Pero a comienzos del siglo XVI las Factorías comenzaron a entrar en la fase de agotamiento, la economía volvió a estancarse y comenzó un nuevo proceso violento de destrucción de fuerzas productivas, cuyos puntos más importantes fueron la Guerra de los 80 años, con epicentro en Flandes y los estados holandeses a mediados del siglo XVI.

Sin embargo el agotamiento de las Factorías, no expresó solamente las contradicciones provenientes del desarrollo capitalista, como la nivelación y caída de la Tasa de Ganancia, ocurrida con las Naciones Comerciales. El agotamiento de las Factorías combinó elementos económicos con factores políticos en la medida en que su desarrollo se vio seriamente limitado por la existencia de la nobleza en el poder, a diferencia de las Naciones Comerciales que se desarrollaron en ciudades donde la burguesía tenía el poder.

Las Factorías son empresas cuyo desarrollo cuestionó la estructura social del feudalismo, se chocó y ahogó en ella. La burguesía necesitó embestir contra las instituciones que sostenían el orden feudal y contra la Iglesia Católica para poder pasar a una Forma de Acumulación superior. Las guerras combinaron la pelea por la centralización de capitales y la lucha por el poder de las naciones que la nobleza controlaba, lo que dio a las Factorías un carácter inestable y transicional.

Las Factorías no fueron una Forma de Acumulación sólida como las Naciones Comerciales, sino más bien una Forma transicional entre las industrias artesanales del Medioevo que entraban en crisis a mediados del siglo XIV y las Manufacturas capitalistas que emergen a mediados del siglo XVI. Para Alberto J. Plá: *"El salto cualitativo que va del artesanado a la manufactura no es simple y reconoce una etapa intermedia: la del trabajo domiciliado. Pero el proceso es lento y en realidad se desarrolla en etapas sucesivas. Durante espacios de tiempo muy prolongados coexisten viejas y nuevas formas de producción"* (17)

Las Factorías, como empresas industriales que comienzan a tener propietarios burgueses a su mando, fueron un componente fundamental de la economía europea durante casi 2 siglos, y aun siendo empresas de carácter transicional, fueron vitales para el desarrollo del modo de producción capitalista, en su etapa de acumulación primitiva.

DANIEL CAMPOS

La transición de las Factorías a las Manufacturas

En las Guerras de los Cien Años se produjeron cambios en la industria militar, los caballeros feudales fueron superados, aparecieron los primeros ejércitos profesionales compuestos por soldados no unidos por un pacto de vasallaje con su señor, sino la paga de reyes y banqueros, y el desarrollo de nuevas tecnología militares. El ejército y el rey fueron el pilar de un nuevo régimen en el estado feudal, las monarquías absolutas y el desafío al poder económico, social, político de la nobleza, permitió lentamente avances en beneficio de la burguesía, que los reyes alentaron.

Aunque la mayor parte de la población seguía siendo campesina, el impulso económico y las novedades ya no provenían del castillo o el monasterio, sino de la ciudades, epicentro del desarrollo de las Factorías. Al entrar éstas en su fase de agotamiento, se desató un violento proceso de destrucción de fuerzas productivas, que permitió una nueva centralización de capitales, y el desarrollo de las Manufacturas.

Este violento desarrollo de las fuerzas productivas tuvo como epicentro la Guerra de los 80 años, un complejo de guerras centrado en la lucha de los príncipes protestantes de Alemania y los Países Bajos que reflejaban a la burguesía en ascenso, contra la nobleza de Francia y la nobleza de España que era la potencia mayor de Europa, para ese entonces dominada por la nobleza de los Hausburgo.

El movimiento de la Reforma Luterana encabezaba un proceso de confiscaciones de tierras a la Iglesia, vital para el desarrollo de la industria textil. Todo el desarrollo de la Guerra de los Ochenta años fue un conjunto de 8 guerras distintas acontecidas entre 1562 y 1648, que incluyeron las guerras entre católicos y protestantes calvinistas donde se enfrentaron las Diecisiete Provincias de los Países Bajos contra su soberano, el rey de España Carlos V. Las17 provincias, o Provincias Unidas buscaban conseguir la independencia de Carlos V y España.

La rebelión contra el monarca de los protestantes estuvo encabezada por Martín Lutero y Calvino, pero el proceso de destrucción de fuerzas productivas fue muy violento. La alta nobleza reprimió brutalmente a los protestantes que fueron perseguidos y ejecutados con extrema crueldad; entre los ejecutados se encontraba el dirigente más importante de esta reforma radical, Thomas Müntzer y el español Miguel Servet. Tras los 80 años de brutales, enfrentamientos, destrucción de ciudades, aldeas, y millones de muertos, la Guerra finalizó con el triunfo de Holanda y permitió un proceso de centralización de capitales del cual surgió las Provincias Unidas, que obtuvieron su independencia y la burguesía comenzó su ascenso hacia el poder imponiendo un moderno estado para la época, que contó con un Parlamento con diputados electos en todas las provincias. Las Provincias Unidas, parte de lo que hoy llamamos Holanda y Bélgica, emergieron triunfantes y se impusieron como una potencia mundial en el siglo XVII, lo cual las convirtió en unos de los centros mundiales del desarrollo de la industria manufacturera, sumado a su poderosa armada y flota mercante.

Esa zona de Europa experimentó un importante auge económico y cultural fruto del desarrollo y expansión de la Manufacturas, Formas de Acumulación que fueron las resultantes del pujante desarrollo industrial que desde el Medioevo venían experimentando Flandes y las zonas geográficas comprendidas en los Países Bajos, pero pudieron abrirse paso y desarrollarse producto del violento proceso de destrucción de fuerzas productivas que implicaron las Guerras de los 80 años.

3) La Manufactura. Forma de acumulación de la burguesía manufacturera

La Manufactura surge en el siglo XVI es la Forma de Acumulación en la cual el capitalista agrupa a los trabajadores en el taller o establecimiento y el trabajo manual se basa en la división del trabajo entre los asalariados, que supera la técnica de la cooperación simple, propia de las Factorías. Cada uno de los trabajadores se especializa en una o varias operaciones determinadas, lo que eleva la productividad del trabajo, la explotación del trabajadores y logra mercaderías más baratas, lo que permite una mayor acumulación de capital y ganancias.

En la manufactura la división del trabajo hace que el trabajador alcance una especialización pero ya no sea el productor de una mercadería acabada, con lo que su dependencia respecto del capitalista adquiere un carácter nuevo y más firme. Para Marx: *"consiste en reunir en un taller, bajo el mando del mismo capitalista, a trabajadores pertenecientes a oficios artesanales diversos e independientes, por cuyas manos tiene que pasar un producto hasta su terminación definitiva...En cuanto forma característica... predomina durante el período manufacturero propiamente dicho, el cual dura, en líneas muy generales, desde mediados del siglo XVI hasta el último tercio del XVIII."* (18)

Existen 2 tipos de manufactura la heterogénea y la orgánica. La heterogénea es cuando se ocupa de una mercadería compuesta por un conjunto de productos parciales que pueden realizarse independientemente, e incluso en talleres distintos, y luego se reúnen en un taller en manos de operarios que los ensamblan y combinan, como es el caso de las fábricas de relojes, por ejemplo. En cambio en la manufactura orgánica, se concentra obreros de especialidades diferentes, los cuales ejecutan sobre la mercadería todo el proceso de producción hasta el fin, para crear una determinada mercancía.

La manufactura orgánica permite que los artículos recorran toda una serie de procesos pasando por una serie de obreros especializados, y que las diversas fases del proceso de producción que antes eran sucesivas, se transformen ahora en simultáneas. Esto permitió lograr más mercancías terminadas en el mismo tiempo y creó las premisas para la gran producción industrial, contribuyó a la ulterior división del trabajo, simplificó en gran medida muchas operaciones laborales, perfeccionó los instrumentos de trabajo y preparó las condiciones para pasar a la producción maquinizada.

La Manufactura favoreció la concentración de los medios de producción en manos de los capitalistas y significó la ruina para la mayoría de los artesanos. Pero aunque la división del trabajo en las manufacturas hizo que la producción capitalista de mercancías se acrecentara y que el rendimiento del trabajo social se elevara sensiblemente, la Manufactura no abarcó toda la producción social. Al contrario, la existencia de un inmenso número de empresas industriales pequeñas continuó y constituyó un rasgo característico del período manufacturero del capitalismo que muchas Manufacturas combinaran su producción con las Factorías como el trabajo rural domiciliado y los talleres artesanales medievales residuales.

El papel del Estado en el desarrollo de Las Manufacturas

En todo el proceso de desarrollo de la Manufactura jugó un gran papel el estado, como lo muestra el caso de Francia, donde fue política del ministro Colbert y Luis XIV en Francia, el mercado interno y la exportación de mercancías para los mercados, lo que se llamó el mercantilismo. Esto respondió al hecho de que el surgimiento de mayores mercados internos y un colosal crecimiento del mercado exterior producto de los descubrimientos geográficos, provocó una demanda enorme de mercancías, que el desarrollo de la producción de la época no podía satisfacer.

La Manufactura fue de la mano del desarrollo del desarrollo de los regímenes absolutistas en el estado feudal, basados cada vez más en la maquinaria de la burocracia estatal, el ejército y el conjunto de funcionarios alrededor del poder centralizado y cada vez más absoluto del rey. El desarrollo de las nuevas Formas de Acumulación requirió de estos regímenes más antidemocráticos, brutalmente represores, no sólo de las civilizaciones conquistadas, sino también de la pequeña producción y propiedad feudal, de los desposeídos y nuevos explotados de Europa.

Con el absolutismo coexistieron instituciones brutalmente represoras como la Inquisición, la caza de Brujas, la liquidación y la persecución de los opositores, la acusación de hereje a todo científico o persona que rechace la idea de Dios o de la autoridad divina del Rey, aunque esos regímenes absolutistas entraron en conflicto con la burguesía que necesitaba imponer su propio estado e instituciones que permitieran el desarrollo de sus intereses económicos.

Los países europeos que más desarrollaron las Manufacturas fueron Inglaterra, Francia, Los Países Bajos y Suiza. En los continentes colonizados, los estados establecieron manufacturas industriales y mineras, como el caso de las mitas, las misiones y encomiendas en América, basadas en el trabajo asalariado y esclavo de los indios. También se establecieron grandes fincas para la producción textil basadas en el trabajo esclavo de las tribus comunistas primitivas capturados en el África y se desarrollaron Manufacturas en la India.

De esta época, el proceso de destrucción de fuerzas productivas que llevó a la Manufactura consistió en un verdadero genocidio, sin que haya aún acuerdo en los investigadores acerca de la cifra de indios muertos en América, que oscila entre 50 y 90 millones entre los siglos XVI y XVIII. El sistema de empresas denominadas Encomienda en España, en los cuales el indio debía recibir un salario por su trabajo, consistió en un brutal proceso de explotación, que terminó con la esclavización de la mayoría de los indios que allí trabajaban.

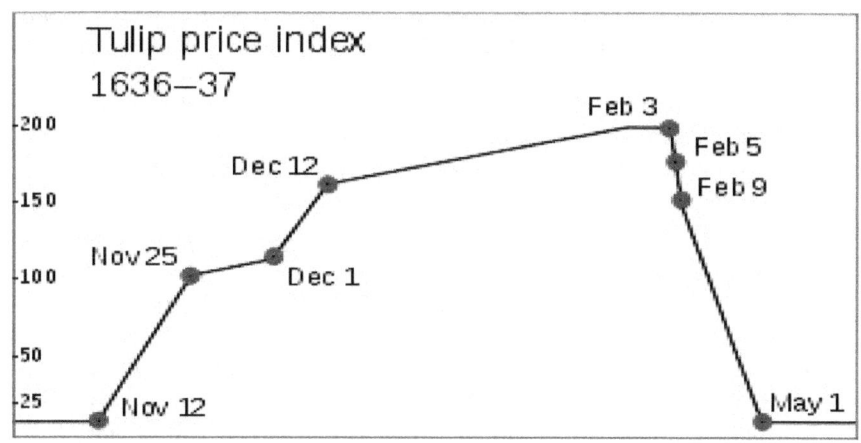

El gráfico muestra la burbuja de los tulipanes en Holanda en 1637. Fuente: En base a datos de Earl A. Thompson

Para el siglo XVII, en la fase de agotamiento de Las Manufacturas los investigadores tampoco terminan de ponerse de acuerdo en las horrorosas cifras de hombres y mujeres secuestrados para ser vendidos como esclavos, pero los cálculos oscilan entre unos 60 millones de indios esclavizados y distribuidos en 24 millones en América, 12 millones en Asia y 7 millones a Europa, mientras que 17 millones fallecieron en las travesías. Este fue el destino de las tribus comunistas primitivas aplastadas, por los ejércitos y flotas de los estados y monarcas europeos.

En Europa, la consolidación de los estados absolutistas se basó en el desarrollo de los ejércitos mercenarios, de gran actuación en la Guerra de los 80 años entre España y Holanda, compuestos por nobles empobrecidos y desplazados, sumado a los artesanos y campesinos desposeídos que encontraron ocupación en el ejército.

Los cercamientos de tierras fueron acelerando la expropiación de los campesinos y aumentaron espectacularmente el número de pobres y vagabundos. Los grandes magnates capitalistas invirtieron grandes sumas en el financiamiento de las guerras, las invasiones y el desarrollo de la tecnología militar, para ampliar los mercados. A su vez, el desarrollo de las Manufacturas permitió un colosal proceso de extracción de metales provenientes de América.

Fases de surgimiento, auge y agotamiento de las Manufacturas

La fase de surgimiento de Las Manufacturas permitió la aplicación de mano de obra intensiva en minas en América, lo que permitió una corriente constante de metales preciosos y aumento de las reservas de dinero en Europa que se cuadriplicó entre los siglos XVI y XVII. La plata extraída de América entre 1530 y 1650 ascendió a 11.600 toneladas, es decir, un promedio anual de 96.600 kg al año, y en cuanto al oro, la cantidad extraída a lo largo de todo el siglo XVI fue de 153.561 kg cantidades que eran muy importantes en el siglo XVI.

Esto originó un aumento de la cantidad de dinero en circulación, en la medida en que los banqueros utilizaron esas reservas para desarrollar la emisión de títulos, papeles y todo tipo de capital ficticio. Con la fase de auge de las Manufacturas, la economía comenzó a expandirse y la población europea a crecer, superando la grave crisis poblacional que se había producido tras las Guerras de los Cien Años, cuando tras el fin de la misma la población de Europa había sufrido tal disminución, que el costo de la mano de obra y los salarios habían subido mucho porque no había trabajadores disponibles.

El auge de Las Manufacturas permitió también una expansión agraria y la recuperación de la actividad minera. La lenta recuperación de la población que creció hacia el siglo XVII en 2/3, impulsó la demanda de alimentos y toda clase de mercancías. Se estableció un régimen de acumulación que tuvo como polo de acumulación a la industria textil y minera. Tras la Guerra de los 80 años en la cual Holanda derrotó a España, el régimen de acumulación de la Manufactura tuvo como eje de acumulación a Holanda e Inglaterra.

Para el siglo XVII Las Manufacturas comenzaron su etapa de agotamiento, lo cual se manifestó en importantes crisis que se desataron en todas las economías, producto de la nivelación y luego la caída de la tasa de ganancia Manufacturera, para Engels *"... también le permite al fabricante producir a precios más bajos que su competidor anticuado, el artesano... se repite el mismo proceso: la plusvalía de la cual se apropió le permite al capitalista manufacturero... vender menos caro que sus competidores, hasta la generalización del nuevo modo de producción, que engendra una nueva nivelación."* **(19)**

El agotamiento de las Manufacturas, como Forma de Acumulación, provocó un violento proceso de destrucción de fuerzas productivas, tanto en los países europeos como en las colonias. En Europa se desataron las Guerra entre Holanda e Inglaterra, que definió el predominio de Inglaterra tras la derrota de Holanda.

Esta guerra se combinó con el genocidio en África, con la Guerra del Báltico y la guerra Civil en Inglaterra que culminó con la Revolución inglesa de Oliverio Cromwell. Con la burguesía en el poder, Inglaterra encabezó la transición de una Forma de Acumulación agotada la Manufactura, a una superior, la Industria.

La Manufactura permitió la gran extracción de metales preciosos que desarrolló España y a la vez, se apoyó en esa acumulación de capital fabulosa para la expansión de Inglaterra y Holanda. Así lo explica Moreno: *"...Si hoy día con lo que sabemos tuviéramos que escribir un curso de economía política marxista, sería bastante más complejo, más rico...Empezaría por decir que **el proceso de acumulación primitiva capitalista fue un proceso no esencialmente inglés, aunque el centro haya sido Inglaterra**...La base de la acumulación primitiva inglesa... no fue dada por el proletariado sino fue dada por el asalto a los galeones españoles. Un gran asalto que arregló todo... refundaron el capitalismo inglés con toda esa **masa fabulosa de plusvalía que les llegó de Latinoamérica de la explotación no-obrera, de los indios y de los esclavos.**"* **(20)**

La gran masa de capital acumulado en calidad de material precioso, originó la gran inflación del siglo XVI. Estudiada por Hamilton y motivo de gran debate entre los economistas e historiadores, la denominada "revolución de los precios", fue un proceso inflacionario acontecido en Europa durante todo el siglo XVI, proceso por el cual a lo largo de 100 años los precios se sextuplicaron. La "revolución de los precios" del siglo XVI fue producto de 2 procesos que se daban simultáneamente, por un lado se acumulaba una fabulosa masa de capitales, de las más importante de la historia del capitalismo.

Esta masa capitales que se acumulaba, estaba compuesta por el material precioso que venía de América y el capital ficticio que rotaba en gran velocidad desarrollado por los banqueros para financiar las guerras, flotas, ejércitos y la actividad económica general. Pero mientras se daba aceleradamente este proceso, la transición de las Factorías a la Manufactura estaba en pañales, es decir, la producción industrial en relación a esas masas de capital acumulado, era todavía muy pobre, al igual que el desarrollo del proletariado.

La subida de los precios del siglo XVI fue la expresión de un aspecto de la Ley del Valor, en el sentido de que esa montaña de capital sobre acumulado necesitaba valorizarse mediante la explotación del trabajo humano en el sentido capitalista.

En la medida en que se desarrollaron las manufacturas, la inflación de los precios empezó a descender, por el crecimiento del trabajo asalariado en Europa, combinado con la brutal explotación del trabajo humano hecho en las empresas Manufactureras establecidas en los continentes colonizados, donde si bien hubo también trabajo asalariado, la explotación se basó en gran parte en el trabajo esclavo.

Pero esta desigualdad entre la fuerte acumulación de capital basada en la extracción de metales preciosos y la debilidad del desarrollo industrial también provocó el surgimiento de burbujas especulativas en el capitalismo, antecesoras de las burbujas especulativas que hoy vemos.

A su vez, esta sobreacumulación de capital ficticio era la base de la inflación. Los estados debían endeudarse fuertemente para impulsar los ejércitos y las empresas destinadas a consolidar las Manufacturas. Esta necesidad de los estados y las empresas de contraer préstamos, llevó a los banqueros a emitir títulos y papeles de deuda que financiaran los planes de expansión mercantil.

Este impulso de papeles, títulos y préstamos de todo tipo fue un gran impulso a la inflación desde el estado o "Inflación de Beneficios", como la denominó Hamilton. De esta época son las burbujas especulativas como la de 1557 en España, la de 1634 de los Tulipanes en Holanda

La "inflación de beneficios" permitió bajar los salarios, que estaban muy altos por la escasez de población tras la Guerra de los Cien Años, a la vez que los salarios no aumentaban porque abundaba la mano de obra, por el aumento de la población. De ese modo, garantizando la baja general de los salarios, los capitalistas pudieron explotar el trabajo humano con el desarrollo de las Manufacturas.

Es decir, la gran inflación del siglo XVI, se parece mucho a la gran inflación de la globalización entre los siglos XX y XXI, sólo que en dos etapas diametralmente opuestas del capitalismo. Si la "gran inflación del siglo XVI" es parte de la de la etapa del nacimiento del capitalismo que expresó los primeros pasos en el camino de valorizar el capital desarrollando la producción, la "gran inflación del siglo XXI" expresa su decadencia y la creciente incapacidad del capitalismo para valorizar el capital desarrollando la producción.

5) Las Empresas Comerciales- Forma de Acumulación de la burguesía colonizadora

Las Empresas Comerciales son una Forma de Acumulación constituidas por sociedades de inversores que obtienen ganancias en base al dominio del comercio y la explotación de mano de obra en las colonias descubiertas.

En un sentido son una versión más desarrollada de las Naciones Comerciales, pero en este caso, las Empresas Comerciales actúan al servicio del dominio de vastos territorios coloniales en los cuales estas empresas actuaron como un verdadero estado y gobierno, realizaron inversiones, desarrollaron manufacturas y explotaron mano de obra local, lo cual les permitió obtener enormes ganancias.

Estas empresas fueron la Compañía Británica de Las Indias Orientales, fundada en el año 1600, la Compañía holandesa de las Indias Orientales de 1602, la Compañía Danesa de las Indias Orientales de 1616, la Compañía Holandesa de las Indias Occidentales de 1621.

También la Compañía Francesa de las Indias Orientales fundada en 1664, la Compañía Sueca de las Indias Orientales, fundada en 1731 y la Compañía de Ostende. Eran fundadas por influyentes hombres de negocios que obtenían la carta real y permisos exclusivos para ejercer el comercio con las colonias por largos períodos.

Las Empresas Comerciales y las Manufacturas se desarrollaron en forma conjunta y combinada entre los siglos XVI y XVII, al igual que lo hicieron las Naciones Comerciales y las Factorías entre los siglos XIV y XV.

Apenas arribadas a las colonias, las Compañías construían las primeras manufacturas, por ejemplo la Compañía Británica de las Indias

DANIEL CAMPOS

Orientales tenía 23 fábricas en la India y sus ganancias fueron tan grandes, que debieron sobornar a reyes y funcionarios para evitar que otras empresas desembarquen y poder así ejercer el monopolio de la actividad económica en la zona. Las grandes ganancias provocaron una sobreacumulación de capital tal, que produjeron la burbuja especulativa de la Compañía del Mar del Sur en Inglaterra en 1720.

Las Compañías eran empresas comerciales, pero también tenían el derecho de acuñar moneda, legislar, elegir gobernantes, y formar ejércitos propios. Por ejemplo, en 1670, el rey Carlos II le concedió el derecho a la Compañía Británica de las Indias Orientales a capitanear ejércitos y formar alianzas, declarar la guerra o establecer la paz y ejercer la jurisdicción tanto civil como militar en las zonas en las que operaba.

En 1689, la Compañía era casi un estado dentro de la India que administraba de forma independiente las zonas de Bombay, Madrás y Bengala y que poseía una fuerza militar muy poderosa. La Compañía Británica de las Indias Orientales consolidó, tras el triunfo sobre Francia, el monopolio del comercio en la India y llegó a tener una quinta parte de la población mundial bajo su autoridad, mientras que la Compañía Holandesa de las Indias Orientales llegó a incluir todo el archipiélago de Indonesia.

Estas Formas de acumulación comenzaron en la primera mitad del siglo XVII, tuvieron su auge en la primera mitad del siglo XVIII y a finales del siglo las Empresas Comerciales habían comenzado su fase de agotamiento, provocado no sólo por la caída de la tasa de ganancia, sino fundamentalmente por el proceso de rebelión de los pueblos contra la opresión imperial y colonialista que puso límites a la explotación de las Compañías.

En la India hubo un masivo levantamiento y revolución popular llamada en 1857 la rebelión de los cipayos, que llevó a la disolución a la más importante de todas: la Compañía de las Indias Orientales.

La Transición de la Manufactura a la Industria

Con el agotamiento de las Manufacturas se desarrolló un violento proceso de destrucción de fuerzas productivas con un complejo de guerras que incluyó a la Guerra de los Treinta Años que se desarrolló entre 1618 y 1648, la guerra franco- española desarrollada entre 1635 y 1659, las Guerras entre Inglaterra y Holanda entre 1649 y 1660 y la Guerra Civil en Inglaterra, ésta última, en realidad, un profundo proceso revolucionario en el cual la burguesía tomó el poder en Inglaterra e impuso un régimen político parlamentario, siguiendo el modelo de Holanda.

EL FIN DE LAS MULTINACIONALES

El centro de estas conflagraciones fue la batalla por el control de la industria manufacturera en Europa, cuyo epicentro era el eje Holanda-Inglaterra y el control de las Manufacturas establecidas en las colonias. Pero también las Guerras llevadas adelante por las Empresas Comerciales y las Guerras Anglo- Holandesas, así como las Guerras Civiles en Inglaterra fueron también parte final del proceso de expropiación de las clases sociales pre- capitalistas que caracterizó al proceso de Acumulación Primitiva del capitalismo.

El proceso de expropiación incluyó a las tribus comunistas primitivas en las colonias, además de la expropiación del campesinado, sectores de la nobleza e incluso otros sectores burgueses en otros países de Europa continental y en Gales, Escocia e Irlanda.

La Guerra de los Treinta Años fue una guerra librada principalmente en el Sacro Imperio Romano Germánico, lo que es hoy territorio de Alemania, entre los años 1618 y 1648, en la que intervinieron la mayoría de las grandes potencias europeas de la época con el objetivo de apropiarse de las empresas alemanas e italianas desarrolladas por la Hansa e Italia y las industrias florecientes en ambas regiones, además de un grave choque entre la nobleza y la burguesía en ascenso, que continuaban la lucha por el poder.

En esta Guerra se usaron mercenarios de forma generalizada, fue enorme la devastación de territorios enteros que fueron esquilmados por los ejércitos necesitados de suministros, los continuos episodios de hambrunas y enfermedades diezmaron la población civil de los estados alemanes, y en menor medida, la de los Países Bajos e Italia y llevaron a la bancarrota a muchas de las potencias implicadas. Durante el curso de la misma, la población del Sacro Imperio se redujo en un 30%.

En Brandeburgo se redujo un 50%, y en otras regiones incluso a dos tercios. La población masculina en Alemania se redujo a la mitad. En los Países Checos la población cayó en un tercio a causa de la guerra, producto del hambre, las enfermedades y la expulsión masiva de checoslovacos protestantes. Solo los ejércitos suecos destruyeron durante la guerra 2.000 castillos, 18.000 villas, y 1.500 pueblos en Alemania.

Las guerras entre Inglaterra y Holanda, entre 1652 y 1666 involucraron todas las potencias económicas de la época a Francia, Suecia, España y terminó con la derrota y declinación del predominio de Holanda. El desarrollo de estas guerras permitió una centralización de capitales superior y la supremacía mundial de Inglaterra que llevó adelante el desarrollo Industrial más importante.

Tanto Inglaterra como Holanda fuero potencias comerciales con enormes flotas que dominaron el comercio mundial. Pero aun cuando el capitalismo atravesaba el momento final de la etapa de acumulación primitiva y el capital comercial era todavía dominante, fueron sus territorios los que estuvieron a la vanguardia del desarrollo de las manufacturas y más tarde la industria, Formas de Acumulación que inauguraron la etapa industrial y de apogeo del capitalismo.

Con base en los fabulosos capitales obtenidos por la explotación colonial y el dominio de los mares, tanto Holanda y sobre todo Inglaterra pudieron impulsar y financiar los descubrimientos científicos para incorporar tecnologías y nuevas máquinas que desplazaron paulatinamente a las Manufactura e iniciaron la Industria.

El desarrollo pujante de la industria llevará a que Inglaterra desplace a Holanda como potencia mundial, pero a costa de un brutal enfrentamiento entre ambas potencias, que supuso un enorme desarrollo de las fuerzas destructivas.

La primera guerra Anglo- Holandesa se produjo entre 1652 y 1654; la Segunda Guerra anglo-holandesa entre 1665 y 1667 con las victorias holandesas en la batalla de los Cuatro Días y de Medway y la Tercera Guerra Anglo-Holandesa entre 1672 y 1674 entre un frente donde Inglaterra se une a Francia contra Holanda.

Las Guerras Civiles en Inglaterra se desarrollaron entre los años 1642 y 1689. En la primera guerra civil inglesa de los años 1642–1645 se enfrentaron el poder parlamentario y el poder real con el triunfo del Parlamento que eliminó la Corte de la Cámara Estrellada, y ejecutó a William Laud, arzobispo de Canterbury y al conde de Strafford, gran aliado del rey.

En la segunda guerra civil inglesa entre los años 1648–1649 Cromwell reprimió la rebelión de Gales y derrotó a los escoceses en Preston, venció a los monárquicos, ejecutó al rey Carlos I y proclamó la república inglesa.

Con la Tercera guerra civil inglesa, entre 1649 y 1651 Cromwell aplastó a los partidarios monárquicos en Irlanda y Escocia y controló Inglaterra. A su vez, on la colonias se desarrollaron las guerras entre las Compañías, por ejemplo los ingleses con los holandeses y portugueses en la zona del Océano Índico.

La guerra entre ingleses y portugueses en la Batalla de Swally en 1612, o la Guerra de los Siete Años entre Francia e Inglaterra que eliminó la presencia colonial francesa en la India, tras la cual la Compañía Británica de las Indias Orientales consolidó el monopolio del comercio en la zona.

c) Formas de Acumulación propias de la Etapa de Apogeo del Capitalismo.

EL FIN DE LAS MULTINACIONALES

En la medida en que el modo de producción capitalista pasó a ser dominante, y desplazó definitivamente al modo de producción feudal; y en la medida también en que la burguesía fue conquistando el poder del estado, entramos en la etapa de apogeo del modo de producción capitalista que abarca los siglos XVIII, XIX y comienzos del siglo XX. Esta etapa se inició tras el triunfo de 3 grandes revoluciones, la revolución Inglesa liderada por Oliverio Cromwell en 1648, la Revolución norteamericana de 1776, la Revolución Francesa de 1789.

El capitalismo impulsó la producción, el comercio y las finanzas barriendo con todas las anteriores formaciones sociales y modos de producción pre- capitalistas, y alcanzó el cenit de su desarrollo como sistema económico, político y social.

En esta etapa de apogeo del capitalismo las Formas de Acumulación predominantes son la Industria en el terreno de la producción, y los Bancos y el Crédito en el terreno de las finanzas, que a continuación vamos a analizar.

1) La Industria- Forma de Acumulación de la burguesía industrial

La Industria es la Forma de Acumulación surgida en el siglo XVIII, en la cual el capitalista incorpora las máquinas en la fábrica donde agrupa a los trabajadores. La división del trabajo combinada con las máquinas, que remplazaron al trabajo manual, permitió la producción en serie, elevó la productividad del trabajo y la explotación obrera, por lo que la industria implicó un salto en el proceso de acumulación de capital y ganancias.

En la industria ya surge el moderno proletariado asalariado y se consolidó el modo de producción capitalista con sus dos clases sociales fundamentales la clase obrera y la burguesía. Este proceso comenzó a partir de que John Wyatt anunció en 1735 su máquina de Hilar, que revolucionó la industria textil. Pero la introducción de las máquinas permitió también una revolución en la producción y el comercio porque revolucionó los transportes y las comunicaciones.

En el comienzo de la industria, las innovaciones tecnológicas más importantes fueron la máquina de vapor y la denominada *Spinning Jenny*, relacionada a la industria textil, pero tras ellas, nuevas maquinas y tecnologías surgieron y fueron una superación permanente del proceso de producción.

Incluimos en la industria, toda la producción agropecuaria y del campo, así como toda la producción en el mar como la pesquera y de materias primas.

DANIEL CAMPOS

Aunque se mueven en condiciones diferentes, como el producto de la renta de la tierra en el caso del campo, al desarrollarse la industria, acelerarse el proceso de expropiación de los pequeños propietarios y al introducirse la maquinaria en el campo, revolucionando toda la producción, terminaron siendo absorbidas por la industria y transformándose en una variante más de las Formas de Acumulación industrial. De este modo es como se consolidó el proletariado rural

Tras las guerras del siglo XVII, el Tratado de Utrecht de 1713, consolidó el dominio de Inglaterra, que pasó a ser el eje de acumulación. La industria textil, algodonera y metalúrgica fueron el polo de acumulación y surgieron nuevas industrias como la química, la eléctrica o la automovilística junto al desarrollo de nuevas formas de energía como el gas o el petróleo.

La Industria se extendió a nuevos países como Alemania, Rusia, Estados Unidos, Japón, los Países Bajos y se desarrolló una revolución científica sin precedentes hasta ese momento.

La fase de surgimiento de la Industria coincidió con el apogeo del modo de producción capitalista, lo que permitió una sostenida expansión de la economía. Pero el carácter revolucionario en la producción que significó la Industria desarrolló, a su vez, con mayor intensidad todas las contradicciones del capitalismo, como analizaremos en el capítulo VI.

La baja de la tasa de ganancia comenzó a producirse en forma crónica y permanente, precipitando la economía a sufrir permanentes crisis y caídas, aun cuando de conjunto se viviera una etapa de expansión.

En el auge de la industria se desarrolló más rápidamente la nivelación de la tasa de ganancia, solo que ahora éste proceso se desarrolló más rápidamente.

Así lo explicó Engels: *"...la industria, que gracias a sus incesantes revoluciones de la producción reduce cada vez más los costos de fabricación de las mercancías... Por otra parte nivela las tasas de ganancia de las distintas ramas de los negocios comerciales e industriales, reduciéndolas a una sola tasa general de ganancia y, gracias a esa nivelación, asegura a la industria la posición de fuerza que le corresponde, al eliminar todos los obstáculos que hasta entonces impedían el traspaso de capitales de una rama a otra."* **(21)**

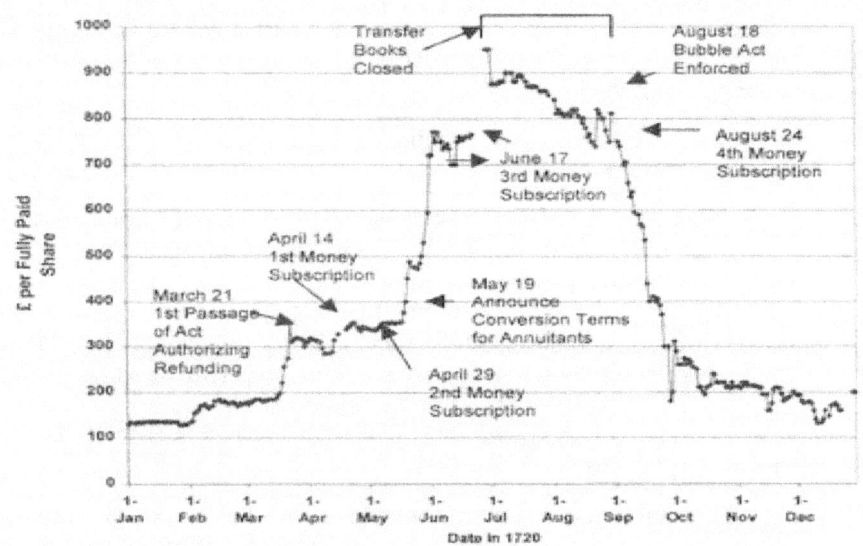

Figure 17.1
Daily South Sea Share Prices, 1720. Data courtesy of Larry Neal.

La burbuja de la Compañía del Mar del Sur de 1720 en Inglaterra. Fuente: Unleashing Financial

A principios del siglo XIX las industrias empezaron a entrar en su fase de agotamiento, lo cual desató una nueva y violenta ola de guerras y revoluciones. La industria produjo un rápido desarrollo que chocó con las aduanas interiores y las formaciones sociales heredadas del feudalismo, por lo cual las revoluciones y guerras civiles que llevaron a la burguesía al poder, fueron seguidas por nuevas revoluciones y guerras civiles en las cuales la burguesía, eliminó las aduanas interiores, amplió el mercado interno, impuso las fronteras nacionales y surgieron los estados modernos.

Con las revoluciones de 1848, surgieron los modernos estados nacionales capitalistas, los modernos países. Estas revoluciones y guerras fueron las de 1848 en Francia, Italia, Alemania, el Imperio Austro- Húngaro y la guerra civil norteamericana de 1862. Todo este proceso de destrucción de fuerzas productivas abrió paso a una Forma de Acumulación superior, los monopolios, producto de que las guerras y revoluciones tanto de 1848, como la guerra civil norteamericana permitieron el desarrollo los países, la unidad nacional y su mercado interno.

Con el surgimiento de los países y el mercado interno, emergieron en las potencias capitalistas de mayor desarrollo económico las Forma de Acumulación que permite el dominio de una rama de la producción a nivel de un país, los monopolios, trusts y cartels, lo que dio comienzo a la entrada del capitalismo en su etapa superior y final de decadencia, la etapa imperialista.

2) Los Bancos y el Crédito- Forma de Acumulación de la Burguesía Financiera

En la etapa de apogeo del capitalismo se desarrollaron como Forma de Acumulación del capital financiero, tanto el Banco como el Crédito, instituciones que conforman el sistema bancario moderno. Ambas, si bien habían tenido antecedentes con los primeros Bancos en Génova y Venecia con el desarrollo de las Naciones Comerciales, son la verdadera expresión del modo de producción capitalista, que hicieron realidad los viejos reclamos de la burguesía contra la usura y los mercaderes que monopolizaron el capital financiero en toda la etapa de acumulación primitiva.

El crédito nació como rechazo a la usura, una Forma de Acumulación que junto a los bancos expresó el comienzo de la consolidación del modo de producción capitalista. Para Marx: *"El desarrollo del crédito se efectúa por reacción contra la usura…Significa ni más ni menos que la subordinación del capital productor de interés a las condiciones y necesidades del modo de producción capitalista...es el punto de partido del sistema de crédito moderno. Las asociaciones de crédito, que se constituyeron en Venecia y en Génova en los siglos XII y XIV, nacieron de la necesidad en que se encontraban el comercio marítimo y el comercio mayorista basado en él, de liberarse del dominio de los métodos de usura envejecidos y de los monopolizadores del comercio de dinero"* **(22)**

Precisamente las clase dominante de magnates financieros, actúan fundando los bancos que emiten papeles de deuda y distribuyen el crédito, a la vez que son parte del estado que surge e impulsa el funcionamiento de los Bancos. Esta clase nace indisolublemente unida al Estado y el Estado a este sector de capitalistas, como lo explica Marx: *"Si bien los bancos propiamente dichos, fundados en esas repúblicas, se presentan al mismo tiempo como establecimientos de crédito público que anticipaban dinero al Estado sobre los impuestos que cobrar, no se debe olvidar que los comerciantes que constituían esas asociaciones eran a su vez los notables de dichos estados y tenían tanto interés en liberar de la usura a su gobierno como en liberarse ellos mismos, y al mismo tiempo afirmar y reforzar con ello el sometimiento en que mantenían al Estado."* **(23)**

Así lo explica Carlos Marx: *"Este ataque violento contra la usura, esta exigencia de sometimiento del capital productor de interés al capital industrial, no es más que el signo precursor de las creaciones orgánicas que en el sistema bancario moderno establecen las condiciones de la producción capitalista: los bancos, por un lado, despojan al capital usurario de su monopolio, al concentrar y lanzar al mercado financiero todas las reservas de dinero inactivas y como muertas, y por otro lado, limitan el monopolio de los metales preciosos al crear el dinero de crédito".* **(24)**

La fundación del primer Banco reconocido oficialmente fue la del Banco de Inglaterra en 1694, seis años después del triunfo de la Revolución que encabezó Oliverio Cromwell. Al igual que el banco de Francia, el Banco de Inglaterra no comenzó como banco estatal, ni como empresa de la corona, sino como banco privado, controlado por el clan Rotschild, la dinastía banquera europea que manejaba las finanzas en Inglaterra, Francia, Alemania, Austria e Italia, junto con sus asociadas Khun, Loeb, Lehman, Warburg, etc. El Banco fue Inglaterra fue nacionalizado en 1946 tras el fin de la Segunda Guerra Mundial con el comienzo del régimen keynesiano, al igual que el Banco de Francia.

Si la producción industrial revolucionó todos los aspectos de la producción y logró una masa de bienes como nunca se vio en la historia de la humanidad, del mismo modo el crédito logró una acumulación y la constitución de una masa de dinero capital pocas veces vista. Pero junto a ello, el crédito desarrolló aceleradamente las tendencias a la concentración y centralización de capitales, dejando en la ruina a miles de capitales pequeños, para permitir que los grandes capitales vayan expropiando a los capitalistas menores permitiendo la centralización de los capitales.

Así explica Carlos Marx el rol del crédito: *"Éste no sólo se convierte en un arma nueva y poderosa en la lucha competitiva. Mediante hilos invisibles, atrae hacia las manos de capitalistas individuales o asociados los medios dinerarios que, en masas mayores o menores, están dispersos por la superficie de la sociedad. Se trata de la máquina específica para la concentración de los capitales...el crédito... se convierte en arma nueva y terrible en la lucha competitiva, transformándose finalmente en un inmenso mecanismo social para la centralización de los capitales...En la misma medida en que se desarrollan la producción y la acumulación capitalistas, se desenvuelven también la competencia y el crédito, las dos palancas más poderosas de la centralización."* **(25)**

La creciente centralización de capital que impulsan el crédito y los Bancos, fue sentando las basas para el desarrollo de los monopolios, los cárteles y trusts que abrieron paso a la etapa de etapa decadencia del capitalismo, la imperialista, cuando el capital financiero comenzó a predominar sobre el industrial.

Como lo explicó Federico *Engels: "... esos cambios tienden a concentrar en manos de los especuladores bursátiles toda la producción industrial y agrícola, el conjunto del comercio, tanto como los medios de comunicaciones y los organismos de cambio, de modo que la Bolsa se convierte en la representante más eminente de la propia producción capitalista. En 1865 la Bolsa era todavía un elemento secundario en el sistema capitalista... Hoy las cosas son distintas. Desde la crisis de 1866 la acumulación se hizo con una rapidez cada vez mayor..."*

"... Sigue entonces una transformación progresiva de la industria en empresas por acciones. Todas las ramas, una tras otra, sucumben ante ese destino... la minería, la siderurgia, la industria química, la textil... lo mismo rige para el comercio... con los bancos... igual cosa ocurre en el dominio de la agricultura. Los bancos se convierten cada vez más en acreedores hipotecarios, si esto continúa es posible prever que las tierras inglesas y francesas también caerán en manos de la Bolsa. Por último, todas las inversiones en el extranjero se hacen en forma de acciones..." **(26)**

c) **Formas de Acumulación propias de la Etapa de Decadencia del Capitalismo**

La Fusión de las Formas de Acumulación productivas y financieras.

Las formas de Acumulación que corresponden a la etapa imperialista o de decadencia del capitalismo son los monopolios, las Multinacionales, y finalmente las Corporaciones Multinacionales. El análisis correspondiente de estas Formas de Acumulación lo hemos hecho los capítulos III y IV, junto al análisis de los mecanismos político-sociales que permitieron el paso de una Forma de Acumulación a otra.

Conclusiones Generales

El mecanismo por el cual se produce el paso de una Forma de Acumulación a otra Forma de Acumulación superior, es mediante un violento proceso de destrucción de fuerzas productivas. Marx desarrolló las leyes de acumulación del capital que explican cómo este proceso se desenvuelve desde el punto de vista económico, faltaba saber como lo hacía en combinación con el factor político y social. El proceso de destrucción de fuerzas productivas requerido para la centralización y acumulación de capital, implicó la permanente destrucción y liquidación de clases sociales y sectores de clases, mediante las guerras y las revoluciones.

De esta manera, las leyes que explican el paso de una Forma de Acumulación a otra superior enlazan las leyes de la economía marxista con el materialismo histórico. El mecanismo de aniquilación y quema de capitales que el capitalismo desarrolló para solucionar sus crisis y avanzar en las formas de acumulación y centralización de capitales, se explica fundamentalmente por el rol de la propiedad privada y las clases sociales.

La propiedad de los medios de producción y cambio, da origen a la burguesía como clase dominante, y en ella a los distintos sectores de clase burguesa que se disputan permanentemente los capitales y las ganancias. Detrás de las naciones comerciales, factorías, industrias, manufacturas, monopolios y multinacionales está la clase social propietaria de esos distintos medios de producción y los distintos sectores de esa clase dominante.

Es la lucha por la defensa de la propiedad privada, intereses y ganancias lo que explica porque el capitalismo va evolucionando en distintas Formas de Acumulación. Las distintas Formas de Acumulación son superadas y se transforman, por ejemplo, los monopolios siguen existiendo, pero son superados y contenidos a su vez por las multinacionales. Todo el proceso de evolución de las formas de acumulación se fue depositando una sobre la otra, como las distintas capas geológicas.

En el desarrollo de este mecanismo, observamos que tras cada violento proceso de destrucción de fuerzas productivas, se produjo una nueva centralización de capitales que permitió una Forma de Acumulación superior, e inició un período de larga expansión de la economía capitalista. Con el agotamiento de las Formas de Acumulación, el período de expansión se termina y comienza un largo período de estancamiento de la economía, lo que lleva inevitablemente a un nuevo proceso de destrucción de fuerzas productivas.

Los períodos de larga expansión o de largo estancamiento han tenido diferentes duraciones, a veces de apenas una décadas o a veces de 60 o 70 años e incluso de más tiempo. Pero estos períodos se explican por el fenómeno del surgimiento de una nueva Forma de Acumulación y su auge, es esto lo que explica los largos períodos de expansión de la economía capitalista.

Por el contrario, el agotamiento de las Formas de Acumulación es lo que explica los largos períodos de estancamiento. Dos tipos de crisis se conjugan en forma permanente y dialéctica, las crisis pequeñas, crónicas, sistemáticas, parte del desarrollo regular del capitalismo, con las crisis más prolongadas, como veremos en el capítulo siguiente.

Esto sucede producto de que las crisis regulares se producen siempre o en el marco de un período de estancamiento, o en el marco de un período de expansión. Estos períodos están a su vez determinados por el auge o el agotamiento de las Formas de Acumulación predominantes.

La Ley General de las Formas de Acumulación nos permite comprender mas acabadamente el desarrollo de las crisis del capitalismo y nos permite superar viejos esquemas como la antigua visión de que el capitalismo en su etapa de apogeo había desarrollado por un largo período esencialmente las fuerzas productivas y luego en su etapa de decadencia había desarrollado únicamente las fuerzas destructivas.

Con la Ley General de las Formas de Acumulación, ese esquema queda definitivamente superado. Queda claro que el capitalismo ha alternado en todas sus etapas y fases el desarrollo de fuerzas productivas y fuerzas destructivas. Y que el motor de evolución de la economía y superación de una Forma de Acumulación por otra es el desarrollo de las fuerzas destructivas y la guerra.

Nahuel Moreno anticipó algunas de estas conclusiones en sus últimos cursos de economía y mostró dudas sobre el carácter progresivo del capitalismo, acerca de si a través de su historia, el capitalismo evolucionó en forma contradictoria con el desarrollo las fuerzas productivas. Así lo expresó: *"Tengo dudas...si el capitalismo no fue siempre un fenómeno contradictorio, que desarrollaba la técnica y reventaba a la naturaleza y al hombre. Y si no es una ley permanente del capitalismo. Tengo grandes dudas, yo, personales...Estoy muy asustado de los números de los indios, y los números de los negros africanos que reventó el capitalismo en el siglo XVI- XVII. Es decir, hay cálculos espeluznantes. Se liquidaron casi el 90% de los indígenas en 50 años...Entonces no sé si el capitalismo permanentemente no tiene una cara funesta contra el desarrollo de las fuerzas productivas...Fue muy progresivo respecto de la técnica, es la etapa de gran desarrollo técnico, pero objetivamente, desde su comienzo... lleva al barbarismo. Es decir, lo que estamos viendo ahora no es consecuencia que era una maravilla y cambio, y se volvió malo, sino que antes era siniestro como ahora, y cada vez más siniestro, mas siniestro, mas siniestro..."*

"La duda es si empezó con el imperialismo...o comenzó al llegar el capitalismo....que es el primer sistema de producción que no trabaja para el consumo, que ya es una cosa tan irracional...que es una cosa irracional de entrada, es contra el desarrollo de las fuerzas productivas de entrada desde su arranque, entonces es un fenómeno altamente

contradictorio desde su comienzo. Técnicamente es el que más desarrolla, justamente porque no produce para el consumo...Pero al mismo tiempo es el que más destruye a la naturaleza, mas revienta todo desde el principio. Y hoy día es la monstruosidad de una ley que fue permanente" **(27)**

Notas:

(1) y (2) Karl Marx: El Capital, Libro primero, cap. XXIII, La ley general de la acumulación capitalista

(3), (4) Federico Engels: Suplemento y Complemento al Libro III del Capital

(5) y (6) Perry Anderson. Transiciones de la Antigüedad al Feudalismo. Segunda Parte 4. La dinámica Feudal

(8), (9), (10) y (11) Federico Engels: Suplemento y Complemento al Libro III del Capital

(12) Nahuel Moreno. Cuatro Tesis sobre la Colonización española y portuguesa.

(13), (14), (15) Reyna Pastor de Togneri Historia del Movimiento Obrero. Capítulo I Artesanos y Campesinos en crisis7

(16) Perry Anderson. Transiciones de la Antigüedad al Feudalismo. Segunda Parte 4. La dinámica Feudal

(17) Alberto J. Plá Historia del Movimiento Obrero. Introducción

(18) Karl Marx: El Capital, Libro primero, cap. 12, División del trabajo y manufactura

(19) Federico Engels: Suplemento y Complemento al Libro III del Capital

(20) Nahuel Moreno. Escuela de cuadros Economía 1984.

(21) Federico Engels: Suplemento y Complemento al Libro III del Capital

(22), (23) y (24) Karl Marx: El Capital, Libro tercero, cap. 36, Notas sobre el período precapitalista

(25) Karl Marx: El Capital, Libro primero, cap. XXIII, La ley general de la acumulación capitalista

(26) Federico Engels: Suplemento y Complemento al Libro III del Capital

(27) Nahuel Moreno. Escuela de Economía, 1984

El Fin de las Multinacionales

Una explicación marxista a la crisis mundial de la economía capitalista

CAPITULO VI: Acumulación

CAPÍTULO VI   Acumulación

"La cuota de ganancia constituye el acicate de la producción capitalista (que tiene como finalidad exclusiva la valorización del capital), su baja amortigua el ritmo de formación de nuevos capitales independientes, presentándose así como un factor peligroso para el desarrollo de la producción capitalista, alienta la superproducción, la especulación, las crisis, la existencia de capital sobrante junto a una población sobrante."

Carlos Marx, El Capital, Libro III, Capítulo XV.

Si la globalización está llegando a su fin, el capitalismo necesita instaurar un nuevo régimen de acumulación, así como nuevas formas de acumulación que superen a las agotadas y quebradas corporaciones multinacionales. La acumulación o proceso de reproducción ampliada capitalista, como hemos visto, acumula medios de producción en un polo y trabajadores en el otro. En este capítulo vamos a analizar cómo se ha producido la mayor acumulación en una magnitud nunca vista en la historia de la humanidad, lo que explica la magnitud de la crisis que vivimos.

En el análisis de esta acumulación, por un lado veremos cómo el capitalismo ha creado la mayor acumulación de masas obreras y de desocupados que producen una colosal cantidad de bienes, también nunca vista en la historia. Luego veremos en el otro polo, cómo ésta masa de bienes fue transformada por el capitalismo en capital, como actúan las leyes más profundas de la economía en éste proceso de transformación de bienes en capital, y que movimientos originó en la combinación de los distintos tipos de capital, el proceso de acumulación.

Veremos cuál es el trayecto que describen estos tipos de capital que actúan al principio en forma divergente y separada para luego

193

converger y por fin fusionarse. Podremos ver cómo en la medida que se fueron combinando estos distintos tipos de capital, se fueron desarrollando las contradicciones y movimientos más importantes del capitalismo. Finalmente daremos el diagnóstico de la actual crisis, que denominamos Perturbación Cualitativa del Proceso de Reproducción Ampliada o del Proceso de Acumulación Capitalista.

1) Acumulación de masas obreras, populares, desocupados y surgimiento de las megalópolis

La acumulación de masas de trabajadores y desocupados es la Ley absoluta de la Acumulación, para Marx: *"La magnitud proporcional del ejército industrial de reserva, pues, se acrecienta a la par de las potencias de la riqueza. Pero cuanto mayor sea este ejército de reserva en proporción al ejército obrero activo, tanto mayor será la masa de plus población consolidada o las capas obreras cuya miseria está en razón inversa a la tortura de su trabajo. Cuanto mayores sean, finalmente, las capas de la clase obrera formadas por menesterosos enfermizos y el ejército industrial de reserva, tanto mayor será el pauperismo oficial. Esta es la ley general, absoluta, de la acumulación capitalista."* (1)

Existe hoy en el mundo, una masa de plus población de obreros, pobres, enfermizos y desocupados de las que habla Marx como nunca se vio en la historia del capitalismo.

En el informe de la ONU del 2008 se puede leer lo siguiente: *"En 2008, el mundo alcanzó un hito invisible pero trascendental: por primera vez, más de la mitad de su población humana, 3.300 millones de personas, vivirá en zonas urbanas. Se prevé que para 2030, esa cantidad habrá llegado a casi 5.000 millones"* (2) Esta superpoblación urbana fue desarrollada por las Multinacionales y Corporaciones Multinacionales.

Estas Formas de Acumulación han provocado cambios revolucionarios en la estructura demográfica, el desarrollo de las clases sociales, la ubicación geográfica, la composición de las mismas, los desplazamientos de trabajadores y migraciones que tienen un enorme impacto en la situación política y social del mundo.

Es decir, en forma paralela al desarrollo de las corporaciones multinacionales y del proceso de concentración de ramas de producción, comercio y riquezas bajo su propiedad; también se produjo la concentración de la población mundial en las ciudades. En primer lugar, surgieron las grandes concentraciones urbanas como lo son México DF, San Pablo, Nueva York, Bombay, Nueva Delhi, Tokio, etc, y junto a ellas los nuevos polos metropolitanos definidos como megalópolis, que surgieron producto de las enormes migraciones al interior de los países.

Los movimientos migratorios son movimientos silenciosos, permanentes con sucesivas oleadas, verdaderas revoluciones demográficas que impactan profundamente en la estructura social de todos los países del mundo, modificando la conformación de todas las clases sociales, fundamentalmente, la clase trabajadora.

Estos cambios demográficos produjeron el enorme desarrollo, crecimiento y extensión de la clase obrera mundial con la proletarización y urbanización de enormes masas de campesinos y sectores populares en todo de mundo.

Crecimiento de la población y desarrollo mundial de las migraciones

La población mundial roza ya los 7.000 millones entre los años 2011- 2012 y la ONU predice que para el 2.050 la población mundial será mayor a 11.000 millones.

Las regiones de mayor crecimiento son África, Asia, América Latina y el Caribe en las cuales la población va a aumentar casi un 50 % y a su vez dentro de éste lote los países más pobres duplicarán el tamaño de su población. África va a duplicar su población para el 2.050 que va a llegar a 2.000 millones.

Sólo China con 1.330 millones de habitantes y la India con 1.147 millones representan casi el 40 % de la población mundial y los cálculos de la oficina del censo de la India proyectan que en menos de dos décadas, India puede superar en cantidad de habitantes a China. **(2)** Tras las dos guerras mundiales, los genocidios, masacres y destrucción masiva de fuerzas productivas hechas por las potencias capitalistas, provocaron que las enormes migraciones sean un fenómeno global.

La División de Población de Naciones Unidas ha estimado que el stock de migrantes, creció a una tasa del 1.9 % anual, una tasa superior a la del crecimiento total de la población mundial, que fue del 1.8 % anual durante el mismo período.

Para José Moreno Pau: *"...El expolio imperialista empuja a los trabajadores de las colonias y semi- colonias a buscar la tabla de salvación en la metrópoli... la necesidad de mano de obra barata en las metrópolis dan como resultado el movimiento migratorio de las últimas décadas, unido al envejecimiento de la población europea y la necesidad de mano de obra barata. Estamos ante el fenómeno inverso al que se produjo entre el siglo XIX y primeras décadas del siglo XX cuando unos 55 millones de europeos emigraron a otros continentes principalmente a América..."* (3)

Estos flujos migratorios van en dos sentidos, por un lado la migración de los países sub- desarrollados a los países avanzados y por el otro de las regiones rurales a las ciudades. En ambos procesos la cifra mundial de emigrantes va en ascenso y tienen un mismo destino final: las ciudades, las cuales combinan cada vez en mayor medida razas, culturas, lenguas y costumbres diferentes, que cambian la composición de las clases y sobre todo de la clase obrera, la cual incorpora al proletariado inmigrante como uno de sus componentes más combativos.

Las migraciones hacia los países del G7 se desglosan así: el 50% se dirige a EEUU, el 40% a la UE, el 5% a Canadá y sólo algo más del 3% a Japón. La inmigración que llega a la UE es procedente de Oriente Medio, del norte de África y Europa Oriental, además de otras regiones.

La UE alberga aproximadamente el 80% de la inmigración árabe/musulmana que llega a las sociedades occidentales. Las olas migratorias se dirigen a los países desarrollados más próximos geográficamente.

Europa es el 78% de la inmigración de Europa del Este, el 79% de la inmigración de Oriente Medio y el 93% del norte de África. EEUU es el destino elegido del 98% de la inmigración de Centroamérica y México. En el otro extremo del mundo la población inmigrante de Japón procede, casi exclusivamente, del este de Asia.

En el caso de EEUU, el fenómeno está modificando su estructura social, y las personas que se definen a sí mismas como hispanos, latinos o chicanos, se están convirtiendo en la 1era minoría superando a los afroamericanos, por primera vez en la historia estadounidense.

Tras la 2da guerra mundial, con el surgimiento de las modernas multinacionales en medio de la reconstrucción capitalista de Europa, los gobiernos y estados capitalistas condujeron y estimularon esta migración interna del campo a la ciudad para abastecer de mano de obra las nuevas industrias emergentes que encabezaron el "boom" de la economía mundial, lo que permitió la reconstrucción y reconstitución del poderoso proletariado europeo.

EL FIN DE LAS MULTINACIONALES

Para José Moreno Pau:"... *Hay que recordar que la reconstrucción industrial de las principales potencias imperialistas europeas, tras la segunda guerra mundial, se hizo a partir no solo del Plan Marshall sino también a costa del desplazamiento de millones de trabajadores del sur de Europa, Turquía y el norte de África hacia las zonas industriales...*" **(4)**

Hoy la mayor parte de los inmigrantes en Europa residen en Alemania, Francia, España, el Reino Unido e Italia. Los turcos constituyen el grupo de inmigrantes más numeroso de Europa, con una presencia considerable en Alemania, Dinamarca y los Países Bajos. Pero la situación desastrosa en la que viven los inmigrantes de Europa, es la misma que la que viven sus compañeros de EE.UU, Japón y los demás países imperialistas

Así lo explica José Moreno Pau: "*...los trabajadores inmigrantes han supuesto, nuevamente, el sector más explotado, ocupando los puestos se menor cualificación y los más duros (construcción, agricultura, industria, limpieza, servicio doméstico...). Estos sectores son los que presentan un mayor índice de subcontratación y precariedad. Los trabajadores inmigrantes por esta razón son los más afectados por los accidentes laborales.* **(5)**

En la globalización se ha desarrollado también una mayor migración de una mano de obra más calificada provenientes de los países atrasados para desarrollar áreas y sectores que sufren escasez de mano de obra, como las industrias de producción y uso de información, comunicación y altas tecnologías.

Esta importación de "materia gris" y personal o profesionales calificados en acuerdo con los gobiernos que han instaurado "green cards" o permisos especiales desde los años '80.

Para José Moreno Pau: "*... Por otra parte también importan mano de obra cualificada que en los últimos años se han unido al ejército de becarios e investigadores que trabajan para las multinacionales con salarios muy inferiores y con mínimos derechos sanitarios. Esto es parte de la fuga de cerebros que supone un empobrecimiento para los países de origen, que ven como la inversión en la formación de éstos se pierde. La mano de obra inmigrante llega a la ciudad en la edad de trabajar, con lo que los estados receptores se han ahorrado años de sanidad y educación...*" **(6)**

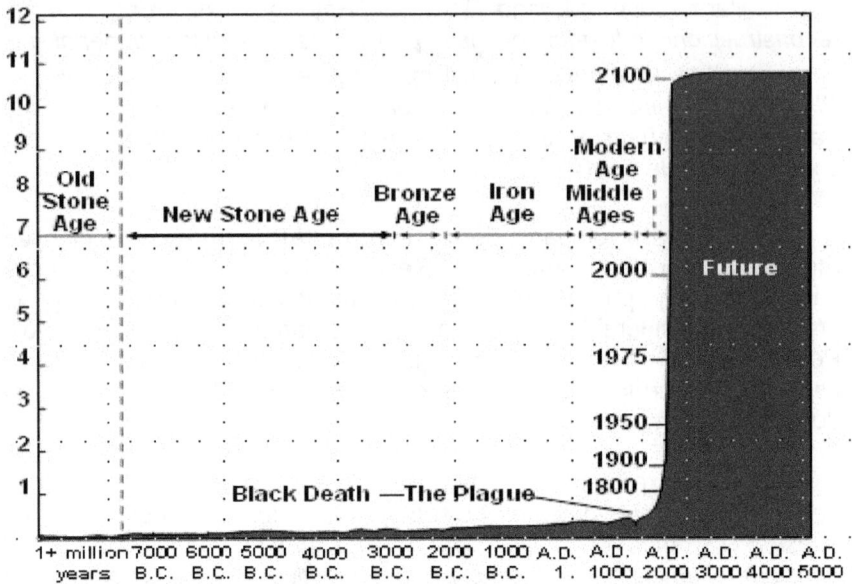

Evolución de la población mundial en la historia A partir del comienzo del capitalismo la curva de la población mundial sube y se multiplica 10 veces. Fuente: Population Reference Bureau and United Nations, World Population Projections to 2100 (1998)

En definitiva, los países imperialistas desarrollan y promueven la inmigración como parte de sus planes mundiales de avance en la explotación obrera, según José Moreno Pau:"... *Los países imperialistas de la UE utilizan mano de obra inmigrante para dividir a la clase obrera manteniéndolos con los salarios cada vez más bajos, aumentando las horas de trabajo. Sustituyen las prestaciones sociales de atención a enfermos y ancianos y a la infancia con trabajadoras domésticas...el aporte de los inmigrantes al porcentaje de la población en los países desarrollados...Hoy en día representan entre el 10 % y el 20 % de la población de los países centrales europeos..."* **(7)**

Las migraciones en África tienen varios componentes: migración a países productores de petróleo, de los países más pobres a los más desarrollados y movimientos de refugiados, por las guerras siendo la región con el mayor número de refugiados, cuyo número total pasó de 3 millones en 1985 a 6.8 millones en 1995.

En Asia y el Pacífico, Japón, Malasia, Corea y Taiwán se añadieron a Hong Kong y Singapur como países importadores de mano de obra, que tienen una política de aplastamiento y recorte sistemático de los derechos de los inmigrantes con el objetivo de facilitar su explotación y el uso como mano de obra barata y carne de cañón a los ejércitos imperialistas.

Con leyes de inmigración cada vez más duras, la situación de los trabajadores inmigrantes es cada vez peor. Así lo explica José Moreno Pau: *"... sufren la explotación, la división entre con papeles y sin papeles entre nacionalizados y sin nacionalizar y por último se sigue fomentando la división por nacionalidades. Los gobiernos imperialistas le ofrecen a los inmigrantes incorporarse a los ejércitos invasores, como el de EE.UU a Afganistán a cambio de papeles y permisos para con su familia poder vivir en el país. Pero aun así el conjunto de los inmigrantes sufren el racismo y la xenofobia, la formación de guetos y la clandestinidad..."* **(8)**

Sin embargo, desde hace décadas los inmigrantes vienen protagonizando luchas cada vez más importantes para defender sus derechos de residencia y laborales. Particularmente importantes han pasado a ser las luchas de mitad de la primera década del siglo XXI contra las leyes anti- inmigratorias en Francia y EE.UU, que las colocaron en el centro de la política mundial. Concretamente, entre los años los años 2005 y 2006 se desarrollaron algunas de las luchas por los derechos de los inmigrantes más importantes de las últimas décadas.

En noviembre del 2005 miles de jóvenes franceses protagonizaron durante dos semanas una revuelta que tuvo su sello en la quema de miles de automóviles en regiones de París en las cuales más de la mitad de la población menor de 15 años, es originaria de África. Esos mismos jóvenes volvieron a movilizarse junto a miles de jóvenes franceses, meses después en marzo del 2006 para enfrentar la legislación del gobierno Chirac-Villepin y el "Contrato Primer Empleo" (CPE), que detonó la oposición de la juventud estudiantil trabajadora, porque intentaba liquidar los aspectos favorables a los trabajadores instaurando la precariedad laboral y permitiendo a los patrones que puedan tomar a jóvenes y despedirlos sin motivo dentro de los dos años.

Un año después, en el 2006, estalló en EE.UU la lucha contra la Ley HR4437 y la legislación que recortaba los derechos de los inmigrantes, fundamentalmente latinos. Este ataque había sido precedido por una brutal discriminación y persecución a la inmigración musulmana tras los sucesos del 11-S. Todo el proceso de lucha inmigrante fue coronado con una gran movilización nacional el 1 de mayo del 2006, que sumó a millones en todas las ciudades de EE.UU para luchar contra la voracidad de las grandes empresas, sobre todo en la industria de la construcción, de la carne y de servicios, que pretendían graves recortes a los derechos de los latinos para asegurarse la mano de obra barata de trabajadores que al no poseer ningún derecho, se ven obligados a entregar su fuerza laboral por monedas.

Por eso, la lucha de las minorías inmigrantes y sus derechos, entre los años 2005 y 2006 en Francia y EE.UU, con repercusión mundial, colocó en el centro de la escena a los inmigrantes y su movilización contra la política y las leyes de explotación de este sector de la clase obrera por parte de los gobiernos del G7 al servicio de los intereses de las grandes empresas y multinacionales, convirtiendo así al proletariado inmigrante, en uno de los sectores más combativos de la clase obrera mundial, por ser uno de los sectores más explotados y oprimidos.

La gran movilización latina precipitó la crisis de las sub- prime, porque la expansión del negocio de ventas de propiedades inmobiliarias, estuvo siempre basada en la explotación de mano de obra inmigrante en la industria de la construcción, constituida mayoritariamente por mano de obra latina.

La concentración y el crecimiento de la clase obrera dieron origen a las megalópolis

Las grandes concentraciones urbanas que surgen de las migraciones son las megalópolis. Estos conglomerados hace 60 años no existían, pero producto de que la mitad de la humanidad está migrando del campo a la ciudad y de las economías más atrasadas a las más adelantadas, se están desarrollando convulsiva y dramáticamente. El término *megalópolis* fue introducido por el geógrafo francés Jean Gottmann en la década del '60, más precisamente en su libro "*Megalopolis, The Urbanized Northeastern Seaboard of the United States*" (en español: Megalópolis, el urbanizado borde marítimo noreste de Estados Unidos)

Gottman en este libro hizo referencia a aquel sistema urbano que contase con una población igual o superior a los 10 millones de habitantes, el núcleo de grandes ciudades que se amplía con ciudades satélites creando una megalópolis. Estas enormes concentraciones urbanas, se colocan en el centro de la situación política mundial, porque es allí donde se desarrollan los procesos políticos fundamentales del movimiento de masas, las movilizaciones, insurrecciones y revoluciones más importantes.

Pero también, y como veremos enseguida, porque en esas megalópolis son enormes concentraciones obreras. No sólo en las megalópolis concentran vastos sectores del movimiento de masas, con los subsiguientes grupos sociales y sectores de clase como los desocupados, los lúmpenes y marginales y los sectores de clase media rica y pobre. En esos conglomerados gigantescos se está desarrollando una enorme y poderosa clase obrera, que como veremos, abarca ya los 5 continentes y tiñe con su movilización los procesos políticos fundamentales del mundo.

La urbanización mundial en curso y las transformaciones demográficas, muestran el grado de desarrollo alcanzado por la clase obrera con la globalización. Como lo explica en su excelente trabajo "Los trabajadores del mundo" Chris Harman da las siguientes cifras: *"...La clase obrera (existe) como nunca antes como una clase en sí... con un núcleo de quizás 2.000 millones de personas",* alrededor del cual hay **otros 2.000 millones cuyas vidas están "sujetas de forma importante a la misma lógica que su núcleo...** *2.474 millones de personas participaban en la fuerza de trabajo global no doméstica a mediados de los '90. De ellos alrededor de un quinto, 379 millones de personas, trabajaban en la industria, 800 millones en servicios, y 1.074 millones en la agricultura".* **(9)**

Y prosigue: *"...**El capitalismo ha creado una clase obrera mundial en el último siglo y medio.** La industria y el trabajo asalariado existen hoy en virtualmente todo lugar del globo. La clase obrera industrial tiene una presencia mundial. Pero el desarrollo desigual y combinado del sistema implica que está muy desigualmente distribuida entre las distintas regiones. Los cálculos aproximados indican que el 40% de los casi 270 millones de obreros industriales están en los países de la OCDE; en China, América Latina y la ex URSS, alrededor del 15% en cada país, en Asia aproximadamente el 10% y alrededor del 5% en África..."* **(10)**

La instalación de las multinacionales en China e India, que provocan un crecimiento del proletariado en esos países, no impidió el crecimiento del proletariado en los países desarrollados, como señala Harman *"... en 1998 el número de trabajadores en la industria era cerca del 20% mayor que en 1971, casi el 50% más alto que en 1950..."* **(11)** En los restantes países del primer mundo la cantidad de obreros industriales crece desigualmente, en Japón la fuerza de trabajo industrial ha crecido a más del doble entre 1950 y 1971 y tuvo otro aumento del 13% en 1998.

En Gran Bretaña bajó un tercio, y en Francia más de un cuarto, pero de conjunto hay 112 millones en 1998 de obreros industriales en los países del G7, un crecimiento de la cantidad de obreros industriales en los países más desarrollados de 25 millones comparado con 1950. El peso de la clase trabajadora, es determinante en el país más importante del mundo, los Estados Unidos. Para Harman *"...De conjunto hay un mínimo de 42 millones de "trabajadores del sector servicios" en ocupaciones manuales o empleos rutinarios de cuello blanco en Estados Unidos. Si les agregamos los 33 millones de trabajadores en industrias manuales tradicionales, tenemos que alrededor de tres cuartas partes de la población norteamericana está compuesta de trabajadores."* **(12)**

Baldoz, Koeber y Kraft afirman: *"...Ahora hay más norteamericanos empleados en la fabricación de autos, buses y autopartes que en cualquier otro momento desde la guerra de Vietnam...".* **(13)** Según datos del Banco Mundial el total de trabajadores totales a nivel mundial está creciendo más rápidamente que nunca antes en la historia, la fuerza de trabajo mundial se ha incrementado de 1.887 millones de personas en 1980 a 3.102 millones el 2008, es decir, un incremento de 1.215 millones de trabajadores en los últimos 30 años. El proletariado mundial crece en grandes proporciones, solo en China son 18 millones de migrantes internos por año que encuentra ocupación en la industria.

A nivel mundial, según los datos anteriores, al menos un quinto del incremento total de 1.215 millones entre 1980 y 2008, son trabajadores industriales, lo cual quiere decir que el proletariado industrial crece y se extiende mundialmente. Globalmente la clase obrera posee una estructura más compleja con diversas capas por los cambios producidos.

Así lo explica Roberto Antunes: *"... nuestro primer desafío es procurar entender lo que es la clase trabajadora hoy, lo que es el proletariado hoy, en el sentido más amplio del término, no entendiendo a los trabajadores o a " los proletarios del mundo" como exclusivamente el proletariado industrial...comprende la totalidad de los asalariados, hombres y mujeres que viven de la venta de su fuerza trabajo y que son desposeídos de los medios de producción... la clase trabajadora hoy incorpora la totalidad del trabajo social, la totalidad del trabajo colectivo que vende su fuerza de trabajo a cambio de salario"* **(14)**

Antunes analiza las diversas capas de la clase obrera mundial: *"... la clase trabajadora incluye también el amplio abanico de asalariados del sector servicios, pero que no crean directamente valor...incorporando también al proletariado rural que vende a su fuerza de trabajo para el capital, los llamados " golondrinas" de la regiones agro- industriales...al proletariado precarizado... que es part- time, que se caracteriza por el trabajo temporario, por el trabajo precarizado como son los trabajadores de los Mc Donald's, de los servicios...según datos de la OIT hay hoy más de mil millones de hombres y mujeres trabajadoras que están precarizados y subempleados... o se encuentran desempleados..."* **(15)**

Uno de los ejemplos más espectaculares del crecimiento y fortaleza de la clase obrera mundial es precisamente China. En ese país en 1986 migraron a las ciudades 30 millones de campesinos, que en 1988 pasaron a ser 50 millones, en 1989 entre 60 y 80 millones y en el año 2003 la migración alcanzó la cifra de 98 millones. En el año 2001 en China el proletariado industrial fue mayor a 160 millones de trabajadores, cifra superior a la del número de trabajadores industriales de la OCDE (131 millones), de la India (25 millones) y de Indonesia (13 millones).

Pero si a las fuerzas del proletariado industrial que ha surgido en China sumamos el resto de los sectores que componen la clase trabajadora, proletariado agrícola y proletariado de servicios, nos encontraremos con que ha surgido el proletariado más grande del mundo, constituido por cientos de millones de trabajadores. El mismo fenómeno, se ha producido en la India, y en el conjunto de los países del Sudeste- asiático, sobre todo los "Tigres", que fuera el polo dinámico de la economía mundial en la transición del régimen keynesiano a la globalización.

En esas regiones, hace 50 años, no existían los poderosos proletariados que están hoy. Si consideramos la existencia de estos cientos de millones de obreros que hace 50 años no existían, el desarrollo de la clase trabajadora en el resto de los países coloniales y el hecho de que en los países del G7 la clase trabajadora ha crecido, podemos considerar entonces que **en la globalización, la clase obrera alcanzó una magnitud y el peso más importante de toda la historia del capitalismo.**

Los Teóricos del "Fin de la clase obrera"

En los últimos 15 años, sobre todo durante década del '90, numerosos autores hablaron del fin de la clase trabajadora. Muchos ensayos con pretensiones pseudo- científicas presentaban la realidad del capitalismo como la del comienzo de una nueva era, en la cual la tecnología haría desaparecer a la clase obrera o disminuiría mucho su importancia social y peso político específico. Llovieron libros como el de Jeremy Rifkin llamado "El fin del trabajo" en los cuales se hablaba del declive de la fuerza del trabajo global.

Este florecimiento de literatura pseudo- científica que anunció el "Fin de la clase obrera", pretendía mostrar un capitalismo idílico y angelical en el cual los adelantos técnicos harían que las condiciones de la producción cambiaran de tal modo que desmentirían la tesis de Marx de que el capitalismo engendra mediante la acumulación una gran clase obrera y masas de población desocupada. La literatura "post- clase obrera" floreció a la par de la literatura "post- marxista", "post- socialista", "post- ideologías", etc. que caracterizó a los años siguientes a la caída del Muro de Berlín.

En el capítulo "requiem para la clase obrera" del libro de Rifkin se podían leer cosas como la siguiente: *"En muchas comunidades las mal iluminadas fábricas de la segunda era industrial ya han desaparecido. El ambiente ya no está contaminado por humos industriales, los suelos, las máquinas y los trabajadores ya no están recubiertos de grasa y mugre. El silbido de los hornos de cocción y el incesante tintineo de las máquinas gigantescas es, en la actualidad, un simple recuerdo del pasado".*

Evidentemente, Rifkin nos hablaba de un lugar de ensueño que no existe, muy alejado de la realidad del capitalismo que puede observarse en las concentraciones obreras de China, la India y las terribles condiciones de trabajo que sufre la mayoría de la población mundial. Pero las charlatanerías sobre un "nuevo capitalismo" que deja al planeta cada vez con menos obreros y con condiciones de trabajo de excelsa belleza, se choca con abrumadores datos de la realidad que van en sentido contrario.

No hay un solo dato de la realidad que muestre que la clase obrera haya retrocedido, sino por el contrario, su importancia sociológica es enorme y creciente. Y por supuesto, nada demuestra que el capitalismo haya perdido su carácter brutalmente explotador, que depara para la mayoría de los trabajadores del mundo condiciones de trabajo cada vez más indignas. En las páginas del capítulo II, analizamos las terribles condiciones de pobreza y explotación a las que las corporaciones y gobiernos capitalistas someten a las masas del mundo en la actualidad.

Otros autores desarrollaron la tesis acerca de la pérdida de importancia política de la clase obrera. Tony Negri tanto en sus libros Imperio (2000) y Multitud (2005) o John Holloway en el 2001 en su libro *"Cambiar el mundo sin tomar el poder"*, fueron algunos representantes de la corriente de opinión que sostuvo que la clase obrera había perdido su importancia política, y que ahora el enfrentamiento al capitalismo lo llevarían adelante otros sectores sociales.

De esta tesis se derivaría otra: Que surgirían "nuevas revoluciones" que estarían hechas por una "multitud", sin que el contenido de clase de los procesos tuviera alguna importancia.

EL FIN DE LAS MULTINACIONALES

Estos teóricos de la "nueva revolución" autogestionaria y autonomista eran una versión de la visión del capitalismo de Rifkin, pero "desde la izquierda". Esta visión culminaba con un embellecimiento del capitalismo desde otro ángulo: el capitalismo se puede cambiar desde adentro, organizados en "redes" y "nodos" la multitud hará los cambios sin necesidad de cambiar el poder que existe.

Por lo tanto, no es necesaria la clase obrera como agente social que pelee por un poder alternativo, dado que el capitalismo será modificado desde adentro por la acción de la "multitud". El surgimiento de los movimientos de los indignados en Europa y "Ocuppy Wall Street" en EE.UU parecería dar la razón a estos teóricos de la "nueva revolución".

Pero en realidad, tanto Holloway, como Negri, y Rifkin, como tantos otros, están siendo categóricamente desmentidos por la realidad. Los nuevos movimientos que surgen son hijos de la crisis capitalista comenzada en el 2007.

La mirada de los jóvenes activistas y dirigentes que los impulsan apunta en forma crítica al poder concentrado de las corporaciones multinacionales, lejos de ingenua y candorosa mirada de los Negri y Holloway que veían un capitalismo fácilmente desmontable desde dentro.

La oleada de huelgas generales en Europa y el mundo, el resurgimiento del sindicalismo en EE.UU, muestra que la clase obrera con toda su fuerza y plenitud, ha comenzado a enfrentar la brutalidad de las potencias capitalistas que intentan destruir sus condiciones de vida. Lejos del "idílico" mundo que pintaba Rifkin la realidad derrumba todas sus palabrerías.

Los movimientos de los jóvenes e indignados, y las huelgas obreras irán confluyendo mientras construyen el comienzo de un movimiento de lucha mundial contra el capitalismo. Y en esta lucha veremos en acción no sólo la crisis más grande de la historia del capitalismo, sino que veremos cómo ésta pone en marcha a la clase obrera más grande e importante de la historia del capitalismo.

La crisis no ha hecho más que hacer retornar con fuerza las ideas de Marx. Y el regreso del marxismo, a poner fin a tanta charlatanería e ilusionismo pequeñoburgués, de quienes formularon la existencia de un "nuevo capitalismo", reformable con "redes" y "nodos".

2) Acumulación de capital. La producción y creación de valor y bienes

Vamos a analizar a partir de ahora este otro polo de la acumulación, la acumulación de capital, sus movimientos y las contradicciones que este proceso ha generado. Estas enormes masas de trabajadores, laboriosos de todas las categorías han producido masas de valor, expresadas en bienes, en una magnitud histórica para el capitalismo.

Esta magnitud histórica de bienes es la continuación de una acumulación que lleva siglos, de los cuales en virtud de la propiedad privada los capitalistas se apropian, para obtener más ganancias y capital.

Comenzamos en este apartado a analizar paso a paso los movimientos y las leyes marxistas de la economía que explican cómo se van encadenando las contradicciones del sistema capitalista, hasta llegar a la crisis actual y su diagnóstico. Vamos a ir mostrando esta concatenación en forma esquemática y sumaria, para facilitar su comprensión, aclarando que no es así como sucede en la realidad.

En la vida real cada uno de los pasos y escalas que vamos a analizar se desarrollan en forma simultánea, combinada, convulsiva y no necesariamente en el orden en que vamos a presentarlas. Comenzamos analizando como surgen los bienes que acumula hoy la sociedad capitalista. Esta infinita e inmensa cantidad de bienes ¿quiénes la han producido?, ¿cómo puede medirse su valor?

Los capitalistas creen que el capital es el que produce valor y esto es lo que se enseña y reproducen los gobiernos y agentes del capital, hasta en las escuelas y universidades. Pero los intereses y aspiraciones de los capitalistas se dan de bruces ante la Ley del Valor. ¿En qué consiste esa Ley?

Veamos cómo explica la Ley del Valor Carlos Marx: *"La riqueza de las sociedades en las que domina el modo de producción capitalista se presenta como un "enorme cúmulo de mercancías". Ahora bien, si ponemos a un lado el valor de uso del cuerpo de las mercancías, únicamente les restará una propiedad: **la de ser productos del trabajo**...Ese producto ya no es una mesa o casa o hilo o cualquier otra cosa útil...reduciéndose en su totalidad a **trabajo humano indiferenciado, a trabajo abstractamente humano...**"* (16)

Para la Ley del Valor, lo que produce valor, riqueza y bienes, es el trabajo: *"...la Ley del Valor domina los procesos económicos en un régimen de economía capitalista. En términos muy generales, tiene el siguiente contenido: el valor de las mercancías es la forma específica e histórica con que se impone la fuerza productiva del trabajo, que en una mercancía? La forma objetiva del trabajo social gastado en la producción de la misma. ¿Y cómo medimos la magnitud de su valor? Por la magnitud del trabajo que contiene. El trabajo es la sustancia y la medida inmanente de los valores"* **(17)**

¿Que entendemos por trabajo? Para Nahuel Moreno: *"...**El trabajo es una verdad fisiológica** es un gasto esencial del cerebro humano, de músculos, de nervios y de sentidos. **Es decir, es trabajo abstracto**. Todo valor de uso es producto de un gasto humano de energía, sea la época histórica que fuere..."* **(18)**

Moreno explica la formulación de Marx acerca de que el valor de una mercancía lo determinan 3 elementos, el trabajo abstracto contenido ella, el tiempo durante el cual se desarrolla y el carácter social, es decir, que es realizado por millones de trabajadores en las distintas ramas de producción.

Estos 3 elementos son para Moreno **las determinaciones o determinantes del valor**: *"...Es decir, siempre que produce un objeto, (el obrero) trabaja, es decir, gasta energía humana, **traspasa energía humana al objeto**. Dos, la traspasa **durante un tiempo** y Tres, **lo hace en sociedad**..."* **(19)**

Es decir, es el trabajo humano lo que permite producir bienes, que para el capitalismo son mercancías. Pero estos bienes no poseen valor por sí mismo, es el trabajo el que los ha dotado de valor, proceso que se dio no sólo en el capitalismo, sino en todas las sociedades anteriores, para Moreno: *"...el intercambio de mercancías, transforma en una propiedad social **de los objetos, los que son tres propiedades o tres características de toda producción humana** en cualquier época de la humanidad. Pero característica de la producción humana social, humana social, **no de los objetos**..."* **(20)**

El dinero y los precios se desprenden del valor

La objetivación del trabajo humano contenido en las mercancías se expresa cuando se produce el intercambio entre ellas, o sea en el comercio, como proceso social que permite el intercambio de mercaderías, para Marx: *"Sólo pueden relacionar entre sí sus mercancías en cuanto valores, y por tanto sólo en cuanto mercancías, al relacionarlas antitéticamente con **otra mercancía cualquiera"*** **(21)** Pero para desarrollarse, el comercio requiere de un elemento, una mercadería que actúe como equivalente general que permita ese intercambio.

Ese equivalente general es el dinero, para Marx: *"…sólo un acto social puede convertir a una mercancía determinada en equivalente general. Por eso la acción social de todas las demás mercancías aparta de las mismas una mercancía determinada, **en las cuales todas ellas representan sus valores**…Su carácter de ser equivalente general se convierte, a través del proceso social, en función específicamente social de la mercancía apartada. **Es de este modo como se convierte en dinero".*** (22)

La expresión del valor de una mercancía al ser intercambiada en el comercio se denomina precio. Pero como no contienen trabajo humano, el **precio y el dinero son expresiones figuradas del valor, sirven para medir valores pero no son valor**. Para representar lo más cercano al valor, el dinero debe estar respaldado por material dinerario que tenga trabajo humano, actúe como equivalente general y respalde los billetes. En general, el capitalismo ha ido consolidando el oro como respaldo mundial del dinero.

Primero aparecen las monedas de oro y plata, que actúan representando al oro y los metales preciosos. Estas monedas son expresión figurada del valor de las mercancías, que permite compararlas y medirlas entre sí, hasta dar paso a la aparición del dinero y billetes, según Marx: *"**Los valores de las mercancías, pues, se transforman en cantidades de oro figurado y de diferente magnitud**…Con anterioridad a su transformación en dinero, el oro, la plata, el cobre poseen ya tales patrones en sus pesos metálicos…"* (23)

Aquí el capitalismo desarrolla la **contradicción entre el valor por un lado y dinero por el otro** que junto al precio son expresiones imaginarias del valor, llegando al extremo de que **mercancías tengan precio y no tengan valor**, como los billetes o la tierra sin cultivar por ejemplo. También expresa esta contradicción el hecho de que el precio del dinero caiga o suba, sin tener relación con el valor de las mercancías. Esto se produce porque el dinero es una mercancía que es expresión imaginaria del valor, se desprende de él y alcanza independencia del valor, lo que permite manipularlo.

¿Por qué se desarrolla esta contradicción entre los precios y el dinero por un lado y el valor por el otro? Porque el dinero y los precios son manipulados a través de la historia por las clases dominantes. Ya vimos, por ejemplo, la actividad de los primeros banqueros como los orfebres en el Medioevo, a veces emitiendo mayor cantidad de papeles de lo que en realidad tienen en calidad de respaldo de metales preciosos.

EL FIN DE LAS MULTINACIONALES

También lo vemos en las falsificaciones de monedas o, en la gran "inflación del siglo XVI", cuando los estados hicieron una gran acumulación oro y plata y emitieron dinero para financiar las guerras y el pillaje. Otro caso es el que vimos cuando analizamos como la Fed manipula el dinero y precios mediante el control del dólar, o los acuerdos Smithsonianos del presidente Nixon de 1971 en EE.UU que rompieron la paridad dólar- oro, para manipular el precio del dólar y bajar las deudas de EE.UU.

Todos estos son apenas algunos ejemplos de los mecanismos que los capitalistas y los estados llevan adelante para enfrentar y contrarrestar la crisis. Pero estos mecanismos, lejos de contrarrestar la crisis, agravan la contradicción entre el valor, por un lado, y los precios y el dinero, por el otro. Las crisis exponen en forma manifiesta la contradicción entre precio y dinero con el valor, así lo explica Carlos Marx: *"En la crisis, la antítesis entre la mercancía y su figura de valor, o sea el dinero, se exacerba convirtiéndose en **contradicción absoluta***... *"***(24)**

Los precios y el dinero se desarrollan con el proceso de circulación

El precio y el dinero se desenvuelven en la esfera de la circulación, que comprende un conjunto de procesos económicos de los cuales son parte el tráfico de mercancías, el comercio dinerario, el intercambio de monedas y el surgimiento de los bancos.

El proceso de circulación es el primer proceso económico capitalista, el más antiguo. Fue edificado alrededor del comercio y evolucionó en forma autónoma de las distintas sociedades y modos de producción que fue entrelazando y entre los cuales desarrolló el intercambio.

El proceso de circulación permitió el desarrollo del capital, mucho antes de que existiera el modo de producción capitalista. Carlos Marx polemizaba con los grandes economistas burgueses como Adam Smith y David Ricardo, que consideraban que el capital había surgido con el capitalismo: *"Los grandes economistas como Smith, Ricardo, etc., puesto que de hecho consideran la forma fundamental del capital como capital industrial...**se hallan perplejos frente al capital comercial en cuanto especie independiente.** Las tesis relativas a la formación del valor, la ganancia, etc., derivadas directamente del examen del capital industrial, no se aplican directamente al capital comercial. Por eso, en los hechos lo marginan por completo, mencionándolo solamente como una variedad del capital industrial".* **(25)**

Como vimos en el capítulo V, con las Naciones Comerciales, el capital surgió muchos siglos antes que el modo de producción capitalista y evolucionó a través de los siglos mediando el intercambio entre distintas sociedades, asiáticas, tribus comunistas primitivas, ciudades-estado, etc. ¿Qué tipo de capital es este que surgió? El capital comercial que para Marx se divide en 2 subespecies, *"...El capital mercantil o de comercio se divide en dos formas o categorías el capital comercial y el capital financiero"* **(26)**

Marx denomina a estos 2 tipos de capital "el capital dedicado al tráfico de mercancías" al capital comercial propiamente dicho y "capital dedicado al tráfico de dinero", al capital financiero. A su vez, para Marx, el capital comercial tanto como el financiero son independientes del industrial y no pueden confundirse con él, entre otras cosas, porque existen desde mucho antes de la existencia de la industria capitalista.

Así lo explica Marx:*"...nada puede ser más absurdo que considerar el capital comercial, sea en la forma de capital comercial como al financiero...como un tipo particular de capital industrial...el capital comercial es más antiguo que el modo capitalista de producción, en realidad* **históricamente es el modo libre de existencia más antiguo del capital...**" **(27)**

Con el surgimiento de las Naciones Comerciales alrededor del siglo X, el capital profundizó el desarrollo del comercio, el proceso de circulación de mercancías y del dinero, entre sociedades con distintos estadios de evolución, modos de producción y formaciones sociales.

Como lo indicó Marx: *"He señalado anteriormente cómo el sistema dinerario se desarrolla originariamente en general,* **en el intercambio de productos entre diversas entidades comunitarias.** *Por ello, el comercio dinerario, el comercio con la mercancía dineraria, se desarrolla en primera instancia a partir del tráfico internacional... con los cuales negocia el comerciante, el propietario de esclavos, el señor feudal, el estado (por ejemplo, el déspota oriental) representan la riqueza fruitiva a la cual tiende sus trampas el comerciante...En cuanto existen diversas monedas nacionales, los comerciantes que compran en países extranjeros deben convertir su moneda nacional en la moneda local y viceversa...De ahí el negocio de los cambios, al que debe considerarse como uno de los fundamentos naturales del comercio"* **(28)**

Marx explica que en el proceso de circulación los bienes creados por el trabajo circulan transformados en mercaderías, y el proceso de circulación se desarrolla en forma autónoma de las sociedades entre las que media, con sus propias leyes y características: *"En la circulación, el producto se desarrolla por primera vez como valor de cambio, mercancía y dinero... El patrimonio comercial autónomo, en cuanto forma dominante del capital, es la autonomización del proceso de circulación con respecto a sus extremos, y tales extremos los constituyen los propios productores que intercambian. Esos extremos permanecen autónomos con respecto al proceso de circulación, y el proceso lo permanece con respecto a ellos".* **(29)**

El proceso que desarrolla la circulación es un movimiento mercantil simple, propio de sociedades pre- capitalistas donde se produce la "metamorfosis" de las mercancías, o sea, la operación por la cual las mercancías se transforman en dinero, como lo explica Marx: *"Las operaciones del comerciante no son otra cosa que las operaciones que deben realizarse, en general para **transformar el capital mercantil del productor en dinero**... debe efectuar el proceso de su transformación en dinero"* **(30)**

En este movimiento de metamorfosis en la circulación simple, en la cual la economía y la producción de bienes están orientadas hacia el **uso o utilidad**, el productor trabaja y obtiene la mercancía **(M),** la vende y obtiene dinero por ella **(D)** y luego invierte ese dinero en insumos y herramientas para elaborar nuevas mercaderías **(M).**

Para Marx: *"Este proceso de circulación aparece primero como proceso de circulación mercantil simple...M-D-M...El productor...vende su mercancía...transformándola en dinero...Con ese mismo dinero compra...las mercancías que constituyen los elementos de producción"* **(31)**

El movimiento de circulación mercantil simple, orientado al uso, es el correspondiente a la actividad de las sociedades pre- capitalistas más atrasadas sobre las que actúa el capital. La actuación del capital, los mercaderes y comerciantes sobre estas sociedades pre- capitalistas comenzará a provocar un cambio del movimiento de la circulación.

El capital se apropia de la producción, el valor y disuelve las formaciones sociales

Cuando el capital empieza a actuar sobre las sociedades pre-capitalistas, comienza a cambiar del movimiento de la circulación. En la medida que el capital entra en los pueblos y naciones, independientemente del estadio de evolución en que éstos se encuentren, recoge los productos que los pueblos elaboran para la satisfacción de sus necesidades y subsistencia, y al trasladarlos a otros pueblos y naciones para su venta **los transforma en mercancías.**

Así lo hicieron las Naciones Comerciales como lo analizamos en el capítulo anterior. En este proceso, las Naciones Comerciales u otras formas del capital comercial toman productos de sociedades más atrasadas cuya elaboración están orientados **hacia su uso o utilidad** y al transformarlos progresivamente en mercancías, los transforma en productos cada vez más orientados **al intercambio o valor.**

Así lo explica Marx: *"Por otro lado, cualquier desarrollo del capital comercial **obra en el sentido de imprimir a la producción un carácter cada vez más orientado hacia el valor de cambio**...Cualquiera que sea el modo de producción en que se base la producción de los productos que entran en la circulación en carácter de mercancías ya sea esa base la comunidad primitiva o la producción esclavista o la de pequeños campesinos y pequeños burgueses o la producción capitalista, **ello en nada modifica su carácter de mercancías"* **(32)**

El capital busca convertir la producción económica de las sociedades en mercancías, para hacerse de ganancias. Pero la progresiva conversión de la producción en mercaderías, significa que el capital se apropia del valor y por lo tanto del trabajo que está contenido en esas mercaderías. Al conformar un sistema que tiene como objetivo apropiarse de valor y trabajo desarrollado por las diferentes sociedades, el capital mediante la maniobra de aprovechar las diferencias de precios entre las naciones, obtiene ganancias por la compra y venta de mercancías que encierran trabajo humano.

Es decir, el capital obtiene ganancias de la **apropiación de porciones de valor de la producción** de las diferentes sociedades entre las que media. Este movimiento modifica el curso del movimiento de la circulación, que ahora cambia porque se trata de dinero **(D)**, que compra un bien y lo transforma en mercancía **(M)**, para obtener más dinero **(D')**. Este movimiento centrípeto se expresa en la fórmula **D- M- D'.**

Al obtener ganancias por el intercambio de productos que contienen masas de valor y trabajo, el capital se va apropiando de trabajo y valor que desarrollan las sociedades. De a poco va penetrando los poros de la sociedad sobre la que actúa y llegado un punto de su evolución, la penetración del capital y el predominio que adquiere sobre el modo de producción es tal, que su acción representa prácticamente un verdadera depredación de los sistemas productivos.

Es decir, en la medida en que comienza a ser **predominante, el capital se va transformando en un sistema de saqueo**, mediante el movimiento de la circulación, expresado en la fórmula **D-M–D´**, con el que actúa y comienza a predominar sobre esa sociedad más atrasada.

Así lo explica Marx: *"Aparte que explota la diferencia entre los precios de producción de diversos países...el capital comercial se apropia de una parte predominante...del plus producto con los cuales negocia...**En consecuencia, cuando el capital comercial predomina en forma abrumadora, constituye por doquier un sistema de saqueo...**del mismo modo que su desarrollo en los pueblos comerciantes tanto de los tiempos antiguos como de los más recientes se halla directamente vinculado con el saqueo por la violencia, la piratería, el robo de esclavos, el sojuzgamiento en las colonias..."* (33)

En la medida que saquea los modos de producción pre-capitalistas, el capital va modificando el carácter de la circulación. Si antes el movimiento expresado en la fórmula **M-D-M** era la actividad mercantil simple surgida del mero intercambio de mercaderías, ahora pasó a ser predominante el movimiento enunciado en la fórmula **D-M-D´**.

Así lo explica Marx: *"Este **D M D'** en cuanto movimiento característico del capital comercial lo diferencia de **M D M**, el comercio de mercancías entre los propios productores"* (34) El paso de **M-D-M** a **D-M-D´** es el cambio que permite al capital depredar a las sociedades. Primero va disolviendo y corroe los modos de producción más atrasados y finalmente los aplasta militarmente.

En la medida en que el proceso de circulación va modificando la orientación del tráfico de mercancías de su utilidad al valor, es que el capital provoca cambios en la estructura económica de las diferentes sociedades que se desarrollan "en los extremos" del proceso de circulación. Estos cambios actúan contribuyendo a **impulsar la disolución de esos diferentes modos de producción.**

Así lo explica Marx: *"el comercio tiene en todas partes **una acción más o menos disolvente sobre las organizaciones pre-existentes de la producción**...repercutirá a su vez, naturalmente, en mayor o menor grado sobre las entidades comunitarias entre las cuales se desarrolla; someterá cada vez más la producción al valor de cambio...**De ese modo disuelve las antiguas relaciones.** Hace aumentar la circulación de dinero. No sólo se apodera ya del excedente de la producción, sino que paulatinamente va royendo a la propia producción, haciendo que ramos íntegros de la misma dependan de él."* (35)

Dado que el capital actúa contribuyendo a disolver los modos de producción sobre los que actúa, cabe saber entonces en qué medida el capital es capaz de disolver ese modo de producción, y en segundo lugar que nuevo modo de producción surgirá en el futuro en remplazo del modo de producción que va disolviéndose.

Ambas cuestiones no dependen del capital, sino de la solidez interna que caracterice al modo de producción en disolución, para Marx: *"...la medida en la cual provoca la disolución del antiguo modo de producción depende, en primera instancia, de la firmeza y estructura interna de éste...Y dónde desemboca este proceso de disolución, vale decir qué nuevo modo de producción ocupará el lugar del antiguo, no depende del comercio, sino del carácter del propio modo de producción antiguo"* (36)

Es decir, el propio modo de producción sobre el que actúa, determina el carácter "disolvente" del capital, porque en definitiva el modo de producción que surge, lo hace de entre las mismas entrañas del anterior. Pero también el capital se desarrolla a partir de la explotación que va haciendo del modo de producción que actúa disolviendo, como lo explica Marx: *"No obstante, este efecto disolvente depende mucho de la naturaleza de la entidad comunitaria productora. Mientras que el capital comercial media el intercambio de productos de entidades comunitarias no desarrolladas, la ganancia comercial aparece no sólo como logrería y estafa, sino que surge en gran parte de éstas."* (37)

La combinación de circulación y producción establece la acumulación en forma definitiva

La acción disolvente del movimiento de la circulación sobre las sociedades y modos de producción pre- capitalistas, empieza a horadar internamente estas sociedades que acaban derrumbándose. El proceso incluye la expropiación de las clases sociales de pequeños y grandes propietarios que culmina con el aplastamiento militar de las mismas, lo que permite ir consolidando mundialmente el modo de producción capitalista.

Una vez consolidado el modo de producción capitalista entre los siglos XVIII y XIX, el desarrollo de la industria asegura el proceso de producción de mercaderías para un mercado mundial. Es en ese momento histórico en el que se vinculan 3 procesos económicos en forma interrelacionada, aunque pertenecientes a épocas históricas completamente diferentes.

1) En primer lugar el conjunto de procesos económicos que hacen parte del proceso de circulación que venimos analizando.

2) En segundo lugar el moderno conjunto de procesos económicos que hacen al modo de producción capitalista en cuyo centro se ubica la industria como Forma de Acumulación.

3) La combinación desigualmente desarrollada de ambos da lugar, en tercer lugar, al proceso de reproducción ampliada mundial o acumulación capitalista, ya conformando su forma definitiva.

Si bien la Acumulación o Reproducción ampliada capitalista, se había ido desarrollando desde siglos anteriores, estableciendo regímenes en forma parcial y transicional, en determinadas regiones geográficas y conviviendo con diversos modos de producción, a partir de la combinación de la circulación y la producción ahora se consolida y establece en forma definitiva y dominante.

A su vez, el proceso de reproducción ampliada o acumulación ya constituido, es el proceso por el cual, el modo de producción capitalista, como cualquier organismo vivo, busca reproducirse. Cada uno de estos procesos, si bien están íntimamente relacionados, son diferentes, con leyes y fórmulas matemáticas propias que expresan sus movimientos fundamentales.

1) En primer lugar, **el proceso de circulación** con sus fórmulas **M-D-M** y **D-M-D** que ya vimos, proceso en el cual no se crea valor ni plusvalor.

2) Luego, el **proceso de producción capitalista**, que se sintetiza en la fórmula:

$$\frac{Cc+ Cv}{P} = g$$

Compuesta por **el capital constante (Cc)**, que son la infraestructura, maquinaria, tecnología y herramientas, sumado al **capital variable (Cv)** que son los salarios. Ambos se dividen por el plusvalor o trabajo no pagado por los empresarios **(p)** y dan como resultado **(g)** la ganancia. En éste proceso donde se explota el trabajo humano, se crea valor y plusvalor.

3) La **combinación de ambos** da lugar al **proceso de reproducción ampliada capitalista** que asume su forma definitiva. La fórmula que lo expresa en su totalidad es **D- D'**, o sea, dinero **(D)** que busca reproducirse logrando mas capital, expresado en dinero **(D')**.

Esta fórmula es la expresión del conjunto del proceso de funcionamiento del sistema capitalista. De este modo, el conjunto del proceso de reproducción ampliada capitalista tiene como objetivo que **(D)**, se transforme en **(D')**, el capitalista invierte dinero y lo que pretende es obtener mayor capital, expresado en dinero.

Así lo explica Marx: *" D- D': tenemos aquí **el punto de vista primitivo del capital**; el dinero, en la fórmula D- M- D', se encuentra reducido a los dos extremos D- D', en donde D'= D + D, es decir, dinero que crea dinero.... **Es el capital acabado, que une los procesos de producción y circulación**, y que por lo tanto rinde, en determinados intervalos, una plusvalía dada".* **(38)**

Es decir, en el modo de producción capitalista, **se integran** procesos del capital que antes en la historia se desarrollaron **en forma autónoma y separada**. Antes la circulación se desarrollaba en forma separada de los procesos de producción que existían. Independientemente de los grados de desarrollo que estos tuvieran, la circulación tenía un movimiento divergente de la producción, no confluía con ella, y actuaba depredándola. Pero al surgir la producción capitalista el proceso de circulación cambia y se desarrolla interactuando con el proceso de producción.

Así lo explica Marx: *"...**en la producción capitalista se dan ambos casos**. El proceso de producción se basa por completo en la circulación, y la circulación es una mera etapa, una fase de transición de la producción..."* **(39)**

De este modo al establecerse el modo de producción capitalista como dominante a escala mundial, la acumulación o proceso de reproducción ampliada implica que los procesos de producción y circulación se desarrollan **en forma combinada e interrelacionada**. La combinación de los movimientos de estas diferentes formas de capital, eleva a un mayor grado la disputa por la obtención de las ganancias.

Ahora los capitales utilizan la circulación para ir por diferentes ramas de la producción, buscando las que más le convengan para elevar sus ganancias. Y la circulación actúa sobre la producción, donde se establecen luchas mas graves y encarnizadas entre los capitales por la obtención de ganancias. Estas rotaciones cada vez más convulsivas y aceleradas de los capitales, actúan acelerando a su vez la constitución de la tasa media de ganancia y después, al movimiento de la tendencia decreciente de la misma.

La interrelación de la producción y la circulación acelera la nivelación de la tasa de ganancia

Los capitales que actúan en el proceso de reproducción ampliada, buscan reproducirse y obtener más capital. Esto lo hacen luchando entre ellos y compitiendo por porciones de plusvalor para asegurarse la obtención de ganancias. Así lo explicó Marx:*"...las mercancías no simplemente se intercambian como mercancías, sino como producto de capitales que exigen una participación en la masa global del plusvalor, una participación proporcional a la magnitud de los capitales...'* **(40)**

El fenómeno que se produjo con la industria es que al culminar el proceso de expropiación de la pequeña propiedad y las demás clases sociales pre-capitalistas, se eliminaron los obstáculos para que los capitales puedan ir de una a otra rama de la producción, circulando en busca de ganancias por las distintas esferas productivas.

Como lo explica Engels:"...*la gran industria...abate cada vez más los costos de producción de las mercancías, eliminando inexorablemente todos los modos de producción anteriores...conquista definitivamente el mercado interno para el capital, pone fin a la producción en pequeña escala...elimina el intercambio directo entre los pequeños productores, y pone a toda la nación al servicio del capital...asegurándole por último a la industria el lugar de predominio...al remover la mayor parte de los obstáculos que se oponían hasta el presente a la transferencia de capital de un ramo al otro'* **(41)**

El capital que expropió a la pequeña producción, tiene ahora libertad para ir de una rama a otra de la producción en búsqueda de ganancias y rota desde las ramas de menor tasa de ganancia a las de mayor tasa de ganancia. Este movimiento de circulación de capitales entre diferentes ramas de la producción tiende a nivelar las diferentes tasas de ganancias de las distintas ramas de la producción en una sola tasa de ganancia.

La actuación conjunta del proceso de circulación y el de producción acelera el proceso de nivelación de la tasa de ganancia. La industria contribuye por un lado a la nivelación de las tasas de ganancia, como lo explica Engels: *"...la industria...nivela las tasas de ganancia de las distintas ramas de los negocios comerciales e industriales, reduciéndolas a una sola tasa general de ganancia"* **(42)**

Y por otro lado también el capital comercial contribuye a realizar la nivelación como lo explica Marx: *"Cuando la estudiamos por primera vez la tasa general o tasa media de ganancia no se había presentado ante nosotros en su forma definitiva... Este primer estudio quedó completado...**donde expusimos la participación del capital comercial** en dicha nivelación"* **(43)**

Es éste continuo desplazamiento entre las diferentes ramas hacia las de más alta tasa de ganancia es lo que termina nivelando las distintas tasas de ganancia. **En la interrelación de la esfera de la**

producción con la de circulación, en la acción interrelacionada del capital industrial con el comercial, la nivelación de la tasa media se acelera y lleva menos tiempo su conformación.

En el período de Acumulación Primitiva Capitalista entre los siglos XIV y XVII, cuando los precarios regímenes de acumulación capitalista se constituyeron mediando entre las sociedades pre-capitalistas, las Formas de Acumulación desarrollaban ganancias y la tasa media era producto de un proceso de nivelación cuyo desarrollo llevaba un tiempo más prolongado, producido por la competencia comercial dado que no existía el proceso de producción capitalista.

Pero cuando surgió el proceso de producción capitalista en el siglo XVIII y cuanto más desarrollados fueron las condiciones económicas, con mayor velocidad comenzaron a rotar los capitales desplazándose a las distintas ramas y sectores de la producción y el comercio que tienen diferentes tasas de ganancia, buscando mejores condiciones para obtenerlas.

Para Marx: *"**El capital logra esta nivelación** en mayor o menor grado **cuanto más elevado sea el desarrollo capitalista** en una sociedad nacional dada, vale decir cuánto más adecuadas al modo capitalista de producción sean las condiciones del país en cuestión".* **(44)** Ésta mayor velocidad que adquiere la rotación de capitales acelera la nivelación de la tasa media de ganancia.

La caída de la tasa de ganancia Perturba el Proceso de Reproducción Ampliada

Insistimos en que estamos analizando estos movimientos y la actuación de estas leyes profundas de la economía en forma esquemática, cuando en la realidad actúan en forma simultánea y convulsiva. Vamos a analizar ahora las distintas razones por las cuales en la reproducción ampliada se desarrolla el movimiento tendencial a la caída de la tasa de ganancia. Y como éste movimiento, perturba el proceso de Reproducción Ampliada Capitalista.

Distintos factores provocan este movimiento tendencial. Primero el movimiento de nivelación de la tasas de ganancia producto de la actuación de los capitales que se disputan la masa global de plusvalía, prepara las condiciones para la baja de la tasa de ganancia. Esta disputa establece una tasa promedio social de ganancia, lo que provoca que por un lado la tasa de ganancia se nivele y sea la misma para todos los capitalistas, independiente de la magnitud de sus capitales.

En segundo lugar, al surgir la producción, abarata las mercaderías y reduce los márgenes de ganancia, lo que empuja la tasa de ganancia de los capitalistas también hacia una dinámica descendente. Al surgir la industria como Forma de Acumulación e introducirse las máquinas, se empezaron a producir mercaderías más baratas, fruto de que el tiempo de trabajo necesario para producirlas es menor. Esto provocó que la fracción de trabajo y por lo tanto valor, que cada una de ellas posea también sea menor, con lo cual surgen bienes más baratos, con los denominados precios de producción.

Así lo explica Federico Engels: *"Si la manufactura logró imponerse gracias al abaratamiento de los productos, mucho más aún lo hace la gran industria, que con sus siempre renovadas revoluciones de la producción abate cada vez más los costos de producción de las mercancías..."* (45) Estos precios de producción, si bien son el producto de una mayor productividad del trabajo que favorece al capitalista, tienen otra faceta: actúan a la vez, reduciendo para los capitalistas los márgenes de obtención ganancias y tienden a bajar la tasa de ganancia.

Pero a estas dos cuestiones se le suma una tercera, decisiva. Las ganancias que obtuvo el capitalista, se transforman en capital acumulado que requiere ser valorizado, es decir, tiene ahora que obtener una proporción de ganancias mayor a la que obtenía antes, para que este nuevo capital sobre acumulado, pueda seguir conservando el valor.

Para conseguir una proporción de ganancias superior al promedio que venía obteniendo, el capitalista debe obtener una mayor tasa de explotación. Si no logra este objetivo, la tasa de ganancia se le derrumba automáticamente. Y si lo consigue, supera la crisis coyuntural, pero incuba una superior, porque si impone mayores tasas de explotación, logrará una acumulación superior, que después tendrá que valorizar.

Al sobre acumular capitales, las posibilidades de valorización implican para los capitalistas metas de mayor complejidad, cada vez más difíciles de lograr, ya que los obliga a obtener tasas de explotación cada vez más altas, sólo posibles de lograr con brutales enfrentamientos con los explotados.

De no lograrlas, la tasa de ganancia vuelve a descender. Esta necesidad de sostener la tasa de ganancia, explica las atrocidades del capitalismo, y la constante destrucción de fuerzas productivas que lo caracteriza como sistema económico. Los precios de producción, la nivelación de la tasa de ganancia y la sobre- acumulación de capital, éste en forma decisiva, tienen a hacer descender la tasa de ganancia.

Pero a estos tres movimientos se suma un cuarto, que lo provoca el capital comercial en el proceso de circulación.

Los capitalistas producen las mercaderías, pero luego deben venderlas en el comercio, donde actúa el proceso de circulación. Pero la circulación **no produce valor**. Así lo explica Marx: *"El capital comercial no es otra cosa que capital que actúa dentro de la esfera de la circulación. El proceso de circulación es una fase del proceso global de la reproducción...Pero **en el proceso de la circulación no se produce ningún valor, y por consiguiente tampoco se produce plusvalor** alguno. Sólo tienen lugar **modificaciones formales de la misma masa de valor. De hecho no ocurre sino la metamorfosis de las mercancías**, que en cuanto tal nada tiene que ver con creación o modificación de valor."* **(46)**

El capital comercial, **no produce valor, ni plusvalor alguno**. Solo **provoca la "metamorfosis" de las mercancías**, o sea, el intercambio mercaderías por dinero y viceversa. Según el planteo de Marx, este capital comercial que circula sin producir ningún valor, actúa en el tiempo como limitante de la producción de valor:*"...En la medida en que estas metamorfosis insumen tiempo de circulación **tiempo éste en el cual el capital no produce absolutamente nada, y por ende tampoco produce plusvalor constituye una limitación de la creación de valor**, y el plusvalor se expresará, en cuanto tasa de la ganancia, precisamente en forma inversamente proporcional a la duración del tiempo de circulación"* **(47)**

Es decir, para Marx, **cuanto mayor tiempo de circulación hay menor es la tasa general de ganancia**. O sea el plusvalor y la tasa de ganancia originados en el proceso de producción son inversamente proporcionales al tiempo de circulación del capital comercial. Lo que significa que el tiempo que insume la circulación, actúa como un factor coadyuvante, que acentúa y profundiza la tendencia general a la caída de la tasa de ganancia.

Todos estos factores que hemos mencionado, actuando en forma interrelacionada, provocan un movimiento tendencial a la baja de la tasa de ganancia, que Marx llamó Ley de Tendencia decreciente de la Tasa de Ganancia.

Cuando la tasa de ganancia desciende estalla la crisis y el proceso de Reproducción Ampliada se perturba, o sea, se paraliza, se frena. Esta **Perturbación del Proceso de Reproducción Ampliada** es **cuantitativa**, porque ocurre todo el tiempo, es una crisis permanente y crónica, como parte del proceso natural de rebelión que la Ley del Valor hace contra la propiedad privada de los medios de producción y se expresa periódicamente, en crisis, recesiones, quiebras, etc.

La ley del valor se rebela contra la propiedad privada porque sólo el trabajo crea valor, pero para la propiedad privada el trabajo solo tiene valor si genera ganancia. Si no genera ganancia, la propiedad privada necesita destruir valor y trabajo para restituir la tasa de ganancia perdida. El valor y la propiedad privada chocan y se vuelven absolutamente contradictorios.

La Perturbación o del Proceso de Reproducción Ampliada significa que la caída de la tasa de ganancia, produce el retiro de los capitales de la producción e interrumpe el proceso de reproducción del capitalismo.

Así lo explica Nahuel Moreno: *"... ¿Cuando hay crisis? Cuando los capitales dejan de invertir...cuando la baja de la cuota de ganancia hace que los capitales no se inviertan...los capitales no entran en el proceso de producción material, se produce la crisis... Como los capitales solo van donde hay plusvalía, **sólo invierten si hay plusvalía, y cuando hay poca plusvalía se van. Y entonces al irse producen un hueco.... No hay más acumulación capitalista, entonces no se realiza nada**... Cuando hay poca plusvalía y hay poca ganancia los capitales se van para otro lado y hay crisis..."* **(46)**

Para Marx: *"La desvalorización periódica del capital ya existente...**perturba** las condiciones dadas dentro de las cuales se lleva a cabo el proceso de **circulación y reproducción del capital, por lo cual está acompañada por paralizaciones súbitas y crisis del proceso de producción**... la disminución de ese grado de explotación por debajo de un punto dado provoca **perturbaciones y paralizaciones del proceso de producción capitalista, crisis y destrucción de capital.**"* **(47)**

Para observar ejemplos vinculados a la Perturbación Cuantitativa del Proceso de Reproducción Ampliada tenemos la crisis que se abrió a fines de los ´60, cuando el régimen keynesiano se agotó entre el ´66/ ´67, como vimos en el capítulo III. Allí estalló la crisis en la economía mundial con picos agudos de crisis y recesiones de cada 5 años, crisis sucesivas que fueron provocando una dislocación en el proceso de reproducción ampliada.

El rol del crédito en la Perturbación del Proceso de Reproducción Ampliada

La salida de los capitales del proceso de producción, provoca la recesión, las crisis y las perturbaciones del proceso de acumulación o reproducción ampliada. Al ponerse de manifiesto la creciente incapacidad del modo de producción capitalista de recrearse y de reproducirse, lo que los capitalistas hacen es apelar y **recurrir al crédito para reanimar el proceso de circulación, de dinero y reactivar el proceso de reproducción ampliada.**

Con el desarrollo de los bancos y el sistema de crédito se acelera todo el proceso de circulación, porque el crédito acelera la velocidad de la metamorfosis de las mercancías. De este modo el crédito provoca la aceleración del proceso de reproducción ampliada capitalista, porque facilita que los poseedores de dinero logren conseguir, mediante el capital a interés y el crédito, que el capital se reproduzca.

Así lo explica Marx: *"...el sistema de crédito aparece como la palanca principal de la superproducción y de la superespeculación comercial, acelera el desarrollo material de las fuerzas productivas...la característica inmanente del sistema de crédito es desarrollar el motor de la producción capitalista..."* **(48)**

El crédito le imprime aceleración a la esfera de la circulación, con lo que se logra **forzar el proceso de reproducción**, superando los límites que la propiedad privada le puso al mismo, para Marx. *"ello sólo se debe a que **el proceso de reproducción, elástico por naturaleza, se encuentra forzado aquí hasta sus límites extremos**...Esto no hace más que demostrar que la valorización del capital, basada en el desarrollo contradictorio de la producción capitalista sólo permite el desarrollo verdaderamente libre hasta cierto punto, y constituye en realidad **una traba inmanente y una barrera para la producción, derribada a cada rato por el sistema de crédito".* **(49)**

Pero el desarrollo del crédito, trae como consecuencia dos fenómenos. Por un lado, el crédito acelera el desarrollo de las contradicciones del modo de producción capitalista. Al forzar el proceso de reproducción ampliada "hasta sus límites extremos", cuando éste se encuentra trabado por la propiedad privada, todas las contradicciones del capitalismo se aceleran. Y por otro lado, el crédito no hace más que acentuar el predominio del capital financiero, que comienza a crecer y a tornarse dominante, creando el ambiente de "super-especulación comercial", al decir de Marx, característico del capitalismo decadente.

Al convertirse en dominante, el capital financiero vuelve a repetir sus movimientos históricos, se convierte en un sistema de saqueo, depreda la producción y acelera todas las contradicciones del modo de producción capitalista. Marx lo explica del siguiente modo: *"el crédito ofrece al capitalista privado...el control absoluto, dentro de ciertos límites, del capital ajeno, de la propiedad ajena, y, por consiguiente, **del trabajo ajeno**. El control sobre el capital social, no sobre su propio* *capital individual, le da el **control del trabajo social**...para convertirlo en el sistema más puro y monstruoso de especulación y de juego..."* **(50)**

El surgimiento del sistema bancario, la emisión de papeles de deuda, empréstitos y títulos, son para Marx el producto más desarrollado al que haya llegado el modo de producción capitalista, y una poderosa palanca que tiende a terminar con el capital mismo: *"**El sistema bancario** en lo que respecta a su organización formal y a su centralización, **es el producto más artificial y desarrollado a que haya llegado el sistema de producción capitalista**...El carácter social del capital solo puede aparecer y realizarse por entero gracias al pleno desarrollo del sistema de crédito y bancario. Por otra parte estos sistemas llevan más lejos, Ponen en manos de los capitalistas industriales y comerciales todo el capital disponible de la sociedad...Ello anula el carácter privado del capital y **contiene en potencia, pero sólo en potencia, la eliminación del capital mismo"* (51)

¿Porque afirma Marx que el crédito contiene en potencia la eliminación del capital mismo? Porque junto al desarrollo del sistema bancario, se desarrolla el proceso de surgimiento de las sociedades por acciones, en las cuales las juntas o directorios, remplazan al capitalista individual. Con esto se desarrolla un cambio fundamental: **La propiedad privada individual va suprimiéndose, los capitalistas van siendo expropiados por estas grandes formas de capital** que concentran la propiedad en cada vez menos manos.

Es decir, el capital reasume su rol depredador y expropiador. Sólo que si antes era expropiador de las clases sociales propietarias en los modos de producción pre- capitalistas, ahora comienza a expropiar a los propios capitalistas dentro del modo de producción capitalista. Esta es la etapa monopolista del capitalismo que el crédito ayuda a desarrollar con toda fuerza. Y que, al fortalecer esas tendencias, actúa preparando las condiciones para la expropiación del capitalismo.

Así lo explica Carlos Marx: *"...el sistema de crédito...es, por un lado una forma inmanente del modo de producción capitalista, y por el otro **un motor de su evolución hacia su forma superior, hacia su última forma posible**...La constitución de sociedades por acciones (tiene como) consecuencias una enorme extensión de la escala de la producción y empresas que habrían sido imposibles para capitalistas aislados...El capital, que por definición se basa en el modo de producción social y presupone **una concentración social de medios de producción** y de su fuerza de trabajo, adopta aquí de manera directa la forma de capital social (capital de individuos directamente asociados) por oposición al capital privado. Sus empresas, entonces, se presentan*

*como empresas sociales en oposición a las empresas privadas. **Es la
abolición del capital como propiedad privada, dentro de los marcos
de la propia producción capitalista**"* (52)

Marx y Engels alcanzaron visualizar las primeras Formas de
Acumulación de la etapa monopólica del capitalismo. Percibieron la
tendencia al dominio del capital financiero, la preminencia de la bolsa, y
el surgimiento de las sociedades por acciones, a las que consideraban
como el "desarrollo supremo" del modo de producción capitalista. Estas
entidades son el comienzo y las antecesoras del desarrollo de los trusts,
monopolios y multinacionales.

Así lo analiza Marx: *"...En ciertas esferas se establece el
monopolio, con lo cual provoca la intromisión del estado. Hace renacer
a una nueva **aristocracia financiera**, una nueva especie de parásitos,
en forma de promotores, especuladores y directores simplemente
nominales. Todo un sistema de fraudes y estafas por medio de la
promoción **de las corporaciones**, de la emisión **y el tráfico de
acciones. Es la producción privada, sin el control de la propiedad
privada**"* (53)

Para quienes han tenido la ilusión de que el crédito pudiera
permitir un pacífico paso del capitalismo al socialismo, dejamos estas
palabras de Carlos Marx: *"Por último no cabe duda que **el sistema de
crédito será una poderosa palanca en el paso del modo de
producción capitalista al sistema de producción basado en la
asociación del trabajo.** Ello, no obstante, sólo puede ser un elemento
en vinculación con otras grandes conmociones orgánicas del propio
modo de producción. En cambio, **las ilusiones sobre el poder
milagroso que se le otorga al crédito y a los bancos, de actuar en el
sentido del socialismo,** provienen de un desconocimiento total del
modo de producción capitalista, y del hecho de que el sistema de crédito
es una de sus formas"* (54)

**El capital comercial e Industrial alternan su predominio y
finalmente se fusionan**

Observamos entonces que el proceso histórico de acumulación
que desarrolla el capitalismo, ambos tipos de capital, el comercial y el
industrial mantiene entre ellos una relación dialéctica y van alternando
su predominio. Al principio del modo de producción capitalista el capital
comercial y el industrial actúan por separado, en la etapa de apogeo del
capitalismo lo hacen en forma interrelacionada y finalmente en la etapa
imperialista se fusionan. Esta es la trayectoria que describe la relación
entre las formas más antiguas y más modernas del capital.

En la etapa de acumulación primitiva, el que predomina es el capital comercial y su sub- especies. Con la consolidación del modo de producción capitalista, entre los siglos XVIII y XIX, el desarrollo económico general de las sociedades y el desarrollo de la producción provocó que se vaya limitando el alcance del capital comercial, y luego entre en decadencia. Para Marx: *"...este monopolio del comercio intermediario decae, y con ello ese mismo comercio, **en la misma proporción en que avanza el desarrollo económico de los pueblos** que explotaba en ambos sentidos, y cuya falta de desarrollo constituía la base de la existencia de ese capital..."* **(55)**

Así entonces, en el modo de producción capitalista, tras un primer período de predominio de capital comercial, retrocedió frente al desarrollo del capital industrial en la medida en que se desarrolla el mercado mundial, y se consolida el modo de producción capitalista con el surgimiento de la clase obrera y la producción industrial en grandes fábricas al servicio de la producción en gran escala para un mercado mundial en expansión. Como lo explica Carlos Marx: *"Compárense, por ejemplo, Inglaterra y Holanda. La historia de la decadencia de Holanda como nación comercial dominante **es la historia de la subordinación del capital comercial al capital industrial.**"* **(56)**

En esta trayectoria culmina con la fusión de ambos tipos de capital y en éste movimiento cumple un rol fundamental el capital financiero como sub- especie del capital comercial. Con el crédito toma importancia la tasa de interés que el prestamista aplica al capital que le presta al capitalista individual.

Por eso, para Marx, la tasa de interés está determinada por la tasa de ganancia, e**s decir entre la tasa de ganancia e interés existe una relación directa**: *"En ese sentido, podemos decir que **el interés es regulado por la ganancia, o con más exactitud, por la tasa general de ganancia.** Este tipo de determinación es válido inclusive para el promedio del interés. Sea como fuere, es preciso considerar **que la tasa media de ganancia es el límite máximo que determina el interés de manera definitiva"* **(57)**

La tasa de ganancia y la tasa de interés están profundamente interrelacionadas porque el prestamista presta dinero y espera que el capitalista obtenga la ganancia para extraer de allí sus propios beneficios. Para el capitalista ocurre lo mismo, necesita que crezca su ganancia para devolverle al prestamista el capital prestado. Esto acelera la fusión entre el capital industrial y el comercial que se lleva a cabo con el creciente dominio de éste último. El desarrollo de éste movimiento permite la combinación de las formas más antiguas y más modernas del capital, en la cual éstas últimas terminan subordinándose a las leyes más antiguas de su desarrollo.

La fusión del capital de producción y el capital financiero, provoca las mismas consecuencias que el capital comercial produjo en los modos de producción anteriores al capitalismo, sólo que ahora en forma más convulsiva y acelerada. Si antes el capital comercial depredó los modos de producción más atrasados, ahora la cada vez más usual utilización del crédito para destrabar la Perturbación Cuantitativa de la Acumulación, provoca que el capital financiero empiece a llevar a cabo la depredación de fuerzas productivas en forma más acelerada y la disolución del propio modo de producción capitalista.

Al haber una **relación directa entre la tasa de ganancia y la de interés**, entonces, el desarrollo económico guarda una relación inversa no sólo con la tasa de ganancia, sino también con la de interés y el capital financiero. Así lo explica Marx: *"el monto de intereses...**tendrá relación directa con la magnitud de la tasa de ganancia**... Como vimos **esta magnitud es inversamente proporcional al desarrollo de la producción** capitalista; de ello se sigue que **la tasa de interés...es también inversamente proporcional** al grado de desarrollo industrial..."* **(58)**

Es decir, el creciente dominio del capital financiero en la fusión de estos 2 tipos de capital pone en evidencia la ley que Marx descubrió de relación inversa entre **el desarrollo económico y el capital comercial**. El desarrollo del capital comercial está basado en no someterse al proceso de producción, por lo tanto, su evolución es autónoma e independiente del proceso de producción, con objetivos autónomos.

Así lo explica: *"Un desarrollo autónomo y preponderante del capital en cuanto capital comercial es equivalente al no sometimiento de la producción al capital, es decir al desarrollo del capital sobre la base de una forma social de la producción que le es extraña y no depende de él. Por consiguiente, **el desarrollo autónomo del capital comercial es inversamente proporcional al desarrollo económico general de la sociedad"* **(59)**

La ley que postula Marx, de que existe una **relación inversa** entre el desarrollo económico de la sociedad y el desarrollo del capital comercial, en este caso del financiero como su subespecie, **se hace más evidente** cuando surge el modo de producción capitalista. El capital financiero comienza a depredar al modo de producción capitalista, retomando su movimiento histórico efectuado sobre todos los modos de producción, solo que ahora muy aceleradamente. ¿Porque se produce este movimiento en forma acelerada? ¿Cómo realizó el capital comercial su acción disolvente sobre los modos de producción?

El capital comercial llevó adelante su acción disolvente sobre los modos de producción pre- capitalistas cuando desarrolló el proceso de circulación en forma autónoma al de producción. El movimiento entre las esferas de producción y circulación se orientaba en forma **divergente**, con la producción orientada al **uso** y la circulación al **cambio**.

Y la acción disolvente del capital sobre los modos de producción pre- capitalistas fue efectiva, a pesar de no establecer una relación directa con la producción. Pero a partir de establecer una relación directa con ésta y que el capital comercial e industrial se fusionaron esto cambió.

Una vez comenzados a fusionarse el capital comercial y el industrial, los procesos de circulación y producción comenzaron a actuar en forma interrelacionada y **convergente**. En vez de orientarse uno hacia el uso y otro hacia el cambio, ahora se orientaron los dos hacia el cambio. Este movimiento de ambas esferas del capital en forma convergente tornó a la histórica acción disolvente del capital comercial en un movimiento aún **más veloz y poderoso**, más efectivo y preciso.

El capital de crédito como parte del capital financiero, y ambos a su vez como parte del capital comercial, comenzaron a desarrollar de este modo **la disolución del modo de producción capitalista**. El capital, en la etapa imperialista, se liberó de las ataduras impuestas por la existencia de las clases sociales propietarias de los anteriores modos de producción que fueron expropiadas por él.

Se liberó de los límites impuestos por los antiguos modos de producción que le impedían trasladarse de una rama a otra de la producción. Se desarrolló en forma contradictoria a la producción de la cual siempre su evolución fue inversamente proporcional y ahora alcanzó la forma de una compleja y sofisticada maquinaria expropiatoria del propio modo de producción capitalista.

Así lo analiza Marx: "...*Este resultado del* **desarrollo supremo** *de la producción capitalista...* **es la supresión del modo de producción capitalista en su propio seno**, *y por lo tanto una contradicción que se destruye por sí misma y que* prima facie *se presenta como simple* **fase transitoria hacia una nueva forma de producción...**" (60)

Esto y no otra cosa, es el dantesco espectáculo que observamos cuando analizamos la globalización como régimen económico, con su colosal desarrollo del capital financiero y las inmensas masas de capitales especulativos. Las Formas de Acumulación actuales, las Corporaciones Multinacionales, con su compleja estructura que tiene en el centro a los Bancos de Inversión son una formidable máquina expropiatoria de capital, mediante el proceso de M&A.

Cuando los ministros de los países del G7 y los presidentes de los bancos centrales inyectan en la economía mundial los modernos salvatajes, que son enormes infusiones de crédito en la economía, aceleran la crisis. Tienen un efecto inmediato de recuperación de la acumulación, de reanimación de la economía capitalista, el Proceso de Reproducción Ampliada retoma su marcha, pero enseguida estallan todas las contradicciones nuevamente.

Los jefes de los Bancos Centrales, como los brujos, abren la caja de pandora al imprimir montañas de billetes, desconociendo las profundas leyes que operan detrás de éste proceso. Y al hacerlo, en su intención de salvar al capitalismo, no hacen más que acelerar su disolución.

Conclusiones sobre la acumulación capitalista

Finalizamos de esta manera nuestro análisis global e histórico del proceso de acumulación. Vimos primero como el capitalismo acumuló en un polo en las megalópolis las masas humanas de obreros y desocupados más grandes de la historia. Luego vimos como en el otro polo como se acumulan las masas de capitales y el trayecto realizado por el capital industrial y comercial, que actúan en forma divergente, luego en forma interrelacionada y luego se fusionan.

Luego vimos como la fusión inicia un proceso de acumulación de capital financiero de magnitud nunca vista, que retoma la histórica acción disolvente del capital comercial sobre los modos de producción prexistentes al capitalismo, pero ahora sobre el propio modo de producción capitalista.

Con el conocimiento de estos movimientos y leyes, podemos entonces definir el carácter y la naturaleza de la actual crisis del capitalismo, lo que da origen al título de éste trabajo. Hemos visto la Perturbación **Cuantitativa** del Proceso de Reproducción Ampliada.

Este es un movimiento orgánico, crónico y permanente del sistema capitalista, en la medida en que ya se ha constituido como tal, y el modo de producción es dominante, habiendo ya expropiado a todas las clases sociales pre-capitalistas, habiendo liquidado los obstáculos para la circulación del capital por las distintas esferas de la producción, habiendo conformado a la Industria, los Bancos y el Crédito como Formas de Acumulación predominantes, con la burguesía en el poder mediante el control de los ejércitos y el aparato administrativo del estado.

Pero este movimiento del sistema capitalista hacia el tope de sus posibilidades productivas ha transitado por innumerables crisis, que devienen de la necesidad de centralizar permanentemente capitales, en las medida en que desarrollaban sus contradicciones. Estas crisis y violentas liquidaciones de fuerzas productivas se produjeron por el agotamiento de las diversas Formas de Acumulación, como vimos en el capítulo anterior. Una vez establecido el modo de producción capitalista, el agotamiento de las Formas de Acumulación provoca una Perturbación **Cualitativa** del Proceso de Reproducción Ampliada.

Son los dos movimientos de la crisis del capitalismo. Una es la crisis crónica, periódica, provocada por la caída de la tasa de ganancia que deviene en una Perturbación **Cuantitativa** del Proceso de Reproducción Ampliada. La otra no es ya una crisis periódica, es una crisis que aparece con una frecuencia mayor de años, pero cuya duración es más larga porque es más profunda, es la caracterizada por el agotamiento de las Formas de Acumulación Predominantes, es una crisis en el corazón del sistema capitalista, en su proceso de Acumulación y es por tanto una Perturbación **Cualitativa** del Proceso de Reproducción Ampliada.

En definitiva, tanto la Perturbación Cuantitativa, como la Cualitativa son expresiones dialécticamente interrelacionadas de la contradicción fundamental que está en la base del capitalismo. Expresan la contradicción entre el capital y el Trabajo entre la propiedad privada y la Ley del Valor, que se expresa y actúa en forma implacable, en todas las etapas, fases y períodos de desarrollo del sistema capitalista. Cuando la Ley del Valor actúa, se expresa en el derrumbe del precio de las Formas de Acumulación, o la pérdida del valor del dinero, lo cual es a su vez expresión de que tanto una como otra, **no poseen valor alguno**.

Cuando la Ley del Valor se expresa, queda claro que el capital no es el productor del valor. Y que el valor es sólo producto del trabajo. Las corporaciones multinacionales, los estados capitalistas, los analistas defensores del capitalismo de todo pelaje quedan perplejos frente a la actuación tan contundente de la economía, cuyas leyes profundas no comprenden. Estos personajes quedan cada vez más confinados a la explicación basadas en supercherías, los ciclos periódicos o seculares, la suerte, la providencia, el horóscopo y en definitiva, la divina voluntad de algún ser superior que determina los acontecimientos

Esto explica porque todas las políticas del imperialismo mundial y los gobiernos del G7, que intervienen sobre el mercado y el comercio mundial, manipulando los precios, o estimulando el crédito o manipulando porciones del flujo mundial de capitales, **fracasan sistemática y rotundamente.** Las políticas para resolver la crisis mediante intervenciones en el terreno de la circulación y el comercio, no hacen más que agravarla porque la crisis se expresa en el comercio, pero se desarrolla en el proceso de reproducción ampliada que atraviesa el conjunto del desarrollo del proceso económico.

El imperialismo, los gobiernos del G7, los comentaristas económicos y muchos analistas considerados marxistas observan el origen de la crisis en el mercado, el comercio, la esfera de la circulación de mercaderías o el consumo de bienes, lo que los lleva a calificar la crisis de superproducción, sub- producción o de bajo consumo. Estas fórmulas terminan estrellándose contra la realidad y fracasan. Para Moreno quienes desde el marxismo analizan la crisis desde el punto de vista del mercado son marxistas vulgares: *"... Por eso se llama marxismo vulgar.* **Todo intento de explicar los fenómenos del capitalismo por el mercado, nosotros lo llamamos marxismo vulgar...** *"* (61)

Este es nuestro diagnóstico de la crisis: El capitalismo está atravesando un proceso de Perturbación Cualitativa del Proceso de Reproducción Ampliada. Es decir en un proceso de agotamiento de las actuales Formas de Acumulación, las Corporaciones Multinacionales, cuya quiebra y sostenimiento con salvatajes expresa que son Formas de Acumulación que han entrado en su fase de agotamiento.

Si tuviéramos que decirlo con una frase popular, podríamos definir esta crisis y divulgar nuestro diagnóstico, diciendo que lo que ha provocado la actual crisis es El Fin de las Multinacionales. Por eso las sucesivas inyecciones de masas gigantes de capital efectuada por los bancos centrales lograron revivir la economía mundial, pero dieron como respuesta los más débiles indicadores económicos de las últimas décadas.

Esta fase ha desarrollado al máximo sus potencialidades y las ha agotado, abriendo de aquí en más una crisis histórica, de larga duración, que atravesará depresiones y recuperaciones momentáneas. Por eso, los salvatajes abren un nuevo régimen o fase en el cual se desarrollan dos conjuntos de tendencias que hemos analizado en el capítulo II y una depresión profunda que probablemente abarque varios años.

Aun así, la capacidad de respuesta de los gobiernos capitalistas del mundo, tanto los imperialistas como los semi- coloniales ha sido efectiva, coordinada, ha evitado formalmente la quiebra de las Corporaciones Multinacionales. El QE y las intervenciones globales de los estados, no exentas de crisis y contradicciones, buscan detener el colapso.

Independientemente de los ritmos que adquiera la situación, de si se efectúe una nueva caída o no, de si la asistencia económica de los estados del G7, que continúa, se combinara con nuevos salvatajes globales o parciales, lo que estamos presenciando es el final del régimen económico de la globalización, y el comienzo de una nueva fase, o régimen que tiene todos los elementos de barbarie, preanunciando algunas de las tendencias a la descomposición del capitalismo.

En el último período se ha desatado una importante polémica acerca del significado de los salvatajes. Si lograrán sacar adelante la economía mundial o no, y que consecuencias traerán para el desarrollo del capitalismo. Sabemos ya que efecto provocarán estas monstruosas masas de capital que se han inyectado en la economía mundial, permitirán un alivio coyuntural, permitirán que se repongan parcialmente el proceso de circulación, el crédito y el dinero que están colapsados. Pero estarán desarrollando más fuerte aún todas las contradicciones del sistema capitalista, las crisis y con ello, las conmociones y levantamientos sociales que preanuncian una crisis mayor.

El Fin de las Multinacionales es una definición de clase de la crisis

El análisis del rol del capital a lo largo de la historia, nos permite comprender entonces el rol que el capital financiero está cumpliendo en el tramo final, decadente del modo de producción capitalista y prever de este modo, **los posibles desenlaces** de su historia. El capitalismo agonizante y decadente amenaza con arrastrar a la humanidad al desastre y están maduras las condiciones para el paso de un modo de producción a otro. Pero este paso ya no se encuentra en el terreno de la economía, sino que será determinado por el curso de los próximos acontecimientos de la lucha de clases.

Por más que el crédito y el capital financiero actúen acelerando la disolución del capitalismo, por más que los salvatajes pongan esta perspectiva en un movimiento veloz y preciso, por más que la aceleración de todas las contradicciones se estén elevando al paroxismo, el capitalismo no va a desaparecer. Su caída no es un movimiento económico, aunque el movimiento económico plantee la posibilidad de su caída. Es en el terreno político, donde se definirá si el capitalismo seguirá o no existiendo, y de qué manera, en caso de sobrevivir, lo hará.

Quizá los analistas defensores del capitalismo crean que El Fin de las Multinacionales, el título que lleva el presente trabajo, sea una ironía que los marxistas lanzamos en respuesta a tantas ironías recibidas en los últimos 20 años. En este período hemos recibido abundante bibliografía con slogans como "El Fin del Marxismo", "El Fin del Socialismo", "El Fin de las Ideologías", "El Fin de la Historia", El Fin del Trabajo", etc. Todos ellos destinados a demostrar y consagrar el triunfo del capitalismo definitivo y final.

Esos autores y esos textos ya han sido sepultados por la realidad. Y si bien corresponde una pequeña revancha frente a tantas barbaridades escritas con pretensión científica, lejos está el título del presente trabajo de quedar reducido a una mera revancha. Por el contrario, El Fin de las Multinacionales es el título que lleva este trabajo porque es la definición científica, marxista, de esta crisis. Si algo tiene de importante el actual debate sobre la situación de la economía mundial, es precisamente el de efectuar un diagnóstico profundo, científico para poder revelar la naturaleza de la misma.

Para Marx, el estudio de la economía científica resulta más que difícil, debido a la cantidad de enemigos que encuentra: *"En el terreno de la economía política,* **la investigación libre y científica encuentra muchos más enemigos** *que en sus otros campos de exploración. La naturaleza particular del tema que trata, levanta contra ella y hacia el campo de batalla las pasiones más vivas, más mezquinas y odiosas del corazón humano, todas las furias del interés privado. La Alta Iglesia de Inglaterra, por ejemplo, perdonará con mucha mayor facilidad un ataque contra treinta y ocho de sus treinta y nueve artículos de fe que contra una treintainueveava parte de sus ingresos".* **(62)**

Nuestra definición de la crisis encuentra entonces muchos enemigos. La mayoría de los analistas económicos, defensores del capitalismo, y muchos marxistas, destacan en sus análisis los movimientos bursátiles, el crecimiento del PBI, el precio de las monedas, de las deudas, la inflación, etc, Pero, ¿Cuantos artículos referidos a la crisis mundial del capitalismo analizan a las corporaciones multinacionales?, ¿Cuántos estudios hay de la situación y desarrollo de ellas?; ¿Qué estudio marxista existe sobre las corporaciones multinacionales, su evolución y su rol en esta crisis? Resultará para nuestro lector una ardua tarea encontrar los trabajos que respondan a estas preguntas.

Sin embargo, hasta para el ciudadano común y más alejado del conocimiento de las complejas leyes de la economía, para el más humilde trabajador, para cualquier campesino, intelectual o para cualquier persona con sentido común, las multinacionales son las entidades que dominan la economía capitalista.

Lo saben bien los economistas burgueses, porque conocen los datos de la realidad. Pero aún sin conocer esos datos, sin conocer su origen y evolución, sin tener los estudios sobre los hechos económicos, el humilde trabajador que vive en el capitalismo cuando ve las publicidades y los letreros de neón en las calles, cuando adquiere los productos para su subsistencia o cuando compra un electrodoméstico o un automóvil, comprende perfectamente quien domina la economía.

Al igual que el ciudadano del medioevo cuando veía la cruz y los castillos a los lejos, o las tribus comunistas primitivas que veían llegar los barcos, lo mismo sabe el ciudadano actual, aunque no comprenda de economía. Resulta más que significativo, en los análisis de la actual crisis del capitalismo, que no existan estos estudios profundos sobre las multinacionales. La "opinión pública" se explaya alrededor de las más diversas explicaciones sobre la actual crisis de la economía capitalista, sin que prácticamente ninguna haga referencia a las entidades que cualquier mortal considera las más importantes de la economía mundial.

Este silencio sobre las multinacionales, lamentablemente, abarca también a los textos y estudios marxistas, que capitulan de ese modo a la "opinión pública" burguesa. El silencio sobre las multinacionales tiene un objetivo, ocultar a los ojos de las masas, de los millones de obreros, campesinos y estudiantes, la real naturaleza de la crisis. Pero son las masas obreras y populares las que están indicando el diagnóstico con su sano y profundo olfato de clase. Aunque muchos de los miles que en mundo luchan y se rebelan contra la crisis capitalista, nada conozcan de economía.

Ya el surgimiento de los primeros movimientos de "Indignados", ya con "Occupy Wall Street", ya con las huelgas y movilizaciones que atraviesan el mundo, y con las críticas que arrecian en los pueblos y trabajadores contra las Corporaciones Multinacionales, millones ponen el dedo donde está el foco de la crisis, aunque nada conozcan de economía marxista. Debemos decirlo entonces con más fuerza y llevar este claro mensaje teórico y nuestro diagnóstico a las masas para manifestar lo que la "opinión pública", gobernantes y dirigentes se niegan a decir, para ocultar a las masas lo que realmente ocurre.

Intentamos dar este diagnóstico siguiendo el método marxista, el que nos aconsejaran seguir nuestros maestros, como Nahuel Moreno que frente al estudio de la economía nos aconsejaba dar definiciones de clase, al momento de encarar el estudio científico de la misma: *"Es bueno que nos pongamos de una vez por todas de acuerdo que significa para un marxista estudiar la economía política marxista...Por ejemplo, hay una tendencia a dejarnos envolver por la fórmulas o por las leyes económicas como si tuvieran vida por sí solas, como si actuaran por sí solas".* **(63)**

Para Moreno las fórmulas, las leyes, y los análisis de los procesos económicos, si bien son fundamentales, de nada valen si se desarrollan por sí solos, aislados de los fenómenos políticos y sociales y de los análisis de clase. Y así como la historia la hacen las clases, Moreno aconsejaba no olvidarnos ni un minuto que la economía, también la hacen las clases.

Así lo explicó: *"Para mí el decisivo, es el carácter de clase de todo...es la clave de todo...Casi siempre los economistas marxistas se olvidan de eso. Que si la historia la hacen las clases, las economías también las hacen las clases. ¿Con esto que quiero decir?...Que si hay algo que es de las clases, es la economía...nosotros no debemos perdernos y aislarnos del proceso de clase al hacer el análisis económico"* **(64)**

La actual crisis del capitalismo, es la crisis actual y el agotamiento de las multinacionales. Las Corporaciones Multinacionales, entidades que expresan el más alto grado de acumulación alcanzado por el capitalismo, son las que han quebrado, y su quiebra expresa el agotamiento de la globalización.

Cuando hablamos del Fin de las Multinacionales, no nos remitimos sólo a describir la agonía de estas Formas de Acumulación. Hablamos de la crisis y agonía de una clase social, la de los dueños de las multinacionales, las de los magnates y grandes capitalistas que dominan el conjunto de la economía mundial y poseen la propiedad de casi todos los medios de producción y cambio más importantes.

El Fin de las Multinacionales es la decadencia mortal y definitiva de esa clase social y con ella, el sistema social, político y económico que conducen. Si triunfaran y lograran superar esta crisis, la historia nos muestra que pueden arrastrarnos a un nuevo régimen económico que imponga condiciones de barbarie y explotación de grave brutalidad. Al igual que el célebre pronóstico de Trotsky para la revolución política, para esta crisis de la economía también lo es alternativo: O el imperialismo impone el dominio definitivo del capital y una Forma de Acumulación que supere a las Corporaciones Multinacionales o la revolución las expropia. El resultado depende de las luchas de clases.

Expropiar a las multinacionales es una medida que sólo pueden ser llevadas a cabo por revoluciones triunfantes que impongan dictaduras proletarias. El mejor homenaje que podemos hacer a nuestros maestros, es seguir sus consejos, para lo cual, es vital realizar una definición de clase de la crisis, y de ese modo, combatir el marxismo vulgar y los análisis de la "opinión pública" que introducen los prejuicios e intereses de los defensores de las grandes empresas y el capitalismo, al interior de la clase obrera.

Valga entonces con ese objetivo, este trabajo que denominamos El Fin de las Multinacionales. Y que ponemos a disposición de las nuevas generaciones obreras y luchadores de todo el mundo, que están encabezando la rebelión mundial contra el capitalismo. Ellos necesitan de un diagnóstico de la crisis para emprender la tarea de terminar de una vez por todas con este sistema injusto, cuyos crisis terminal está desarrollándose frente a nuestros ojos, y cuyas próximas convulsiones revolucionarias, harán tocar su fin.

Notas:

(1) Carlos Marx. El Capital Libro I Capítulo XXIII La ley general de la Acumulación Capitalista

(2) ONU. Estado de la Población Mundial del 2007

(3), **(4)**, **(5)**, **(6)**, **(7)**, **(8)** José Moreno Pau "La inmigración en Europa". con la colaboración de Jan Talpe. Marxismo Vivo 15 año 2007

(9), **(10)**, **(11)** y **(12)** Chris Harman. "Los trabajadores del mundo" (Parte 1) Fuente: International Socialism 96 Fecha: 6/12/2003

(13) Baldoz, Koeber y Kraft "El estudio crítico del trabajo: trabajo, tecnología, y la producción mundial"

(14) y **(15)** "Los nuevos proletarios del mundo en el cambio de siglo". Roberto Antunes Marxismo Vivo Junio/ Setiembre 2000

(16) y **(17)** Karl Marx, E I Capital, Libro I, cap XVII, Transformación del valor de la fuerza de trabajo en salario (subrayados nuestros)

(18), **(19)** y **(20)** Nahuel Moreno. Escuela de cuadros de Economía

(21), **(22)**, **(23)** y **(24)** Karl Marx: El Capital, Libro I, cap. 3, El dinero, o la circulación de mercancías, subrayados nuestros

(25), **(26)** y **(27)** Karl Marx: El Capital, libro tercero, cap. 20, Consideraciones históricas sobre el capital comercial

(28), **(29)**, **(30)** Karl Marx: El Capital, libro tercero, cap. 16, El capital dedicado al tráfico de mercancías

(31), **(32)** **(33)**, **(34)**, **(35)**, **(36)** y **(37)** Karl Marx: El Capital, libro tercero, cap. 20, Consideraciones históricas sobre el capital comercial

(38) El Capital, libro tercero, cap. 16, El capital dedicado al tráfico de mercancías

(39) Karl Marx: El Capital, libro tercero, cap. 20, Consideraciones históricas sobre el capital comercial

(40) Karl Marx: El Capital, Libro 3, cap. 9, La Formación de una Tasa Media de Ganancia

(41) y **(42)** Federico Engels: Suplemento y Complemento al Libro III del Capital

(43) y **(44)** Karl Marx, El Capital, Libro III cap. X Nivelación de la tasa general de ganancia por la competencia, subrayados nuestros.

(45) Federico Engels: Suplemento y Complemento al Libro III del Capital

(46) Nahuel Moreno. Escuela de cuadros de Economía

(47) Karl Marx: El Capital, libro III, cap. XX, Consideraciones históricas sobre el capital comercial

(48), **(49)**, **(50)**, **(51)**, **(52)**, **(53)**, y **(54)** Karl Marx, El Capital, Libro III capítulo XVII Papel del crédito en la producción capitalista.

(55) y **(56)** Karl Marx: El Capital, libro III, cap. XX, Consideraciones históricas sobre el capital comercial

(57) y **(58)** Karl Marx: El Capital, libro III, cap. XXII, División de la ganancia, Tasa de interés, Tasa "natural" de e interés, subrayados nuestros

(59) Karl Marx: El Capital, libro III, cap. XX, Consideraciones históricas sobre el capital comercial

(60) Karl Marx, El Capital, Libro III capítulo XVII Papel del crédito en la producción capitalista.

(61) Nahuel Moreno. Escuela de cuadros de Economía

(62) Karl Marx, El Capital, Tomo I, Prefacio a la primera edición alemana

(63) y **(64)** Nahuel Moreno. Escuela de Cuadros de Economía

www.ingramcontent.com/pod-product-compliance
Lightning Source LLC
Chambersburg PA
CBHW051451170526
45166CB00001B/200